高校入試対策総復習

これ1冊で しっかりやり直せる

中学国語

くもん出版

本書の特長

1 中学三年間分の内容を、基礎から総復習できる！

本書には、中学一年生から三年生までの教科書で学習する、大切な内容がすべて入っています。また、重要なポイントや問題の解き方・考え方もすっきりわかりやすく書いてあるので、高校入試対策の第一歩として、基礎力のレベルアップをめざしたい人に最適です。

2 大切なポイントを、ジャンルごとに凝縮！

［漢字］［文法］などの知識と、［説明的文章］［文学的文章］［古文］など長い文章を読み解く力を、一回ごとにポイントをしぼってトレーニング。短期集中で効果的な基礎確認と弱点克服ができます。

3 学習しやすい「書き込み式ドリル」「別冊解答」

本書は、答えをこの本の中に書き込めるようにした「書き込み式ドリル」です。ですから、学習しやすく、覚えやすくなっています。

また、解答が別冊になっているので、効率的に学習を進めることができます。

本書の使い方

●それぞれのセクションは、**基本チェック** ➡ **発展問題** ➡ **完成問題** で構成されています。

基本チェック
まずここで基本中の基本を完全チェック！答えはページの下にあります。まちがえたところは、考え方をよく読んでから、必ずやりなおし、できるようにしましょう。

基本ポイント
このセクションでおさえておきたい重要事項です。基本チェックでわからなかった問題や忘れかけていたことがらは、ここでしっかり確認できます。

発展問題
基本的・標準的な問題が中心です。ここで基礎力をしっかりきたえましょう。

基本ポイントへのフィードバック
基本ポイント中のナンバーと対応しています。それぞれの問題の急所を、しっかり確認しておきましょう。

■解答書は、本書のうしろにのりづけされています。ひっぱると別冊になります。

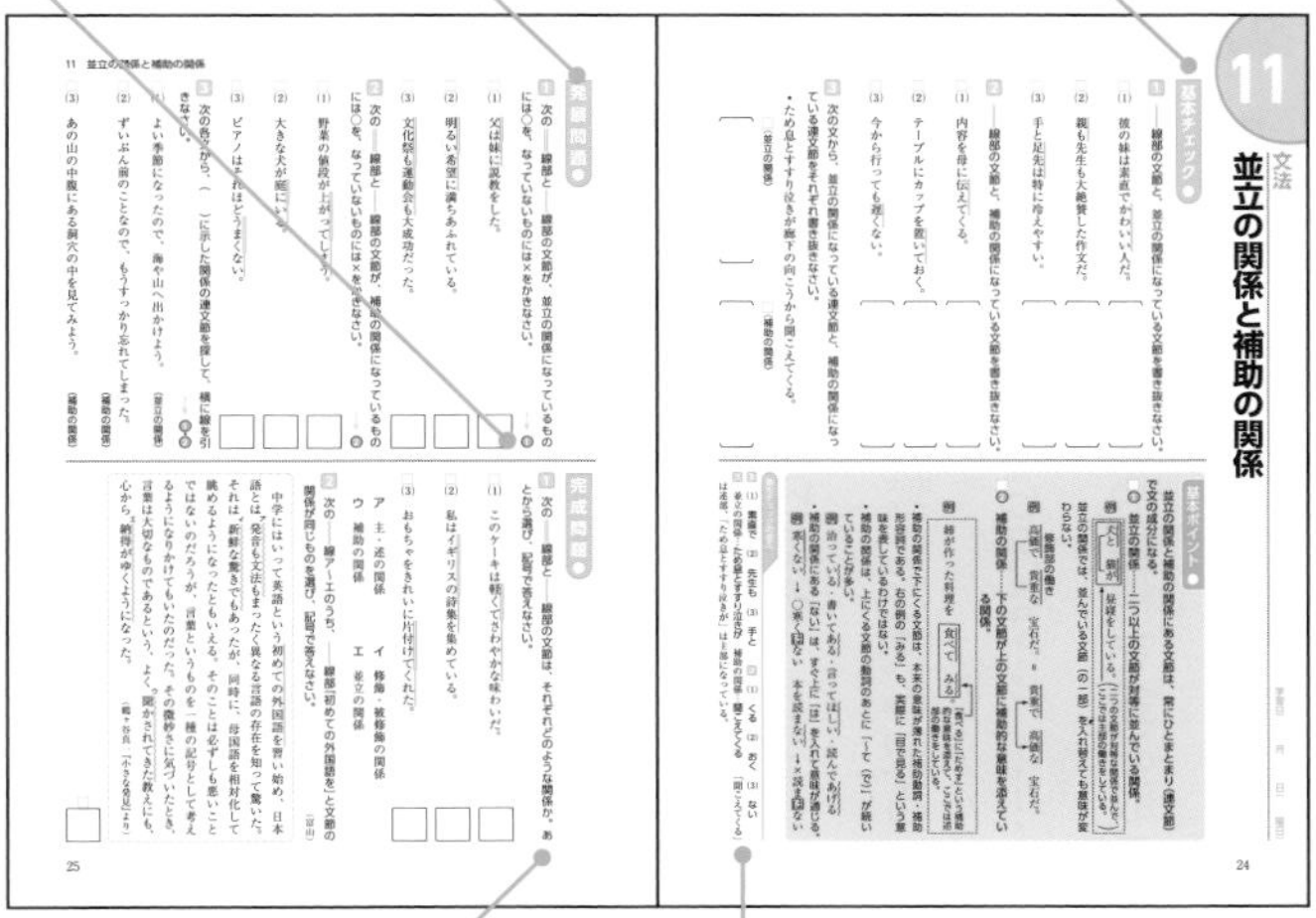

チェック欄の使い方
すべての問題に、チェック欄（□）がついています。問題が正解だったら、□に✓を入れたり、ぬりつぶしたりして活用しましょう。すべての□をチェックできるよう、がんばって学習をすすめましょう。

基本チェック の答え

完成問題
実際に公立高校の入試で出題された問題が中心です。このセクションの総仕上げとしてチャレンジしましょう。

発展問題 と **完成問題** の答えと解説は巻末の別冊解答書にあります。まちがえたところは必ずやり直し、できるようにしましょう。

●学習の最後に、「高校入試基礎問題 模擬テスト」に挑戦しましょう。

もくじ

この本を使うときの注意

【問題を解くとき】

● 「○字で書きなさい」「○字で書き抜きなさい」という場合は、基本的に句読点（。、）や符号（「」？など）も一字と数えます。ただし、問題によってさまざまな条件が示される場合があるので、問題文をしっかり読んで解きましょう。

【問題について】

● 問題のあとに記載されている都道府県名は、その問題がその都道府県の高校入試問題として過去に出題されたものであることを示しています。ただし、

・「改」と付いているものは、入試問題を本教材用に一部改変しています。また、長文問題において文章や問題を一部割愛した場合も「改」の表示をしています。

・漢字や文法は、長文を対象にして複数の問題が出題されることが多くあります。そのような問題の一部を、題意を変えずに収録した場合は、「改」の表示はしておりません。

● 説明的文章・文学的文章で扱っている文章は、文末に出典を示しました。

・都道府県名を示しているもの（入試問題）は、入試問題に表記や表現を合わせています。ただし、著作権者の意向により、表記や表現を改めている場合もあります。

・出典として中学校教科書を示しているものは、そのよりどころとした教科書に表記や表現を合わせています。

・その他は、出版されている書籍に表記や表現を合わせ、必要に応じて、中学では学習しない漢字や読み方には振りがなを追加しました。

・文章の段落冒頭にある1などの数字は、出題の関係上、段落番号を追記したものです。

・古文の文章の振りがなは、歴史的仮名遣いを原則としていますが、一部、入試問題などで現代仮名遣いにしてあるものは、そのまま入試問題の表記を生かしました。

1 漢字・語句

漢字の読み書き

学習日　月　日（　曜日）

基本チェック

1 次の——線部の漢字の読みを書きなさい。

□(1) 景色を眺める。（　　）
□(2) 仲間を募る。（　　）
□(3) 手で顔を覆う。（　　）
□(4) 問題解決を示唆する。（　　）
□(5) 頻繁に顔を合わせる。（　　）
□(6) 体裁を整える。（　　）
□(7) 新しい仕事に就く。（　　）
□(8) 険悪な雰囲気。（　　）

2 次の——線部のカタカナを漢字に直して書きなさい。

□(1) 心にヒソむ思い。（　　）
□(2) 太陽の光をアびる。（　　）
□(3) 記録にイドむ。（　　）
□(4) 片付けをテッテイする。（　　）
□(5) じっとガマンする。（　　）
□(6) 疲れがチクセキする。（　　）
□(7) ナットクするまで話す。（　　）
□(8) 笑顔のシュンカンを撮る。（　　）

基本ポイント

複数の訓読みがある漢字や、同音・同訓異字、熟字訓に注意する。

□**1 送りがな……送りがなの原則をしっかり確認しておこう。**

〈送りがなの原則〉

活用語	活用語尾を送る。（例働く・持つ・早い・素直だ）（注）ただし、語尾の手前に「し」が付く形容詞（例美しい）や、「か・らか・やか」が付く形容動詞（例柔らかだ）は、それぞれ「し」、「か・らか・やか」の部分から送る。
活用がない語	名詞には、原則として送りがなを付けない。（注）ただし、「哀れ」「独り」など、付ける語もある。また、活用語から転成した名詞（例美しい→美しさ）は、もとの語に合わせて送りがなを付ける。

〈注意〉複数の訓読みがある漢字は、送りがなから正しい読みを考える。
（例 省く→はぶく　省みる→かえりみる）

□**2 同音・同訓異字……形が似ているものは間違えやすいので注意。**
漢字の意味を考えて書き分ける。

同音異字　例 フク→複雑・往復・腹痛・振幅《ぷく》・幸福・副委員長
同訓異字　例 さ(す)→指で指す。・花を挿す。・日が差す。

□**3 熟字訓……漢字一つ一つの音訓とは関係なく、全体で一つの語として読む読み方を熟字訓という。覚えてしまうこと。**

例 吹雪《ふぶき》・大和《やまと》・眼鏡《めがね》・木綿《もめん》・小豆《あずき》・海原《うなばら》・笑顔《えがお》・太刀《たち》・名残《なごり》・草履《ぞうり》

基本チェックの答え

1 (1) なが　(2) つの　(3) おお　(4) しさ〔じさ〕　(5) ひんぱん　(6) ていさい　(7) つ　(8) けんあく

2 (1) 潜　(2) 浴　(3) 挑　(4) 徹底　(5) 我慢　(6) 蓄積　(7) 納得　(8) 瞬間

発展問題

1 次の――線部の漢字の読みを書きなさい。

(1) 滑らかな曲線。（　　）
(2) 氷の上を滑る。（　　）
(3) 自らの半生を書に著す。（　　）
(4) 著しい変化が見られる。（　　）

2 次の――線部のカタカナを漢字に直して書きなさい。

(1) 最テキ・水テキ・天テキ・指テキ（　）（　）（　）（　）
(2) ソ品・ソ先・ソ税・ソ害（　）（　）（　）（　）
(3) 土地の面積をハカる。（　　）
(4) 合理化をハカる。（　　）
(5) 市に税金をオサめる。（　　）
(6) 学問をオサめる。（　　）
(7) 一定の成果をオサめる。（　　）
(8) 国家をオサめる。（　　）

3 次の――線部の漢字の読みを書きなさい。

(1) 行方をくらます。（　　）
(2) 為替の相場を調べる。（　　）
(3) 田舎の風景を描く。（　　）
(4) 心地よい音楽を聴く。（　　）

完成問題

1 (1)～(3)の――線部の漢字の読みをひらがなで書き、(4)～(6)の――線部のカタカナを漢字に直して書きなさい。（富山）

(1) 勘が働く。（　　）
(2) 心が和む風景。（　　）
(3) 光沢のある布。（　　）
(4) 店をイトナむ。（　　）
(5) マイキョにいとまがない。（　　）
(6) カンケツな表現。（　　）

2 次の――線部のカタカナと同じ漢字を使う熟語を、あとから一つ選び、記号で答えなさい。（鳥取）

・繊イ製品を輸出する。

ア 現状をイ持する。　イ イ大な人物と会う。
ウ 規則にイ反する。　エ イ産を受け継ぐ。

3 次の――線部「キョウ」と同じ漢字を使っているものはどれか。あとから選び記号で答えなさい。

・キョウ異的な記録が出る。

ア 脅かす　イ 強い
ウ 恐ろしい　エ 驚く

2 漢字の知識

基本チェック

1 各組の漢字の成り立ちにあてはまるものを、あとの［　］から選び、記号で答えなさい。

□(1) 明・公・看 ［　］
□(2) 二・末・本 ［　］
□(3) 洋・泊・惨 ［　］
□(4) 車・鳥・馬 ［　］

ア 象形文字　イ 指事文字　ウ 会意文字　エ 形声文字

2 次の漢字の部首を書き抜きなさい。

□(1) 刊〔　　〕
□(2) 段〔　　〕
□(3) 術〔　　〕
□(4) 装〔　　〕

3 次に示した各漢字の総画数が正しい場合は○、間違っている場合は正しい総画数を書きなさい。

□(1) 抑 → 〈総画数〉8 ［　］
□(2) 微 → 〈総画数〉13 ［　］
□(3) 透 → 〈総画数〉11 ［　］
□(4) 巨 → 〈総画数〉5 ［　］

基本ポイント

間違えやすい部首や画数、筆順をチェックしよう。

□ ① 漢字の成り立ちによる分類

象形文字	物の形をかたどって、その物を表したもの。
指事文字	字画の配置によって物事の意味を指し示したもの。
会意文字	二つ以上の漢字を組み合わせ、別の意味を表したもの。
形声文字	意味を表す部分と、音を表す部分を組み合わせたもの。

□ ② 主な部首

へん	禾（のぎへん）・言（ごんべん）・月（にくづき）
つくり	刂（りっとう）・頁（おおがい）・殳（るまた・ほこづくり）
かんむり	宀（うかんむり）・穴（あなかんむり）・亠（なべぶた）
にょう	辶（しんにょう・しんにゅう）・走（そうにょう）・廴（えんにょう）

□ ③ 画数が紛らわしい漢字や部首・部分

凹・凸→五画

{卩→二画 / 阝→三画}　{了→二画 / 乙→一画}　{弓→三画 / 丂→二画}

□ ④ 間違えやすい筆順の漢字

{「右」……左払いから。（ノ→ナ→右）同様の漢字 有・布・希
「左」……横画から。（一→ナ→左）同様の漢字 存・在・友}

横画と縦画の交差する部分（十）は、横画が先。例用（丿→冂→月→用）

例外 田（丨→冂→m→田）・王（一→T→干→王）など。

基本チェックの答え

1 (1) ウ　(2) イ　(3) エ　(4) ア
(1)「公」の八は「開く」という意味、ムは「囲む」という意味で、両方合わせて、誰でも自由に出入りできる場所の意味。(2)「末」も「本」も、「木」に線が一本加わってできた漢字。

2 (1) 刂　(2) 殳　(3) 行　(4) 衣
(1) りっとう　(2) るまた・ほこづくり　(3) ゆきがまえ・ぎょうがまえ　(4) ころも

3 (1) 7　(2) ○　(3) 10　(4) ○
(3) 乃は二画。

発展問題

1 次の［　］から異なる成り立ちの漢字を一つ選んで書きなさい。

羊・牛・手・人・女・信・山・水

→1

2 次の漢字の部首名をあとから選び、記号で答えなさい。

(1) 腹

ア りっしんべん　イ つきへん　ウ にくづき　エ のぎへん

(2) 窓

ア あなかんむり　イ うかんむり　ウ わかんむり　エ なべぶた

→2

3 次の各組から異なる画数の漢字を選び、記号で答えなさい。

(1) ア 他　イ 矛　ウ 犯　エ 斤　オ 母

(2) ア 卵　イ 邦　ウ 朽　エ 乱　オ 抗

→3

4 次の漢字の、矢印が指し示す色の濃い部分は何画目に書くのが正しいか、漢数字で答えなさい。

(1) 馬　［　］画目

(2) 抜　［　］画目

→4

完成問題

1 二つ以上の漢字を組み合わせて、新しい意味を表した漢字を会意文字という。この成り立ちの漢字を次から選び、記号で答えなさい。

ア 拍　イ 初　ウ 羽　エ 大

2 漢字「痛」を漢和辞典で調べる場合、その方法について、次のⅠには部首名をひらがなで、Ⅱには数字を書きなさい。（大分）

部首索引では、部首［Ⅰ］のページを開き、部首以外の部分の画数で調べる。
また、総画索引では、［Ⅱ］画で調べる。

Ⅰ［　　］

Ⅱ［　　］

3 「複雑」の「雑」を楷書で書く場合、矢印が指し示す色の濃い部分は何画目に書くのが正しいか。あとから選び記号で答えなさい。（埼玉）

雑

ア 十画目　イ 十一画目　ウ 十二画目　エ 十三画目

熟語の知識

基本チェック

1 組み立てが同じ熟語をそれぞれあとから選び、記号で答えなさい。

□(1) 獲得 □　□(2) 攻防 □　□(3) 舞台 □

□(4) 解禁 □　□(5) 町営 □　□(6) 未熟 □

ア 日没　イ 親友　ウ 援助　エ 出荷　オ 不満　カ 送迎

□(7) 非公開 □　□(8) 日本語 □　□(9) 新発売 □

キ 高収入　ク 未加入　ケ 入学式

2 次の□にあてはまる漢字を書き入れ、四字熟語を完成させなさい。

□(1) 心□一転　□(2) 意味□長

□(3) □刀直入　□(4) 再□再四

3 上下の熟語が対義語・類義語になるように、□に漢字を書き入れなさい。

〈対義語〉

□(1) 進化 ↔ □化

□(2) 理想 ↔ □実

〈類義語〉

□(3) 未来 ＝ □来

□(4) 収入 ＝ □得

基本ポイント

熟語の組み立て、対義語・類義語を確認し、熟語の知識を整理しよう。

□ **1 熟語の組み立て**

〈二字熟語〉……組み立ては次のように分類できる。

似た意味の漢字を重ねたもの。	歓喜（歓《よろこ》ぶ＝喜ぶ）
意味が対になる漢字を重ねたもの。	前後（前↔後ろ）
上の字が下の字を修飾しているもの。	黙認（黙って認める）
下の字が上の字の目的や対象を示しているもの。	離職（職を離れる）
主語・述語の関係にあるもの。	国立（国が立てる）
上の漢字が下の漢字を打ち消しているもの。	無害（害が無い）

〈三字熟語〉

「一字＋二字」（例新発明）、「二字＋一字」（例運動会）に分けられる組み立て。

対等の関係の三字を並べたもの（例市町村）もあるので注意。

〈四字熟語〉……「二字＋二字」の組み立てを見る。

似た意味を重ねたもの。	完全無欠（完全＝無欠）
意味が対になる二字熟語を重ねたもの。	半信半疑（半信↔半疑）
上の二字が下の二字にかかるもの。	意気消沈（意気が消沈する）

□ **2 対義語と類義語**

対義語	意味が反対もしくは対応する語どうしのこと。例拡大と縮小
類義語	似た意味の語どうしのこと。例希望と志望

どちらも、熟語の意味を確実にとらえて考えることが大切である。

基本チェックの答え

1 (1) ウ　(2) カ　(3) イ　(4) エ　(5) ア　(6) オ　(7) ク　(8) ケ　(9) キ

(1)どちらも「得る」の意。(2)攻める↔防ぐ　(3)舞う台。(4)禁を解く。(5)町が営む。(6)・(7)「未」「非」は打ち消しの接頭語。(8)「日本」＋「語」　(9)「新」＋「発売」

2 (1) 機　(2) 深　(3) 単　(4) 三　(1)「心気」ではない。(2)「慎重」ではない。

3 (1) 退　(2) 現　(3) 将　(4) 所　(1)「進」の対義は「退」。

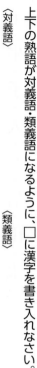

発展問題

1 組み立てが同じ熟語をそれぞれあとから選び、記号で答えなさい。 ➊

(1) 尽力
ア 最良　イ 回転　ウ 年長　エ 開店

(2) 貯蓄
ア 自慢　イ 遅刻　ウ 優秀　エ 勝負

(3) 判断力
ア 相談会　イ 好人物　ウ 衣食住　エ 乱気流

2 次の四字熟語から間違っている漢字を一字抜き出し、正しい漢字に書き直しなさい。 ➊

〈誤〉→〈正〉

(1) 首尾一巻《しゅびいっかん》

(2) 自業自特《じごうじとく》

3 あとの[　]のひらがなを漢字に直し、それぞれの熟語の対義語・類義語を書き入れなさい。 ➋

〈対義語〉
(1) 悪化 ↔
(2) 乾燥 ↔

〈類義語〉
(3) 友好＝
(4) 方法＝

しつじゅん　しんぜん　しゅだん　こうてん

完成問題

1 「先輩」と同じ組み立ての熟語を次から選び、記号で答えなさい。

ア 人為　イ 産卵　ウ 商船　エ 増加　オ 終始

2 「均等」と同じ組み立ての熟語を次から選び、記号で答えなさい。（高知）

ア 温暖　イ 出没　ウ 浅瀬　エ 加熱

3 次の[　]の語を二つ組み合わせて、文中の（　）に入る四字熟語を完成させなさい。

回生　東奔　絶命　起死　絶体　西走

入学試験に向かう満員電車の中で、降りる駅になっても身動きがとれず、（　）の状態でいたところ、まわりの人たちが助けてくれました。

4 次の□に漢字一字を入れて、「後天的」の対義語を完成させなさい。

後天的 ↔ □天的

書写（行書・楷書）

学習日　月　日（　曜日）

基本チェック●

1 行書で書かれた次の漢字を、楷書で書き直しなさい。

□(1) 鳴

□(2) 秋

□(3) 漁

□(4) 笑

□(5) 役

基本ポイント●

行書の特徴をとらえて、読めるようにしておこう。

□① 楷書の特徴

○「はね」「はらい」「とめ」で一画を書き終える。

○それぞれの画を連続して書かない。

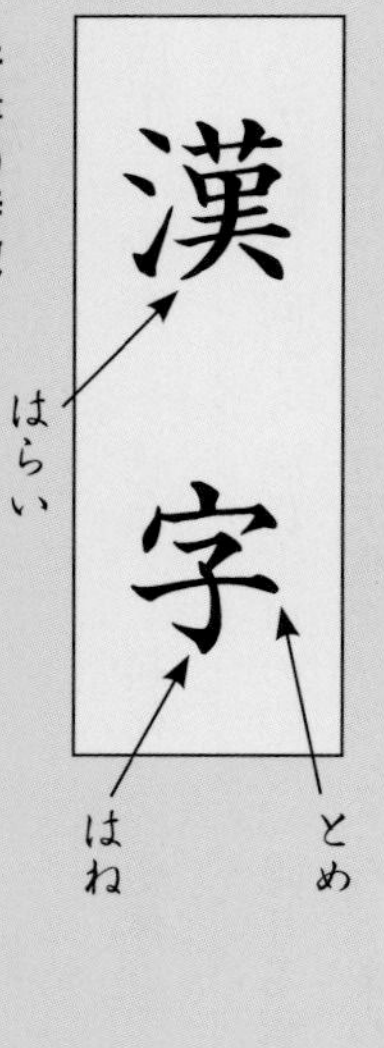

□② 行書の特徴

○画や点を少しくずし、連続させて書く。

○筆順が変化する場合がある。

○画や点を省略するため、楷書とは総画数が異なる場合がある。

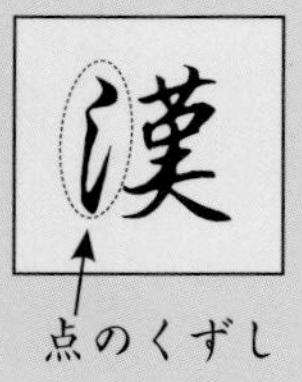

楷書で書くと「漢」

楷書で書くと「祈」

楷書で書くと「雲」

基本チェックの答え

1 (1) 鳴 (2) 秋 (3) 漁 (4) 笑 (5) 役 (1)・(3)点のくずしに注意。(2)行書の「のぎへん」は筆順と画数が変化している。(4)「たけかんむり」に注意。(5)楷書では「はね」になるべき部分が次の画に続いている。

発展問題

1 次の中から、熟語全体が正しい楷書で書かれたものをすべて選び、記号で答えなさい。 1

ア 簡略　イ 粗雑　ウ 丁寧
エ 敏速　オ 平穏　カ 条件

2 行書で書かれた次の漢字を楷書で書いたとき、総画数は何画になるか。漢数字で答えなさい。 2

(1) 枝　画
(2) 起　画
(3) 裸　画
(4) 料　画

3 楷書で書かれた次の漢字を行書で書いたとき、正しいものをそれぞれ下から選び、記号で答えなさい。 2

(1) 清　ア 情　イ 清　ウ 精
(2) 獲　ア 護　イ 穫　ウ 獲
(3) 緑　ア 緑　イ 録　ウ 縁

完成問題

1 行書で書かれた次の四つの漢字について、楷書で書く場合と比べて、点画が省略された漢字はどれか。一つ選び、記号で答えなさい。また、その選んだ漢字を楷書で書く場合の総画数を数字で答えなさい。(福島)

ア 税　イ 界　ウ 宗　エ 旅

(点画が省略された漢字)
(総画数)　画

2 次のア〜エの漢字は、それぞれ行書で書いたものである。これらを楷書で書くとき、総画数が「程」と同じになるものを選び、記号で答えなさい。(鹿児島)

ア 夢　イ 想
ウ 雲　エ 愛

5 漢字・語句

言葉の意味と使い方

学習日　月　日（　曜日）

基本チェック

1 次の中から、――線部が異なった意味で用いられているものを一つ選び、記号で答えなさい。

ア　服に絵の具がつく。
イ　どろの汚れがつく。
ウ　ついに決着がつく。
エ　帽子に髪の毛がつく。

□

2 （　）に入る言葉として最も適切なものをそれぞれあとから選び、記号を書き入れなさい。

□(1)　新しい職場に変わったが、（　　）困ったことはない。

ア　やむなく　イ　いよいよ　ウ　ひときわ　エ　さしずめ

□(2)　今年の冬は（　　）寒さが厳しい。

ア　どうにか　イ　とりわけ　ウ　もはや　エ　たちまち

3 次の――線部の言葉の意味をあとから選び、記号で答えなさい。

・勢いあまって大口をたたく。

ア　偉そうに大げさなことを言う。
イ　大きな声を出して笑う。
ウ　人の失敗を強く非難する。
エ　相手の話に調子よく合わせる。

□

基本ポイント

多義語や慣用句に注意して、文脈にふさわしい意味をとらえよう。 言葉を正しく使うには、文脈を確実にとらえる必要がある。語句の前後の内容から、その語句の意味をしっかり見極めよう。

□ ❶ **多義語……二つ以上の意味をもった語のこと。**

日本語には、多義語が非常に多い。文脈をしっかりと読み取り、どのような意味で使われているのかを考える。

〈「投げる」の表す意味〉

例　庭に向かってボールを投げる。→　手で遠くに飛ばす。
　　仕事を投げ出して遊びに行く。→　途中で放棄する。
　　窓の方に視線を投げる。→　ある方向に向ける。

□ ❷ **慣用句……二つ以上の言葉が合わさって、それ全体で特定の意味を表すもの。**

「頭・手・足・首」など体の一部を使ったものも多く、これらは特に紛らわしいので、使い分けには注意が必要である。

〈「頭」という語を使った慣用句の表す意味〉

例　頭が切れる　→　考えが鋭く、問題の解決が早い。
　　頭が下がる　→　尊敬する気持ちになる。
　　頭を痛める　→　問題の解決方法に悩む。

基本チェックの答え

1 ウ　選択肢ア・イ・エは「付着する」の意。ウは「定まる・事態が終わりとなる」の意。

2 (1) エ　(2) イ　(1)の「さしずめ」は、「今のところ・とりあえず」の意。(2)の「とりわけ」は「特に」の意。

3 ア　「大口を利《き》く」も同じ意味。

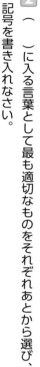

発展問題

1 次の――線部と同じ意味で使われているものをあとから選び、記号で答えなさい。 →1

・将来、人の上に立つ人物だ。

ア 話を終えたらお手洗いに立つ。
イ 大臣が批判の矢面に立つ。
ウ 校庭の真ん中に立つ。
エ 周囲の人々の役に立つ。

2 次の――線部の言葉の意味をあとから選び、記号で答えなさい。

(1) 子供たちがにわかに声を上げ始めた。

ア 急に　イ おおげさに
ウ ゆっくりと　エ 次第に

(2) 生徒たちはおしなべて消極的だった。

ア 見るからに　イ わずかに
ウ いちように　エ はじめから

3 次の（　）に入る言葉をあとから選び、記号で答えなさい。 →2

(1) よい成績をあげて、彼の（　）をあかしてやりたい。

ア 鼻　イ 目
ウ 口　エ 頭

(2) 白衣姿がすっかり（　）についている。

ア さじ　イ 荷
ウ 棒　エ 板

完成問題

1 「彼は、中世ヨーロッパの建築様式に明るい。」の――線部の意味として適切なものを次から選び、記号で答えなさい。（栃木）

ア よく通じていて詳しい。　イ 強い興味を抱いている。
ウ 高い評価を与えている。　エ 疑問を持つことはない。

2 次の――線部に「なおのこと」とあるが、この言葉と意味が最も近いものをあとから選び、記号で答えなさい。

新緑の季節はすがすがしい気持ちになる。進学などで環境が改まった場合はなおのことその感が強まる。

ア 少しは　イ 反対に
ウ さらに　エ まさしく

3 Ⅰ・Ⅱに身体の一部を表す漢字をそれぞれ一字ずつ書き入れて、意味が通るようにしなさい。（長崎）

「戻らないよ。いま戻ってもおまえらレギュラーにはかなわないし、Ⅰを引っ張るだけだからさ」
（略）
「勝負は高校に入ってからだよ。もし敵だったらⅡにもの見せてやるぜ」

（関口 尚『空をつかむまで』より）

Ⅰ
Ⅱ

敬語の種類

基本チェック●

1 次の各文から敬語表現を一つ探し、〈例〉にならって書き抜きなさい。

〈例〉貴重な切手をくださる。 → くださる

□(1) 記念の品を差しあげる。 → 〔　　　〕

□(2) 先方に予定をお聞きする。 → 〔　　　〕

□(3) もう真夜中です。 → 〔　　　〕

□(4) こんなことをなさるはずがない。 → 〔　　　〕

2 次の――線部の敬語の種類をあとから選び、記号で答えなさい。

□(1) 田中恵子と申します。 □

□(2) お客様がお菓子を召しあがる。 □

□(3) めずらしいお菓子をいただきました。 □

□(4) 選手はこの地点からスタートします。 □

ア 尊敬語　イ 謙譲語　ウ 丁寧語

基本ポイント●

敬語とは、話し手（書き手）が、相手に対して敬意を表す言葉のこと。

□ ① **尊敬語……相手や話題の人物の動作などを直接うやまう表現。**

表し方	例（　）内は普通の言い方をした場合
尊敬の意味をもつ特別な動詞を使う。	いらっしゃる（いる・来る・行く）　おっしゃる（言う）　なさる（する）
「お（ご）～になる（なさる）」を使う。	お読みになる（読む）　ご着席なさる（着席する）
助動詞「れる・られる」を使う。	来られる（来る）
接頭語・接尾語を使う。	貴社・ご夫婦・田中様

□ ② **謙譲語……自分（自分の身内）の動作などをへりくだる表現。これによって、動作の受け手を間接的にうやまう。**

表し方	例（　）内は普通の言い方をした場合
謙譲の意味をもつ特別な動詞を使う。	申す（言う）　いただく（もらう・食べる）　うかがう（聞く・行く）　いたす（する）
「お（ご）～する（いたす）」を使う。	お聞きする（聞く）　ご説明いたします（説明する）
接頭語・接尾語を使う。	弊社・拙宅・私ども

□ ③ **丁寧語……「です・ます・ございます」などの丁寧な表現。これによって、話の聞き手に対する敬意を表す。**

例 これが私の絵です。（これが私の絵だ。）

基本チェックの答え

1 (1) 差しあげる　(2) お聞きする　(3) です　(4) なさる　(1)(2)は謙譲語、(3)は丁寧語、(4)は尊敬語。

2 (1) イ　(2) ア　(3) イ　(4) ウ　(1)(3)は、自分の動作をへりくだって表している。(2)は「お客様」の動作を直接うやまっている。(4)は丁寧な表現。

発展問題

1 次の各語の尊敬表現、謙譲表現となる一語の動詞をそれぞれ書きなさい。　➡ ①・②

〈尊敬表現〉　〈謙譲表現〉

□ (1) 食べる　［　・　］　［　］

□ (2) 言う　［　・　］　［　］

□ (3) 来る　［　・　］　［　］

2 次の――線部を、〈例〉にならって＊の指示どおりの敬語表現に直しなさい。　➡ ①・②・③

〈例〉先生の作品を見ました。　＊謙譲を表す一語の動詞に直す。　→　拝見し

□ (1) 今日は私の誕生日だ。　＊丁寧語の表現に直す。　→［　］

□ (2) この話は以前から知っています。　＊謙譲を表す一語の動詞に直す。　→［　］

□ (3) お客様が代金を支払う。　＊「お～になる」の尊敬表現に直す。　→［　］

□ (4) すぐそちらへ行きます。　＊謙譲を表す一語の動詞に直す。　→［　］

完成問題

1 次の――線部を、謙譲語を用いた表現に直して、あとの□にあてはまるように、四字以内で書きなさい。　（岩手）

はじめに、南地区公民館の館長をなさっている藤原一郎さんから「高齢化社会の中のお年寄り」と題したお話をしてもらいます。

□［□□□□］ます

2 次の――線部を、尊敬語を用いた表現に直して書きなさい。　（岡山）

小学校の時の担任の先生が手紙をくれたとき、冒頭に書かれたとても丁寧な時候のあいさつに感心しました。

□［　］

3 次の――線部を、尊敬語を用いた表現に直して書きなさい。

先日、講演をした教授も、「中学生は、新聞から多くのことを得られるだろう。」とおっしゃっていました。

□［　］

敬語の使い方

基本チェック

1 次の——線部の敬語の使い方が正しい場合は○を、正しくない場合は適切な表現を［　］から選んで書きなさい。

□(1) この花を、先生がくださるそうです。　［　　　　］

□(2) 母がおっしゃることはどうか聞き流してください。　［　　　　］

差しあげる　くれる　申す　言われる　うかがう

2 次の——線部の語を、「お(ご)〜になる」もしくは「お（ご）〜する」という形で、適切な敬語表現に直しなさい。

□(1) 先生は、もうそちらに着いたそうだ。　［　　　　］

□(2) ご両親には一度も会ったことがない。　［　　　　］

3 次の——線部の語を、丁寧語の表現に直しなさい。　□

・お電話代わりました、田中だ。　［　　　　］

基本ポイント

敬語を使う場合は、誰に対する敬意なのか、動作主（動作をする人間）は誰なのか、この二点をしっかりとらえることが必要である。

□**①** **尊敬語の使い方**……尊敬語は動作主を直接うやまう語なので、**自分（自分の身内）の動作には使わない。**

例　私が　先生に　意見を　おっしゃる。（×）
「私」への敬意になっているので×。

□**②** **謙譲語の使い方**……謙譲語は、自分（自分の身内）の動作をへりくだることで、間接的に相手をうやまう語。したがって、**うやまうべき相手の動作には使わない。**

例　先生が　私に　意見を　申しあげる。（×）
「私」への敬意になっているので×。

□**③** **丁寧語の使い方**……丁寧語は、うやまったり、へりくだったりする語ではなく、聞き手に丁寧な気持ちを表す語。**尊敬語や謙譲語と併用されることも多い。**

例　申し（謙譲語）ます（丁寧語）／ご覧になり（尊敬語）ます（丁寧語）

基本チェックの答え

1 (1) ○　(2) 申す　(2)の——線部は自分の身内の動作なので、謙譲語を使う。

2 (1) お着きになった　(2) お会いした　(2)を「お会いになる」としては、尊敬語になってしまう。ここは、自分の動作なので、謙譲語にする。

3 です

発展問題

1 次の――線部の語を、一語の動詞で、適切な敬語表現に直しなさい。 ➡1・2

(1) 先生の家でおいしい料理を食べた。 〔　　　〕

(2) お客様がはるばる遠方から来る。 〔　　　〕

(3) すばらしい寄贈品をもらいました。 〔　　　〕

2 次の（　）内の言葉を文脈に合った敬語表現に直す。適切な語をあとから選び、〔　〕に書きなさい。 ➡1・2

中村　あなたのご友人から（①聞いた）のですが、田中さんは日本画を（②かく）そうですね。
田中　はい、正直、うまいとは（③言い）にくい腕前なのですが。
中村　作品をいくつか（④見）たいのですが、よろしいですか。

① お聞きになった　うかがった
② おかきになる　おかきする
③ おっしゃり　申しあげ
④ ご覧になり　拝見し

① 〔　　　〕　② 〔　　　〕
③ 〔　　　〕　④ 〔　　　〕

完成問題

1 次のうち、敬語を正しく使っているものはどれか。一つ選び、記号で答えなさい。 （岩手・改）

ア　どうぞ、あちらの方でうかがいください。
イ　父が出張先から帰っていらっしゃいます。
ウ　先生、こちらでお待ちになってください。
エ　お客様がこのように申されていました。

〔　　　〕

2 次の文章は、美術館を見学したある生徒が発表した内容である。――線A〜Eから、敬語の使い方が正しくないものを二つ選び、記号で答えなさい。 （福島）

美術館の見学で、特に心に残ったことが二つあります。一つは、館長さんがAおっしゃった言葉です。館長さんは、「鑑賞するときは、何より作品そのものをじっくりと見て、自分なりに何かを感じ取ることが大切です。」とB申しました。作品を鑑賞する上で、重要なことだと感じました。もう一つは、貴重な資料をC拝見できたことです。館長さんは、有名な画家の手紙を見せてDくださいました。わたしは、それをEご覧になり、天才と呼ばれた画家にも、創作の苦労があったことを初めて知りました。

〔　　　〕・〔　　　〕

言葉の単位(文節・単語)

学習日　　月　　日(　曜日)

基本チェック●

1 次の文章は、いくつの文でできているか。漢数字で答えなさい。

> 窓を開けるとピンク色に染まった桜の木が目に飛びこんできた。私はしばらくの間その窓の外に広がる春の景色に見とれた。桜の花は何と美しいのだろう。

〔□つの文〕

2 〈例〉にならい、各文に｜を書き入れて文節ごとに区切りなさい。

〈例〉白い｜壁の｜建物が｜ある。

□(1) 彼女は窓ぎわの席に座っている。

□(2) 二学期は学級委員に立候補する予定だ。

□(3) もう行かなければならない時間だ。

3 〈例〉にならい、各文に｜を書き入れて単語ごとに区切りなさい。

〈例〉向こう｜に｜足｜の｜短い｜犬｜が｜いる。

□(1) 駅前のスーパーでりんごを買う。

□(2) 友人とのんびりご飯を食べる。

□(3) いよいよ明日から夏休みが始まる。

基本ポイント●

言葉の単位は「文章→段落→文→文節→単語」の順に小さくなる。

□① **文……句点「。」によって区切られた、一続きの言葉の単位。**

例　今年の夏はとても暑かった。(文)　来年はどうなるだろう。(文)

- 「?」(疑問符)や「!」(感嘆符)も句点と同様の区切りと考える。

□② **文節……意味内容がこわれず、発音が不自然にならない程度に、なるべく小さく区切った単位のこと。**

例　今年の(ね)｜夏は(ね)｜とても(ね)｜暑かった。←「ね」などを入れて確かめるとよい。

- 「言ってみる」「考えている」の「みる」「いる」は、それだけで一文節。
- 「飛び回る」「勉強する」などの複合語は、全体で一文節。

□③ **単語……文節をさらに細かく区切った、文法上の最小単位。**

例　今年(●)｜の(△)｜夏(●)｜は(△)｜とても(●)｜暑かっ(●)｜た(△)。

●＝それだけで意味をなすもの。△＝その下に付いてさまざまな働きをするもの。

- 「行きました」などの「ました」は、「まし｜た」に分かれる。
- 「先生をも巻き込んだ。」などの「をも」は、「を｜も」に分かれる。

基本チェックの答え

1 三(つの文)

2 (1) 彼女は｜窓ぎわの｜席に｜座って｜いる。 (2) 二学期は｜学級委員に｜立候補する｜予定だ。 (3) もう｜行かなければ｜ならない｜時間だ。

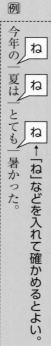

3 (1) 駅前｜の｜スーパー｜で｜りんご｜を｜買う。 (2) 友人｜と｜のんびり｜ご飯｜を｜食べる。 (3) いよいよ｜明日｜から｜夏休み｜が｜始まる。

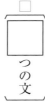

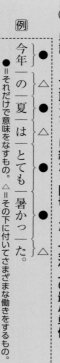

発展問題

1 次の文章の適切な場所すべてに、句点を入れなさい。

□ 猫は足音を立てずにひっそりと歩くことができる動物だ気配を殺して獲物に近づきタイミングを見計らって一気に飛びかかるのだ単独で狩りを行う動物だからそのハンティング能力は抜群である

2 文節ごとに分けた、次の区切り方が正しければ○を、間違っている場合は×をかき入れなさい。

□ (1) 九時を｜過ぎたので｜テレビを｜消し｜ました。

□ (2) 指定された｜本を｜持って｜いく｜予定だ。

□ (3) 私も｜妹も｜母が｜作った｜お菓子が｜大好きなのだ。

□ (4) 遠く｜から｜大きな｜声が｜聞こえた｜ようだ。

3 次の文を単語に区切るとどうなるか。適切なものをあとから選び、記号で答えなさい。

・もう日は高く昇っている。

ア　もう｜日は｜高｜く｜昇っ｜て｜い｜る。

イ　もう｜日｜は｜高｜く｜昇って｜いる。

ウ　もう｜日｜は｜高く｜昇っ｜て｜いる。

エ　もう｜日は｜高く｜昇っ｜て｜いる。

□

完成問題

1 「むろん君が行くとは限らない。」を、〈例〉にならって文節に区切りなさい。

〈例〉美しい｜花が｜咲く。

□ むろん君が行くとは限らない。

2 次の文は、いくつの文節でできているか。その数を書きなさい。

□ (1) 魚に軽く塩をふった。

□ (2) あまり寒いのでセーターを買ってしまった。

3 次の文は、いくつの単語でできているか。その数を書きなさい。

□ (1) 部屋にはまだ荷物が残っている。

□ (2) 背中と首に激しい痛みを感じる。

□ (3) 太陽がぎらぎら輝いていました。

□ (4) 明日から自動車の展示会が開かれるという。

□ (5) 母は機嫌のいい顔をしていた。

9 文法

主・述の関係

基本チェック

1 次の各文から、主語にあたる文節を書き抜きなさい。

□(1) 生徒たちは来週から合宿へ行く。（　　　）

□(2) 保護者も会議に出席する。（　　　）

□(3) いよいよ明日は代表が決まる。（　　　）

2 次の各文から、述語にあたる文節を書き抜きなさい。

□(1) 来週も暖かい日が続く。（　　　）

□(2) 澄んだ青空の中の雲が真っ白だ。（　　　）

□(3) 辞書は机の上にある。（　　　）

3 次の各文の主語に＝線を、述語に―線を引きなさい。

□(1) 彼こそ野球部のエースだ。

□(2) 私は毎晩日記をつける。

□(3) 子供でもこの大会に参加できる。

基本ポイント

主語は「何（誰）が」、述語は「どうする」「どんなだ」「何だ」「ある（いる・ない）」にあたる文節のこと。

□**1 主語……「何（誰）が」にあたる文節のこと。**

例 子供が（主語） 笑う。／ 犬も（主語） かわいい。／ 私は（主語） 中学生だ。

主語には「が」「は」「も」などの言葉が付くことが多い。しかし、これらが付くからといって、必ずしも主語であるとは限らない。

また、日本語では主語が示されない場合もあるので注意。

例 とても 悲しい。→（私は） とても 悲しい。

□**2 述語……主語（何（誰）が）に対し、「どうする」「どんなだ」「何だ」「ある（いる・ない）」にあたる文節のこと。**

例 子供が（主語） 笑う。（述語）／ 犬も（主語） かわいい。（述語）／ 私は（主語） 中学生だ。（述語）

述語は、文末にあることが多い。

□**3 主・述の関係……次の四つの型がある。**

「何（誰）が―どうする。」「何（誰）が―どんなだ。」
「何（誰）が―何だ。」「何（誰）が―ある（いる・ない）。」

一つの文に、複数の主・述の関係が見られる場合もあるので、対応する主語・述語をつかんだうえで、文全体の主語・述語をとらえること。

基本チェックの答え

1 (1) 生徒たちは (2) 保護者も (3) 代表が (3)の文でわかるように、主語は常に文頭にあるわけではない。

2 (1) 続く (2) 真っ白だ (3) ある

3 (1) 彼こそ野球部のエースだ。 (2) 私は毎晩日記をつける。 (3) 子供でもこの大会に参加できる。

学習日　　月　　日（　　曜日）

発展問題

1 次の＝線部と――線部が、主・述の関係になっているものには○を、なっていないものには×をかきなさい。　❶・❷・❸

□(1) 受賞作の撮影場所は彼の故郷のあの海だ。

□(2) 冬の夜空に光る星は本当にきれいだと思う。

2 次の――線①〜③の述語に対応する主語を、それぞれ一文節で書き抜きなさい。　❶・❷・❸

私は、父が駐車場の横に置いた①大きな犬小屋を急いで確認したが、②その中には、昨日引き取ってきたという犬は、まだいなかった。③

□① 〔　　〕　□② 〔　　〕　□③ 〔　　〕

3 次の各文から、＊で指示されている文節をそれぞれ書き抜きなさい。　❶・❷・❸

□(1) 試合日程をキャプテンが問い合わせたが、結局不明だった。

＊「キャプテンが」の述語 〔　　〕

□(2) 二学期は私も、友がやったように学級委員に立候補した。

＊「立候補した」の主語 〔　　〕

完成問題

1 次の――線部の主語は何か。それぞれ一文節で書き抜きなさい。

□(1) 今年は三月になっても寒い日が続いているためか、街を行く人の中に冬物コートを着た人がまだ減らない。 〔　　〕

□(2) なんともいえないような甘い香りをさせて、大輪の花が厳かに咲いた。 〔　　〕

2 次の文を読んで、あとの問いに答えなさい。　（鳥取・改）

克久《かつひさ》が数分の間に経験した①ことは、大人が②虚無と無秩序と呼ぶ混乱の中から人を救い上げるのは、うれしさを伴った信頼感の表明以外の何ものでもないということだった。

（中沢けい『楽隊のうさぎ』より）

□(1) ――線①「経験した」の主語を文章中から一文節で書き抜きなさい。 〔　　〕

□(2) ――線②「大人が」の述語を文章中から一文節で書き抜きなさい。 〔　　〕

修飾・被修飾の関係と連文節

学習日　月　日(　曜日)

基本チェック●

1 ～～線部の修飾語が修飾している文節(被修飾語)を書き抜きなさい。

□(1) 教室の黒板を掃除する。　〔　　〕

□(2) 枝に小鳥がとまる。　〔　　〕

□(3) 彼はさっきまで図書館にいた。　〔　　〕

2 次の――線ア～エの修飾語の中から、連体修飾語をすべて選び、記号で答えなさい。

教室の中央にはア古びた机だけがぽつんと置かれ、その周りには何一つない。机の中をイおそるおそるのぞくと、そこにはウ真新しい教科書が数冊、角をそろえた形でエきちんと入っていた。

□〔　　〕

3 □で示した連文節の働きをあとから選び、記号で答えなさい。

□(1) ピアノ演奏が［私の趣味です］。　〔　〕

□(2) ［もっと楽しく］遊ぼうよ。　〔　〕

ア 主部　イ 述部　ウ 修飾部

基本ポイント●

他の文節の内容を詳しくする(修飾する)文節を修飾語、修飾される文節を被修飾語という。

□**1** 修飾語の種類……体言を含む文節にかかる「連体修飾語」と、用言を含む文節にかかる「連用修飾語」に区別できる。

例
連体修飾語　名詞(＝体言)　連用修飾語　動詞(＝用言)
かわいい→犬が　道を→歩く。

・被修飾語は、修飾語のすぐ下の文節であるとは限らない。

□**2** 修飾・被修飾の関係……修飾語と被修飾語との関係。

・一つの文に複数の修飾・被修飾の関係が見られる場合もあるので、対応する修飾語・被修飾語を注意してとらえる。

□**3** 連文節……二つ以上の文節がまとまり、主語・述語・修飾語・接続語・独立語と同じ働きをするものを「連文節」といい、「主部・述部・修飾部・接続部・独立部」と呼ぶ。

例
主部　修飾部　述部
(連体修飾語)名詞　(連体修飾語)名詞　(連用修飾語)動詞
小さな→子供が　若い→母親と　手を→つなぐ。

基本チェックの答え

1 (1) 黒板を　(2) とまる　(3) いた　(2)(3)被修飾語は、修飾語のすぐ下の文節であるとは限らない。

2 ア・ウ　被修飾語(部)はア―「机だけが」、イ―「のぞくと」、ウ―「教科書が」、エ―「入っていた」。「机」「教科書」は名詞(体言)。「のぞく」「入っ(て)」は動詞(用言)。

3 (1) イ　(2) ウ　(1)「趣味です」が述語。(2)「もっと」は「楽しく」を修飾し、「もっと楽しく」全体で「遊ぼうよ」にかかる修飾部となっている。

発展問題

1 次の〰〰線部と──線部が、修飾・被修飾の関係になっているものには○を、なっていないものには×をかきなさい。 ➡1・2

(1) 父は外国の映画が大好きだ。

(2) 便利な電化製品など昔の家庭にはなかった。

(3) 国道を大型トラックがものすごいスピードで走る。

2 次の〰〰線部の語が修飾している文節（被修飾語）を書き抜いて、その修飾語の種類をあとから選び、記号で答えなさい。 ➡1

(1) 夏休みは図書館でたくさん本を読んだ。　〈記号〉

(2) 暖かい風が大通りを吹きぬけた。

ア 連用修飾語　イ 連体修飾語

3 次の──線部と、主・述の関係になっている連文節には═線を、修飾・被修飾の関係になっている連文節には〰〰線を、横に引きなさい。 ➡3

(1) かわいいシールを私の妹は何枚も持っている。

(2) 子供の頃の写真が兄の机の引き出しから出てきた。

完成問題

1 次の──線部はどの言葉を修飾しているか。その言葉を文中から一文節で書き抜きなさい。 （高知）

もしあの時彼がいなかったら町はどうなっていただろう。

2 次の──線部が修飾している部分を〰〰線ア〜エから選び、記号で答えなさい。

(1) 万一ア地球の気候変動により、安定した食糧をイ得られない地域がウ拡大したら、大問題になることはエ必須です。

(2) 私は更に注意をアピアノにイ集中して、二度とそのウ音を聞き漏らすまいとエした。

(3) 私たちは、秋の文化祭にア出すため、共同でイ一枚の大きなウ油絵をエ制作しています。

(4) 楽しくも厳しい、ア冗談をイ言い合いながらのウ作業が、かれこれ四時間以上もエ続いている。

11 文法

並立の関係と補助の関係

学習日　月　日（　曜日）

基本チェック

1 ——線部の文節と、並立の関係になっている文節を書き抜きなさい。

□(1) 彼の妹は素直でかわいい人だ。　〔　　〕

□(2) 親も先生も大絶賛した作文だ。　〔　　〕

□(3) 手と足先は特に冷えやすい。　〔　　〕

2 ——線部の文節と、補助の関係になっている文節を書き抜きなさい。

□(1) 内容を母に伝えてくる。　〔　　〕

□(2) テーブルにカップを置いておく。　〔　　〕

□(3) 今から行っても遅くない。　〔　　〕

3 次の文から、並立の関係になっている連文節と、補助の関係になっている連文節をそれぞれ書き抜きなさい。

・ため息とすすり泣きが廊下の向こうから聞こえてくる。

□〈並立の関係〉〔　　〕

□〈補助の関係〉〔　　〕

基本ポイント

並立の関係と補助の関係にある文節は、常にひとまとまり（連文節）で文の成分になる。

□**1 並立の関係……二つ以上の文節が対等に並んでいる関係。**

例 犬と 猫が 昼寝をしている。（二つの文節が対等な関係で並んで、ここでは主部の働きをしている。）

並立の関係では、並んでいる文節（の一部）を入れ替えても意味が変わらない。

例 高価で 貴重な 宝石だ。（修飾部の働き） ＝ 貴重で 高価な 宝石だ。

□**2 補助の関係……下の文節が上の文節に補助的な意味を添えている関係。**

例 姉が作った料理を 食べて みる。（「食べる」に「ためす」という補助的な意味を添えて、ここでは述部の働きをしている。）

・補助の関係で下にくる文節は、本来の意味が薄れた補助動詞・補助形容詞である。右の例の「みる」も、実際に「目で見る」という意味を表しているわけではない。

・補助の関係は、上にくる文節の動詞のあとに「～て（で）」が続いていることが多い。

例 治っている・書いてある・言ってほしい・読んであげる

・補助の関係にある「ない」は、すぐ上に「は」を入れて意味が通じる。

例 寒くない → ○寒くはない　本を読まない → ×読まはない

基本チェックの答え

1 (1) 素直で (2) 先生も (3) 手と **2** (1) くる (2) おく (3) ない

3 並立の関係…ため息とすすり泣きが　補助の関係…聞こえてくる
「ため息とすすり泣きが」は主部、「聞こえてくる」は述部になっている。

発展問題

1 次の‖線部と―線部の文節が、並立の関係になっているものには○を、なっていないものには×をかきなさい。 →1

(1) 父は妹に説教をした。

(2) 明るい希望に満ちあふれている。

(3) 文化祭も運動会も大成功だった。

2 次の‖線部と―線部の文節が、補助の関係になっているものには○を、なっていないものには×をかきなさい。 →2

(1) 野菜の値段が上がってしまう。

(2) 大きな犬が庭にいる。

(3) ピアノはそれほどうまくない。

3 次の各文から、（　）に示した関係の連文節を探して、横に線を引きなさい。 →1・2

(1) よい季節になったので、海や山へ出かけよう。（並立の関係）

(2) ずいぶん前のことなので、もうすっかり忘れてしまった。（補助の関係）

(3) あの山の中腹にある洞穴の中を見てみよう。（補助の関係）

完成問題

1 次の‖線部と―線部の文節は、それぞれどのような関係か。あとから選び、記号で答えなさい。

(1) このケーキは軽くてさわやかな味わいだ。

(2) 私はイギリスの詩集を集めている。

(3) おもちゃをきれいに片付けてくれた。

ア 主・述の関係　イ 修飾・被修飾の関係　ウ 補助の関係　エ 並立の関係

2 次の〰線ア〜エのうち、―線部「初めての外国語を」と文節の関係が同じものを選び、記号で答えなさい。（富山）

中学にはいって英語という初めての外国語を習い始め、日本語とはア発音も文法もまったく異なる言語の存在を知って驚いた。それはイ新鮮な驚きでもあったが、同時に、母国語を相対化して眺めるようになったともいえる。そのことは必ずしも悪いことではないのだろうが、言葉というものを一種の記号として考えるようになりかけてもいたのだった。その微妙さに気づいたとき、言葉は大切なものであるという、よくウ聞かされてきた教えにも、心からエ納得がゆくようになった。

（鶴ヶ谷真一『小さな発見』より）

自立語

基本チェック

1 各文を、〈例〉にならって文節ごとに区切り、各文節から一つずつ自立語を書き抜きなさい。

〈例〉春の｜日差しは｜暖かい。　→　春・日差し・暖かい

□(1) 海に大きな船が浮かぶ。→〔　　〕

□(2) 白線の内側で止まれ。→〔　　〕

□(3) とても大切な話がある。→〔　　〕

□(4) 赤いバラはきれいだ。→〔　　〕

2 次の［　］から、活用する自立語をすべて選び、記号で答えなさい。

［ア 笑う　イ 静かだ　ウ きっと　エ 悲しい　オ 食べ物　カ ゆっくり　キ 美しい　ク 道路　ケ 黒　コ 快適だ］

□〔　　〕

基本ポイント

自立語は文節の最初に置かれ、一つの文節に一つだけ含まれる。

□**1** **単語は、自立語と付属語に分かれる。それ一つだけで文節を作れる単語が自立語である。**

- 単語
  - 自立語
    - 活用する
    - 活用しない
  - 付属語
    - 活用する
    - 活用しない

例　まだ｜寒い｜日｜が｜続く。
（自立語＝まだ＝副詞、自立語＝寒い＝形容詞、自立語＝日＝名詞、自立語＝続く＝動詞）

□**2** **活用する自立語……動詞・形容詞・形容動詞の三種類である。**

「活用する」とは、下に続く語によって形が変化すること。

例　動く　→　［動か］ない・［動き］ます・［動く］とき・［動け］ば

これらは「用言」と呼ばれ、文の中で述語になることができる。

□**3** **活用しない自立語……名詞・副詞・連体詞・接続詞・感動詞の五種類がある。**

「活用しない」とは、下にどんな語が続いても形が変わらないこと。このうち名詞は「体言」と呼ばれ、主語になることができる。

基本チェックの答え

1 (1) 海に｜大きな｜船が｜浮かぶ。〈海・大きな・船・浮かぶ〉　(2) 白線の｜内側で｜止まれ。〈白線・内側・止まれ〉　(3) とても｜大切な｜話が｜ある。〈とても・大切な・話・ある〉　(4) 赤い｜バラは｜きれいだ。〈赤い・バラ・きれいだ〉

(1)の「大きな」は活用しない連体詞。(3)の「大切な」は形容動詞で活用する。

2 ア・イ・エ・キ・コ　語の下に「ない」「ます」などを付けて考えれば、活用するかどうかを見極めることができる。

発展問題

1 次の――線部がすべて自立語である場合は○を、そうでない場合は×をかきなさい。 ➡1

(1) 花壇 に 咲く かわいい 花 を 見る。

(2) 祖母 が 庭 を 元気 そうに 歩く。

(3) 大きい 声 で 校歌 を 歌い ましょ う。

(4) 彼 の 絵 に 値段 が 付け られ た。

2 次の文から、活用する自立語と活用しない自立語を、それぞれすべて書き抜きなさい。 ➡2・3

私と父はさっそく近所にある園芸店へ行くと、しばらく考えてから小さな花の種を買った。

活用する自立語〔　　〕

活用しない自立語〔　　〕

完成問題

1 次の文の単語の並び方の説明として正しいものをあとから選び、記号で答えなさい。

・明日は雨が降るだろう。

ア 自立語＋付属語＋自立語＋付属語＋自立語＋付属語＋付属語

イ 自立語＋自立語＋付属語＋自立語＋付属語＋自立語＋付属語

ウ 自立語＋付属語＋自立語＋自立語＋付属語＋付属語

エ 自立語＋付属語＋自立語＋付属語＋自立語＋付属語

2 次の――線部と、品詞の分類が同じものをあとから選び、記号で答えなさい。（静岡）

道具やエネルギーに多くを依存していると、これらが使えない状況になったときにとても困ることは、経験した人はもちろん、そうでない人も容易に想像できるでしょう。

（佐倉 統・古田ゆかり『おはようからおやすみまでの科学』〈筑摩書房〉より）

ア 図書館ではなるべく私語をしないように。

イ プロ野球選手には簡単になれるものではない。

ウ 背泳ぎについてはちょっと自信がない。

エ 二歳の妹はまだあどけない顔をしている。

用言

学習日　月　日(　曜日)

基本チェック

1 次の□の単語を、動詞・形容詞・形容動詞に分類し、記号で答えなさい。

ア 寒い　イ 泣く　ウ 柔らかだ　エ 涼しげだ
オ 死ぬ　カ 怒る　キ 立つ　ク 厳しい
ケ 難しい　コ 素直だ

□(1) 動詞
□(2) 形容詞
□(3) 形容動詞

2 次の――線部の品詞をあとから選び、記号で答えなさい。

□(1) 本の価格はそれほど高くない。
□(2) 彼は強引に手を引っ張った。
□(3) 先輩の話を聞きたい。
□(4) 重ければ下に置いても構わない。
□(5) きちんと時間どおりに来い。

ア 動詞　イ 形容詞　ウ 形容動詞

基本ポイント

用言には動詞・形容詞・形容動詞の三品詞がある。

□**1 用言とは**

・**活用する自立語である。あとに続く言葉によって形が変わる。**

動　　詞…例 動か(ない)・動き(ます)・動く(。)・動く(とき)・動け(ば)・動け(。)
形 容 詞…例 寒かろ(う)・寒かっ(た)・寒い(。)・寒い(とき)・寒けれ(ば)
形容動詞…例 静かだろ(う)・静かだっ(た)・静かだ(。)・静かな(とき)・静かなら(ば)

・**単独で述語になれる単語である。**

例 犬が 走る。氷が 冷たい。海が 穏やかだ。

□**2 三つの品詞の見分け方**

	働き	言い切りの形
動詞	動作・存在・作用	「ウ」段の音(話す・見る)
形容詞	性質・状態	「い」(丸い・遠い・早い)
形容動詞	性質・状態	「だ(です)」(正確だ)

実際の文章の中では、活用した形で出てくることが多いので、それぞれの語の言い切りの形(国語辞典に出てくる形)を考えて、品詞を間違えないよう注意する。用言から転成した名詞もあるので注意。

例 細かい作りの品。→「作り」は名詞。動詞「作る」の連用形から転成。
工芸品を作り、人にあげる。→「作り」は動詞「作る」の連用形。

基本チェックの答え

1 (1) イ・オ・カ・キ　(2) ア・ク・ケ　(3) ウ・エ・コ

2 (1) イ　(2) ウ　(3) ア　(4) イ　(5) ア　それぞれ、言い切りの形に直して考える。(1)は「高い」、(2)は「強引だ」、(3)は「聞く」、(4)は「重い」、(5)は「来る」。

発展問題

1 次の各文からそれぞれ一つずつ用言を探して書き抜き、その品詞名をあとから選び、記号で答えなさい。　❶・❷

〈用言〉〈品詞名〉

(1) 鳥がゆっくり空を飛ぶ。

(2) 彼の演奏は下手だった。

(3) 昨日からずっと足が痛いのだ。

(4) 学級委員が連絡をします。

(5) あの風船が欲しいのだろう。

ア　動詞　イ　形容詞　ウ　形容動詞

2 次の――線部が用言でない場合は×を、用言の場合はその品詞名を書きなさい。　❶・❷

(1) 何を言われても信じない。

(2) ここが友人の自宅だ。

(3) ゆかいな気持ちになる。

(4) 危ないまねはするな。

(5) おかしな話だ。

完成問題

1 次のア～エの――線部の中で、品詞が異なるものをそれぞれ一つ選び、記号で答えなさい。

(1)
ア　最後は合唱で終わります。
イ　もう練習は終わりです。
ウ　早く練習を終わりたい。
エ　まもなく合唱大会が終わりそうだ。

(2)
ア　不幸なことに、誰も彼が財布を落としたことに気が付きませんでした。
イ　どんなことがあっても、もう寂しくも心細くもありませんでした。
ウ　身の回りで起きるちょっとした出来事を不思議に感じる感覚が大切だ。
エ　あなたがそんなうわさを気にするような人だったとは、残念です。

(3)
ア　その森は、静けさに包まれていた。
イ　すそが長ければ、折ればよい。
ウ　今度の先生は、優しそうだ。
エ　英雄が活躍する勇ましい物語。

用言の活用

基本チェック●

1 次の動詞の活用の種類をあとから選び、記号で答えなさい。

☐(1) 食べる　☐(2) 取る

☐(3) 見る　☐(4) 勉強する

☐(5) 来る　☐(6) 起きる

ア 五段活用　イ 上一段活用　ウ 下一段活用

エ カ行変格活用　オ サ行変格活用

2 次の――線部の用言の活用形をあとから選び、記号で書きなさい。

☐(1) 立体的な絵が描かれる。

☐(2) 私の話を信じてください。

☐(3) この辞書は以前のものより厚い。

☐(4) この部屋からすぐに出ろ。

☐(5) 穴が狭ければ入れない。

☐(6) 朝六時の出発では少し早かろう。

ア 未然形　イ 連用形　ウ 終止形

エ 連体形　オ 仮定形　カ 命令形

基本ポイント●

☐ **活用形は未然形・連用形・終止形・連体形・仮定形・命令形の六つ。**

①動詞の活用……動詞の活用の種類は、次の五種類。

活用の種類	例語	語幹	未然形	連用形	終止形	連体形	仮定形	命令形
主な続き方			―ない ―う ―よう	―ます ―た ―て	―。	―とき ―ので	―ば	―。
五段活用	書く	か	か こ	き い	く	く	け	け
上一段活用	落ちる	お	ち	ち	ちる	ちる	ちれ	ちろ・ちよ
下一段活用	助ける	たす	け	け	ける	ける	けれ	けろ・けよ
カ行変格活用	来る		こ	き	くる	くる	くれ	こい
サ行変格活用	する		し せ・さ	し	する	する	すれ	しろ・せよ

☆識別のポイント……「ない」を付けたとき、直前の音が「ア」段なら五段活用、「イ」段なら上一段活用、「エ」段なら下一段活用。なお、カ変動詞は「来る」、サ変動詞は「する(―する)」のみである。

☐ **②形容詞の活用……形容詞の活用の種類は、次の一種類。**

例語	語幹	未然形	連用形	終止形	連体形	仮定形	命令形
主な続き方		―う	―た ―ない ―なる	―。	―とき ―ので	―ば	
美しい	美し	かろ	かっ く・う	い	い	けれ	○

☐ **③形容動詞の活用……形容動詞の活用の種類は、次の二種類。**

例語	語幹	未然形	連用形	終止形	連体形	仮定形	命令形
主な続き方		―う	―た ―ない ―なる	―。	―とき ―ので	―ば	
静かだ	静か	だろ	だっ で・に	だ	な	なら	○
きれいです	きれい	でしょ	でし	です	(です)	○	○

基本チェックの答え

1 (1)ウ　(2)ア　(3)イ　(4)オ　(5)エ　(6)イ

2 (1)エ　(2)イ　(3)ウ　(4)カ　(5)オ　(6)ア

発展問題

1 次の――線部の動詞の活用の種類を書き、また、同じ活用の種類の動詞をあとから選び、記号で答えなさい。 →1

□(1) 新しい法律は論議を集めている。　（　　　）活用［　］

□(2) 食器を洗う暇がない。　（　　　）活用［　］

□(3) このお金で十分足りる。　（　　　）活用［　］

□(4) 貯金が目標の五万円に到達した。　（　　　）活用［　］

ア　する　イ　探す　ウ　受ける　エ　来る　オ　用いる

2 次の各文から、形容詞、または形容動詞を一つずつ書き抜き、その活用形を書きなさい。 →2・3

〈語〉　〈活用形〉

□(1) 写真の祖父はおだやかに笑っている。　［　　　］（　　　）形

□(2) 疲れは見せていたが表情は明るかった。　［　　　］（　　　）形

□(3) 説明書をしっかり読んで正しい使用を心がける。　［　　　］（　　　）形

完成問題

1 「彼の家にうれしい知らせが届いた。」の――線部と同じ活用形のものを次から選び、記号で答えなさい。（栃木）

ア　今年の夏は例年よりとても暑い。

イ　日曜日のデパートはにぎやかだ。

ウ　これは卒業の記念に描いた絵だ。

エ　電話で祖母の元気な声を聞いた。

□［　］

2 次の――線部「答え」の活用の種類をあとから選び、記号で答えなさい。（高知）

・子供たちは、私の質問に口々に答えてくれた。

ア　五段活用

イ　下一段活用

ウ　カ行変格活用

エ　上一段活用

□［　］

3 次の――線部「見」と同じ活用の種類の動詞をあとから選び、記号で答えなさい。

・木を見て、森を見ず。

ア　時間をかけて煮たスープ。

イ　先生に手紙を書いた。

ウ　早く起きて勉強をした。

エ　ついにその時が来た。

□［　］

付属語

基本チェック

1 次の各文を、〈例〉にならって文節ごとに区切り、各文節からすべての付属語を書き抜きなさい（付属語が含まれない文節もあります）。

〈例〉次から｜次へと｜変わる。→〔 から・へ・と 〕

□(1) 私は国語を弟に教えた。→〔　　〕

□(2) 先生も大変だと思う。→〔　　〕

□(3) この話には私さえ驚いた。→〔　　〕

□(4) きっと明日も晴れるだろう。→〔　　〕

2 ――線ア～オの付属語を助詞と助動詞に分類し、記号で答えなさい。

今日アはよく晴れているイので、犬を連れて散歩に出かけウたいと考えた。犬は、特に晴れた日の散歩が好きエらしい。日ざしの暖かさオに春の訪れを感じる。

□〈助詞〉［　　］　□〈助動詞〉［　　］

基本ポイント

1 付属語には、助詞と助動詞の二種類がある。

付属語……単独では、文節を作れない単語のこと。

例 明日｜は｜南｜から｜の｜風｜が｜吹く｜そうだ。

（は＝付属語＝助詞　から＝付属語＝助詞　の＝付属語＝助詞　が＝付属語＝助詞　そうだ＝付属語＝助動詞）

付属語は、必ず自立語に付いて文節を作る。

2 助詞……活用しない付属語。文節どうしの関係を表したり、さまざまな意味を添えたりする。

例「今月いっぱいは忙しい。」と、父が言う。←「父」が主語であることを表す。

〔主な助詞〕

種類	例	主な働き	例	主な働き
格助詞	が	主語・対象を表す。	へ	方向・相手を表す。
副助詞	は	他との区別・主題の提示。	さえ	限定・添加を表す。
接続助詞	ば	仮定・確定の順接。	が	仮定・確定の逆接。
終助詞	か	疑問・感動を表す。	よ	強調・勧誘・呼びかけ。

3 助動詞……活用する付属語。さまざまな意味を添える。

例 遠くまで歩きたい。←「歩く」という用言に付いて、希望の意味を添えている。

〔主な助動詞〕

例	主な働き	例	主な働き	例	主な働き
れる・られる	受け身・尊敬・自発・可能	たい・たがる	希望	らしい	推定
う・よう	推量・意志・勧誘	せる・させる	使役	だ・です	断定
た	過去・完了・存続・想起	ない・ぬ	否定	ます	丁寧

基本チェックの答え

1 (1) 私は｜国語を｜弟に｜教えた。〈は・を・に・た〉　(2) 先生も｜大変だと｜思う。〈も・と〉　(3) この｜話には｜私さえ｜驚いた。〈に・は・さえ・た〉　(4) きっと｜明日も｜晴れるだろう。〈も・だろ・う〉　(4)の「だろ」は、断定の助動詞「だ」の未然形。「う」は推量の助動詞。

2 助詞……ア・イ・オ　助動詞……ウ・エ

発展問題

1 次の――線部と同じ品詞のものを、それぞれあとから一つずつ選び、記号で答えなさい。　❷

> 雨は思ったより①早くやんでしまったので、歩いて家に②帰ることができた。

① ア 和食より洋食の方が好きだ。
イ 暖かい場所には猫がよりつく。
ウ みんなでよりよい学校を作ろう。
エ 腕によりをかけて作ったケーキ。

② ア 部長の代わりはにが重すぎる。
イ 母からのプレゼントを大切にする。
ウ 心無い発言を残念に思う。
エ 全校生徒が校庭に集まっている。

2 次の――線部の助動詞の終止形を［　］から選んで書きなさい。　❸

(1) きっと明日は晴れるだろう。
(2) 祖母にしかられてしまった。
(3) 彼にやらせてみてはどうですか。
(4) 気になって帰れずにいる。

［ た　だ　られる　せる　ぬ　れる　させる ］

完成問題

1 次のア～エの――線部を比べて、他の三つと異なる働きをしているものを選び、それぞれ記号で答えなさい。

(1) ア 成長につれて、声が低くなった。
イ 幼い子の言動には感動させられることが少なくない。
ウ あなたのことが好きです。
エ それが私の夢です。

(2) ア 風がもうすぐ秋だよと言っているようだ。
イ 九月に入ると、虫の声が聞こえだした。
ウ あきらめなくてよかったと、思った。
エ 私は、まだ大丈夫だと励ました。

(3) ア 彼にはどうしてもやりたいことがあるそうだ。
イ 二人は出身地が同じだそうだ。
ウ この料理はなんともおいしそうだ。
エ 先生は今もお元気だそうだ。

2 「私のいちばん好きなスポーツは卓球だ。」の――線部と文法的に同じ意味・用法のものを次から選び、記号で答えなさい。（栃木）

ア この先にケーキのおいしいお店があるんだ。
イ 幼い頃に私は夢中になってこの本を読んだ。
ウ 近くの公園の池で私たちはボートをこいだ。
エ 今年も神社の境内の桜がたいへんきれいだ。

16 説明的文章

話題をとらえる

学習日　月　日（　曜日）

基本チェック

1 次の文章の話題をあとのようにまとめたとき、□にあてはまる言葉を文章中から書き抜きなさい。

メディアとは、人と人が物事を伝え合ったり、感情や思いを分かち合ったりするときの媒体のことだ。メディアには世の中のさまざまな情報を伝達する働きがある。同時に、家族や友達、地域などを一体感のある共同体としてまとめる働きがある。

（平成18年度版　光村図書3年40・41ページ　水越　伸『メディア社会を生きる』より）

□

（□□□□ の □□ 。）

基本ポイント

文章のタイトルや話題提示の段落に着目して、その文章の話題をとらえる。

□ ① **タイトル**…文章のタイトルには、筆者が最も伝えたい事柄が凝縮されていることが多い。

□ ② **話題提示の段落**…どの段落に文章の話題が書かれているかを探す。文章の冒頭の段落に書かれていることが多い。

□ ③ **キーワード・問題提起の文**…話題提示の段落で繰り返されているキーワードや、「なぜ〜だろうか」のような問題提起の文に注目する。

基本チェックの答え

1 メディア（の）働き（。）　繰り返されている「メディア」「〜働きがある」に着目。

発展問題

1 次の文章の話題をあとのようにまとめたとき、□にあてはまる言葉を文章中から書き抜きなさい。 ⇒①・③

子供にとって、サンタクロースが切実なのは、それがこの地上のどこにも存在しない仮想だからである。子供だって、サンタクロースが、実際にはいないことなど知っている。サンタクロースが、にこにこと笑うでっぷりと太った白髭《しろひげ》の男となり、自分の家に現れたならば、それは心の中に大切に抱いていた「サンタクロース」とは別の何者かであることを知っている。恐らくは、サンタクロースに変装した自分の父親か、どこかのオジサンであろうことを知っている。

（中略）サンタクロースの魅力は、プレゼントをもらえるということよりも、そのような人がこの世に存在するという仮想の中にこそある。それは、分別が付き始めた子供にとってさえめまいがするほど魅力的で、しかし決して完全なかたちでは現実化することのない仮想である。

（茂木健一郎『脳と仮想』より）

□

（□□ としての □□□□□□□ 。）

完成問題●

1 次の文章を読んで、あとの問いに答えなさい。　（青森・改）

1植物が豊富で、しかも生長もはやい熱帯の多雨地域に暮らす人々は、バナナやパンノキのような果実を主食にもしている。もちろんこうした果実は、多くの野生動物も好んで食べる。熱帯ではまた、いわゆるイモを主食として利用する。タロといわれるサトイモ類や、ヤムと呼ぶヤマノイモ類、新大陸のキャッサバやサツマイモなどだが、これらの多くは、あく抜きのような知恵がないと食べられない。食べられる植物を求めて多くの動物がかち合う中で、人類がイモを食べる技をもったことの意義はきわめて重要であろう。

2同じ熱帯でも少雨のサバンナ、あるいは温帯地域でも、果実やイモ（根菜*）類を食に利用するが、そもそも熱帯地域ほど産出量が多くない。だから穀類やマメをはじめ、苦味のある植物の茎や葉も利用する。大半の穀類はイネ科植物の果実であるが、この果実は、例えば米や麦のように、ひとつひとつが小さく、中にたったひとつの種子を含むだけである。これだけを食べるとなると、ことに大形の草食性の動物にとっては、あまり都合のよい食べ物とはいえない。穀類を食べるには知恵が要るのである。むしろ草食性の動物にとって食料として価値のあるのは、その葉や茎のほうだろう。

3ところで、動物にとって有毒な植物は、もちろん人間にとっても有毒なものが多い。食べれば命を落とす危険性も高い。しかし、苦味成分となれば話は別である。むしろ人間は、苦味成分を含む植物を選んで食べているきらいさえある。つまり苦味を愉《たの》しんでいるのだ。人間だけが、他の動物とは異なる嗜好*《しこう》をもつと思えるのである。有毒植物はもとより、草食性の動物が食べない苦味の強い植物は、手に入れようと思えば簡単に手に入ったであろう。苦味成分を嫌うほとんどの草食性の動物が、それを食べずに残すからである。

（大場秀章『サラダ野菜の植物史』より）

＊根菜……地下部の根茎・根などを食用とする野菜。
＊嗜好……たしなみ好むこと。好み。

□(1) 1・2段落の話題について、次の空欄にあてはまる言葉を文章中から二字で書き抜きなさい。

〔植物を食べるうえで人間がもっている□□。〕

□(2) この文章の内容として適切なものを次から選び、記号で答えなさい。

ア　人間は、苦味の強い植物を減らすことにより、ほとんどの草食性の動物を家畜として増やしてきた。
イ　人間は、ほとんどの草食性の動物が嫌う苦味を取り除くことにより、極限環境でも生活してきた。
ウ　人間は、ほとんどの草食性の動物が食べずに残す苦味の強い植物を選び、好んで食べてきた。
エ　人間は、苦味を好みその刺激を高めることで、ほとんどの草食性の動物よりも生き延びてきた。

□

17 説明的文章

接続語に注意する

基本チェック●

1 次の（　）にあてはまる接続語を［　］から選び、記号で答えなさい。

□(1) リレー競技では、バトンの受け渡しの練習に時間をかける。（　　）、走者の連携が勝利のかぎを握るからだ。

□(2) 地球温暖化問題を解決することは容易ではない。（　　）、地球の未来のためには避けては通れない問題である。

□(3) 彼女は、ピアノとバイオリンを演奏することができる。（　　）、最近ドラムの練習も始めた。

□(4) 今日の夕食は、中華料理にしましょうか。（　　）、イタリアンの方がいいですか。

□(5) ぼくの母親と君の母親は姉妹だ。（　　）、ぼくと君とは、いとこ同士にあたる。

□(6) それでは、そろそろ失礼します。（　　）、来週の日曜日は、何か予定がありますか。

ア　しかし	イ　さらに
ウ　なぜなら	エ　すなわち
オ　ところで	カ　それとも

(1)［　］ (2)［　］ (3)［　］ (4)［　］ (5)［　］ (6)［　］

基本ポイント●

「接続語」とは、前後の文や文節、段落などをつなぎ、その関係を示す文節。働きによって次のように分類できる。

□① **順接**……前の事柄が原因になってあとにつながる。
例　そこで・したがって・すると・だから

□② **逆接**……前の事柄と逆のことが、あとに続く。
例　しかし・ところが・だが・けれども

□③ **並立・累加**……前の事柄にあとの事柄を並べたり、付け加えたりする。
例　そして・しかも・さらに

□④ **対比・選択**……前の事柄とあとの事柄を比較したり、選んだりする。
例　または・それとも・むしろ

□⑤ **説明・補足**……前の事柄について言い換えたり、補ったりする。
例　つまり・例えば・なぜなら・ただし

□⑥ **転換**……前の事柄とは話題を変えて、あとで別の事柄を述べる。
例　さて・ところで・では

基本チェックの答え

1
(1) ウ　「バトンの受け渡しの練習に時間をかける」理由をあとで説明している。
(2) ア　「容易ではな」くても「避けては通れない」問題なのである。
(3) イ　「ピアノとバイオリン」に「ドラム」を付け加えている。
(4) カ　「中華料理」と「イタリアン」の選択肢を示している。
(5) エ　お互いの母親が姉妹の、ぼくと君の関係を「いとこ同士」と言い換えている。
(6) オ　別れの挨拶から話題を変えて、来週の予定を尋ねている。

発展問題●

1 次の（　　）にあてはまる接続語をあとから選び、記号で答えなさい。

□(1) 先生の家まで行き、玄関のチャイムを押した。（　　）、すぐにドアを開けて、先生が出てきた。

ア　だが　イ　そのうえ　ウ　すると　→❶ □

□(2) 一時は、勝利は絶望的かと思われた。（　　）、そこから奇跡の追い上げが始まった。

ア　しかし　イ　そのうえ　ウ　したがって　→❷ □

□(3) 通信技術の発達は、地球を小さくした。（　　）、インターネットで海外の人と気軽に交流することができる。

ア　例えば　イ　ところで　ウ　しかし　→❺ □

□(4) ぼくの姉は、英語が得意だ。（　　）、フランス語も話せる。

ア　したがって　イ　しかも　ウ　つまり　→❸ □

□(5) 食事が終わったら、すぐ出発しますか。（　　）、しばらくゆっくりしましょうか。

ア　なぜなら　イ　それとも　ウ　つまり　→❹ □

2 次の文章の（　　）にあてはまる接続語をあとから選び、それぞれ記号で答えなさい。　→❶・❸・❹

今、地球にある空気も水も、実は地球の中から出てきたものです。あれほど大量にある海の水も、もともと地球の上にあったものではなくて、地球の中から出てきたのです。（　①　）、これらは地球の歴史の初めのころに、一度だけつくられたものなのです。人類をはじめ地球上の生物は、地球が、水や空気をつくってくれたおかげで暮らせるようになったのです。こういった地球の成り立ちからみれば、地球は、その中心から海や大気までひとつながりのものとしてつくられた、運命共同体です。

（　②　）、地球の問題を考えるときには、地球全体を考える必要があります。地球は「人類の財産」です。いや、地球は「地球の財産」だというべきかもしれません。この財産を、人類のみで山分けして都合のいいように使い尽くしてしまうのか、（　③　）人類のみならず、地球全体の資産として未来のために生かせるのか、このことが、今日、わたしたちに問われているのです。

（平成14年度版　教育出版1年55・56ページ　島村英紀『かけがえのない地球』より）

ア　したがって　イ　しかし　ウ　しかも
エ　それとも　オ　ところで

□① □

□② □

□③ □

完成問題●

1 次のそれぞれの文章の（　）にあてはまる接続語をあとから選び、記号で答えなさい。

人間の関係と同じように、生物どうしの関係も、目の前の相手だけでなく、背後にある事情や、周囲の状況に左右される。なんとも複雑である。（　①　）、一筋縄ではいかない状況だからこそ、画一的な基準での競争に縛られない多様な生き方が、成り立つのだともいえる。

（『ふしぎの博物誌』坂田宏志の文章より）

① ア しかし　イ すると　ウ つまり

「吾輩《わがはい》は猫である」という文は、この作品の語り手である自分は、人でも犬でもなく猫であることを表明している。それをもし「吾輩が猫である」といったとしたら、どういう意味になるだろう。それでも、自分が猫であるという事実関係に変化はない。（　②　）、それは「吾輩」自身について説明する自己紹介の文ではなくなる。作中に猫が登場することを知っている相手に、その猫はほかでもない自分のことなのだと情報を知らせる文に変わる。（　③　）、自分がその猫なのだということになって、自分は猫なのだという原文とは意味合いがずれてくるのである。

（中村　明『日本語のコツ』より）

② ア なぜなら　イ しかし　ウ さて

③ ア それとも　イ さらに　ウ つまり

新しいエネルギーの発見は、新しい機械を生み出す。発明された機械は、つぎつぎに改良され、増殖して、人間社会そのものを根底から変えていく。

もともと、人間はホモ・ファーベル*、（　④　）「道具を使う動物」とされ、石器時代からさまざまな用具を利用してきた。だが、それらは、あくまで手の延長であり、人間の身体の補助的役割を果たしたにすぎなかった。

（　⑤　）、機械はちがう。道具は人間の意のままに、たやすく使いこなすことができることから、親しみを与えるのに対し、機械は複雑な構造を持ち、動かすのにも熟練を必要とする。親しみはしだいに失われていく。

（　⑥　）機械が道具と決定的に性格を異にするのは、それが人の力によってではなく、他の動力によって仕事をすることだ。むろん、機械といえども人間がつくりだしたものであり、操作するのは人にちがいないのだが、かんじんの動力が〝他力〟であるところから、機械は人間に同化するのではなく、ある種の威圧感をもって人間に対立する存在となる。

（森本哲郎『文明の主役――エネルギーと人間の物語』より）

*ホモ・ファーベル……ラテン語で「作る人」という意味。

④ ア すなわち　イ しかし　ウ なぜなら

⑤ ア それゆえ　イ あるいは　ウ ところが

⑥ ア なぜなら　イ さらに　ウ したがって

□①　□②　□③

□④　□⑤　□⑥

2 次の文章を読んで、あとの問いに答えなさい。（茨城・改）

まず、自然について考えます。人類は自分を自然の一部として見ていました。今でもそう思っているのではないでしょうか。私は今東京と関西での二重生活をしており、ありがたいことに、京都の家の窓からは東山*から昇る太陽を眺め、東京の家からは、富士山がシルエットとして浮かぶ中真っ赤な夕陽《ゆうひ》が沈むのを眺めることができます。日々繰り返される光景ですが、繰り返されるようであって毎日少しずつ変わっていくこの光景は、とても印象的で好きです。このときは地動説かどうかなどということはどうでもよく、自然の中にどっぷりと入り込むだけです。日常の自然とはこのようなものです。

［A］、現代社会は独自の自然観をもつ科学とそれを基盤に置いた科学技術が作り上げたものです。そこでは、自然は機械のように因果関係の中で理解され、利用され、克服される対象になっています。私たちは、親しむ自然と克服する自然を上手に使い分けてきました。都会での生活は、空調の効いた高層ビルでコンピュータを駆使して仕事をし、自動車や地下鉄で移動をし、家庭でも多くの家電製品に囲まれて暮らすなど、自然と接することはほとんどありません。そのうえ夏は暑く冬は寒いので空調で快適に暮らそうとすれば、そのためのエネルギーは、石油や天然ガスなど自然から取り出したものから得るわけです。［B］生活のほとんどは面倒な自然から離れており、自然は利用するだけのものになっています。自然は克服するもの、利用するものでしかありません。［1］とはいえ、このような都会生活を快適と思う人びともやはり生きものなのでしょう。［2］ところが、科学技術が急速に進展し、多くの人がそれを享受*するようになるにつれ、克服する自然とやすらぎのための自然を分けることに問題が起きてきました。［3］過度の自然破壊であり環境問題です。自然の懐《ふところ》*の大きさに甘えて、何でも呑《の》み込み、処理してくれると思ったのは間違いでした。

［4］また自然破壊や環境問題が科学技術によって解決できると思うのも間違いだと私は思います。

（中村桂子『ゲノムが語る生命』より）

＊東山…京都市の地名。
＊享受…そのもののもつよさを味わうこと。
＊懐…包容力のこと。

□(1) 文章中の［A］・［B］にあてはまる接続語を次から選び、それぞれ記号で答えなさい。

ア　つまり　　イ　しかし
ウ　そして　　エ　ところで

A［　　］　B［　　］

□(2) 次の文章は、［1］〜［4］のどこに入るか。最も適切なものを選び、番号で答えなさい。

毎日の生活に疲れたときには山や海に行って遊んだり、温泉で体を休めたりします。豊かな緑の中に身を置いてホッとして、自然は素晴らしいと感じるのです。

［　　］

18

説明的文章

指示語の指すものをとらえる

学習日　　月　　日（　　曜日）

基本チェック

1 次の——線部の指示語が指す内容を答えなさい。指定字数があるときは、それに従うこと。

□(1) 北海道のオホーツク海では、冬になると流氷を見ることができるそうだ。私はいつか、それを見に行きたい。（2字）

［　　　　］

□(2) 机の上に辞書が置いてあるが、これはぼくの兄が以前使っていたものだ。（11字）

［　　　　］

□(3) 兄は、完敗して沈んでいる私を見て、こう言った。明るい声で、「いい経験ができて、よかったじゃないか。」と。

［　　　　］

□(4) 地球の温暖化が、ますます進んでいる。このままでいくと、国土のほとんどが水没してしまう国もあるらしい。われわれはこのことに、もっと危機感をもたなければならない。

［　　　　］

基本ポイント

指示語の指す内容をとらえたら、指示語の代わりにあてはめてみて、文脈が通じるかを確かめる。

□① **通常、指示語の指す内容はその指示語の直前にある。**

前の部分に見つからなければ、さらにさかのぼって探そう。

□② **指示内容は、そのまま抜き出せる場合と、語順を入れかえたり、文をまとめたりする必要がある場合とがある。**

・「これ」「そのこと」のように、体言の形になっている場合は指示内容も体言の形にまとめる。

・「そのように」「あんな」のように、連用修飾語、連体修飾語になっている場合も、指示語の形に合わせる。

例 母は気配りを忘れない。私もあんな人になりたい。
→私も（母のような）気配りを忘れない人になりたい。

□③ **指示内容が前を探しても見つからない場合は、指示語のあとの部分を探す。**

□④ **段落の最初に指示語がある場合は、指示内容はその前の段落の内容全体であることが多い。**

直前の一文だけでなく、前の段落の内容をしっかりととらえる。

基本チェックの答え

1 (1) **流氷**　直前にある。字数指定がなければ、「オホーツク海の流氷」などでもよい。

(2) **机の上に置いてある辞書**　そのままでは、指示語の代わりにあてはめることができないので、「机の上に置いてある辞書」として「は」につながる形にする。

(3) **「いい経験ができて、よかったじゃないか。」（と）**

(4) **例地球温暖化が進んでいて、このままでは国土のほとんどが水没する国もあること**

発展問題

1 次の——線部の指示語が指す内容を答えなさい。指定字数があるときは、それに従うこと。

□(1) 去年の夏、私はボランティアに参加しました。それは私自身の将来について考える、大きなきっかけになりました。（10〜15字）

❶・❷

［　　　　］

□(2) カバはピンク色の汗をかくといわれるが、これは実は汗ではなく、日焼けを防ぐ効果のある粘液である。（10〜12字）

❶・❷

［　　　　］

□(3) 地震対策として私が用意していたのが、こちらです。この防災バッグがあったおかげで、非常時にもあわてずに行動することができました。

❸

［　　　　］

□(4) 北国では、冬は雪に閉ざされた厳しいものである。しかも、冬の期間が非常に長い。そのことがなおさら、北国の人々の春を待ちこがれる気持ちを強いものにしているのかもしれない。

❹

［　　　　］

□(5) それではこうしよう、まず私が先にやってみるよ。

❷・❸

［　　　　］

2 次の——線部の指示語について、あとの問いに答えなさい。

便利というのは、思いどおりのことができること、しかもそれ①が速くできるということである。例えば自動車があれば、休日に家族で好きな場所に遊びに行ける。携帯電話を持っていれば、いつでも友達と話したり、メールを交換したりできる。空調機のスイッチを入れれば、真冬でも暖かい部屋で暮らすことができる。

このような機械②がなければどんなに大変かを考えてみよう。木を燃やしていた時代は、燃料を集めるのに労力が必要だった。石油ストーブが登場して少し楽になったが、燃料を入れる手間がかかり、温度調節も面倒であった。

そこで、便利にするのはよいことだと多くの人が考えるようになり、次々に新種の機械を作り出していった。そしてついには、その考え方③を生き物にも向けるようになった。

（平成18年度版　光村図書3年140・141ページ）

（中村桂子『生き物として生きる』より）

□(1) ——線①「それ」の指す内容を、文章中から書き抜きなさい。

❶

［　　　　］

□(2) ——線②「このような機械」の指すものを、文章中からすべて探して横に線を引きなさい。

❶

□(3) ——線③「その考え方」の指す内容を「という考え方。」につながる形で答えなさい。

❶・❷

（　　　　）という考え方。

完成問題●

1 次の——線部「そう」の指す内容を、文章中から十字で書き抜きなさい。

世の中の大多数の人間は、「私」は「私」のみによって定義されるものだと誤解している。デカルトは「我思う、ゆえに我あり」と主張したではないかと。
　哲学や思想史に全く門外漢の者が口をさしはさむべきものではないかもしれないが、私たちはデカルトがそう唱えた背景を、もう一歩掘りさげて考えなくてはならないのではないだろうか。

（正高信男『ヒトはいかにヒトになったか——ことば・自我・知性の誕生』より）

2 次の——線部「そのなか」の指す内容を、文章中の言葉を用いて答えなさい。

日本の古い、あのなつかしい子守唄《こもりうた》の歌声はほとんどわれわれの耳にはとどかなくなった。
「胎教の音楽」と称するCDが何種類も店頭には並べられているが、そのなかにもあらわれない。

（山折哲雄『こころの作法』より）

3 次の——線部の指示語について、あとの問いに答えなさい。

わたしたちの祖先は土地をひらき、①そこに水をみちびきいれ、水田や畑で農作物を育て、豊かな生活と美しい国土を築きあげてきました。②そのためにつくられた水に関係した施設で、歴史的に古いもの（明治、大正時代以前）で現在残っているものを「水利遺産」とよんでいます。具体的には貯水池（ダム）、ため池、マンボとよばれている横井戸、取水堰《しゅすいぜき》、用水路、排水路、水路橋、サイフォントンネル、水門、揚水機場、分水施設などがあげられます。③これらは農業、水道、水運のためにつくられた文化遺産であると同時に、いまは美しい風景の一部となっている環境遺産でもあるのです。

（岡崎　稔・鈴木宏明『調べてみよう　暮らしの水・社会の水』より）

(1) ——線①「そこ」の指す内容を、文章中から二字で書き抜きなさい。

(2) ——線②「そのため」とあるが、どのようなことを指しているか。最も適切なものを次から選び、記号で答えなさい。

ア　土地をひらくために必要となる水のありかを探すため。
イ　水に関係のある施設を、ひらいた土地につくりあげるため。
ウ　歴史的な価値のある水利遺産を現在に残すため。
エ　農作物を育て、豊かな生活と美しい国土を築くため。

(3) ——線③「これら」の指している部分を文章中から探し、初めと終わりの五字を書き抜きなさい。

〜

4 次の文章を読んで、あとの問いに答えなさい。

（秋田・改）

世界には様々な文化があり、ひとつひとつは固有の世界観を持っている。またひとつの文化の中でも、ひとりひとりが異なるものの感じ方、考え方を持っている。そうした「多様性」があるからこそ、私たちは他者の世界を理解しながらコミュニケーションを行う必要があるし、それは私たちの「生きる意味」の世界を豊かにしていくものである。

《ところが①その反面、そうした多様性は、効率性の悪いシステムであると言える。相手の文化的な背景を理解し、「生きる意味」のありかを理解しようとしていては、コミュニケーションの効率は良くない。そこには様々な誤解や*齟齬《そご》が当然生じてくるし、②そこを乗り越えていくには時間がかかるのだ。私のような文化人類学者にとっては、そうした誤解や齟齬こそがまさに私たちのそれまでの思い込みを破壊し、新たな認識を深めていくいいチャンスとなるが、しかしそういったコミュニケーションのあり方に苛立《いらだ》つ人たちもいる。》

世界が多様な文化によって成り立っていることによる非効率性、それを解決するのが「数字信仰」に他ならない。その文化がどうであれ、一万ドルは一万ドルでしょう？　年収三万ドルのほうが一万ドルよりも望ましいでしょう？　だからどんな文化に属する人でもみんなが数字の大きい方を求めていきますよね？　というわけだ。*グローバリズムが依拠しているのは、まさに③この「多様な文化を超える数字信仰」に他ならない。数字は効率的だ。数字は分かりやすい。相手の「生きる意味」だの何だの、面倒くさい話をする必要がない。数字があれば瞬時にコミュニケーションが取れる。ハウマッチ？　とさえ聞いていればいいのだ。

（上田紀行『生きる意味』より）

*齟齬……くいちがいやゆきちがい。
*グローバリズム…物事を世界的規模で考えようという主義や政策。

□(1) ――線①「その」が指すことを次のように整理するとき、内容が正しくなるように、aには三字、bには十字で文章中から適切な言葉を書き抜き、cには文章中の言葉を使って二十字以内で書きなさい。

様々な文化が持つ［a］や、人それぞれの［b］の違いを踏まえたコミュニケーションは、［c］をもたらす。

□(2) ――線②「そこ」の指す内容を、文章中から八字で探して横に線を引きなさい。

□(3) ――線③「この『多様な文化を超える数字信仰』」にとって、どうすることが非効率的なのかが具体的に書かれている一文を、《　》の中から探し、初めの五字を書き抜きなさい。

［　　　　　］

具体例や比喩の意味をとらえる

学習日　月　日（　曜日）

基本チェック

1 次の文章の内容をあとのようにまとめたとき、（　）にあてはまる言葉を書きなさい。

□(1) 世界には、インドやスイスなどのように、複数の公用語を持つ国も多い。

〔複数の公用語を持つ国は、世界的傾向としては（　　）。〕

□(2) 英会話の学習の過程は、坂道ではなく階段のようなものだ。徐々に進歩するのではなく、ある時、急に上達していることに気づく。

〔英会話は（　　）ものだ。〕

基本ポイント

具体例や比喩表現の前後では、筆者が特に主張したいことが述べられていることが多い。

具体例や比喩は、主張をより明確に伝えるためのものととらえよう。

□❶ 具体例は、「例えば」「(～の)ように」などの言葉で示される。何を説明するための具体例であるかを読み取る。

□❷ 比喩表現では、「何が何にたとえられているのか」という相関関係を、共通点を見つけて正確にとらえる。

基本チェックの答え

1 (1) 多い　「複数の公用語を持つ国」の例としてインドとスイスが挙げられている。
(2) （ある時、）急に上達する　英会話の上達の様子が徐々にではなく一気であることを、坂道に対する階段にたとえている。

発展問題

1 次の――線部の比喩はどのようなことを表現しているか。最も適切なものをあとから選び、記号で答えなさい。 ❷

戦前に、仙台《せんだい》にひとりのドイツ人の哲学教授がいた。（中略）かれはもうひとつ、強烈な皮肉も放っている。日本の哲学者は二階建ての家に住んでいて、二階には欧米の学説が干し物のように紐《ひも》に吊《つ》るしてならんでいるが、それが一階での日本人としての日常の感じ方や考えと、なにひとつ結びついていないというのである。

（鷲田清一『「哲学」と「てつがく」のあいだ』より）

ア 日本の洋風建築は形式だけを真似《まね》していて、日本独特の気候や生活様式とは合わないものであるということ。

イ 日本の哲学者は、自国の学者ばかりで集まってしまい、欧米の仲間や考え方を受け入れようとしないこと。

ウ 日本の哲学者は、欧米の考え方を受け入れるが、それと自国の歴史や思想とを関連づけようとしないこと。

エ 日本の文化は、欧米の学説や生活様式の影響を受け、以前とはすっかり様変わりしてしまっていること。

□

完成問題

1 次の文章を読んで、あとの問いに答えなさい。（島根・改）

しかし、問題があります。科学の内容があまりに日常を離れ、また難しくなっているため、自分たちには理解できないと感じられてしまうことです。専門家もわかりやすく解説してくれないし、本を読んでも難しい数式が平気で出てくる。科学が理解できる素地があるのに、科学が疎遠になっているのです。食べられるのに、食べないまま嫌いになる「食わず嫌い」といえるかもしれません。

（池内　了『科学の考え方・学び方』より）

□(1) ――線部「『食わず嫌い』といえるかもしれません」とはどういうことをたとえているか。「〜こと。」につながる形で、文章中から三十字以内で探し、初めと終わりの五字を書き抜きなさい。

［　　　　　〜　　　　　こと。］

2 次の文章を読んで、あとの問いに答えなさい。（岐阜・改）

《たとえば、文章を書いているときに、ある話を引用したいがどの本に書いてあったかが思い出せない、ということがある。「家にある本なのは間違いないのだけれど……。」

記憶を辿《たど》っていく過程で、ふと、その本に書いてあった別の文章を思い出したりする。すると次の瞬間、本のタイトルが思い浮かんでくる。》こんな経験に覚えのある人は多いのではないだろうか。

もし同じことをコンピューターにやらせようとしたら大変だ。家にある全ての本の情報をデータベースにして、引っかかりそうなキーワードを選んで、全文検索にかけて……という作業が必要になる。

日々積み重ねられる経験によって人が得ている情報は膨大である。そのため、何を覚え、何を忘れているのかさえもわからなくなっているのが現実だ。しかし不思議なことに、問題に直面したとき、人の頭の中では、必要となる記憶が無意識のうちに選び出され、都合よく統合・再構成され、問題解決に利用されている。この記憶を都合よく利用する人の能力は、全ての情報を検索して必要な情報を選択するコンピューターのメカニズムに比べて、はるかに効率的である。

このような人間の記憶のメカニズムこそが、問題解決を行う際に、力を発揮している最も重要なファクター*なのである。

（堀井秀之『問題解決のための「社会技術」』より）

＊ファクター……要素。

□(1) 文章中の《　》の具体例で述べられている、問題解決の際に人の頭の中で働く記憶のメカニズムとはどのようなものか。「膨大」という言葉を用いて、四十五字以内で説明しなさい。

20 説明的文章

段落ごとの要点をとらえる

学習日　　月　　日（　曜日）

基本チェック●

1 次の文章を読んで、あとの問いに答えなさい。

1 語彙が少なければ、自分の頭の中、心の中の思いを、十分に相手に届けることができません。語彙とは、他人に気持ちを届ける郵便物の封筒だと考えてみてはどうでしょうか。封筒の容量が大きければ、たくさんの思いが入ります。封筒が小包くらいの大きさにまでなるかもしれません。

2 もし封筒が小さければ、言葉にできないさまざまな気持ちが、封筒からこぼれ落ちてしまい、相手のもとに届きません。自分の心を伝えるのは、結局は言葉なのですから。

（池上　彰『日本語の「大疑問」』（講談社）より）

□(1) 1 段落のキーワードにあたる二字の言葉を探して、横に線を引きなさい。

□(2) 2 段落の要点となる部分を文章中から一文で書き抜きなさい。

〔　　　　　　　　〕

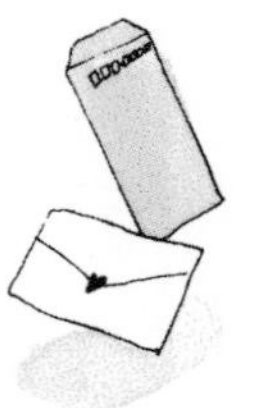

基本ポイント●

キーワードをもとに段落の要点をとらえ、全体の要旨の把握につなげよう。

□ ① **キーワードをとらえる。**

何について述べられている段落かと考え、繰り返し出てくるキーワードをもとに、中心となる文をおさえる。

□ ② **文末表現に注意する。**

- 「〜した。」「〜である。」のように事実を述べた文、「〜だろう。」「〜ではないだろうか。」「〜のだ。」のように筆者の考えを述べた文、「〜そうである。」「〜ということだ。」のように伝聞したことを述べた文など、その段落における一文ずつの役割をとらえる。
- 同じ段落内に、事実を述べた文と意見を述べた文の両方がある場合は、意見の方がその段落の要点になることが多い。

□ ③ **文章の流れをおさえ、各段落の内容や役割を再確認する。**

- 具体例の前後にはその具体例を用いて説明した要点がある。
- 逆接の接続語のあとには、筆者がもっとも言いたいことが述べられている場合が多い。

基本チェックの答え

1 (1) **語彙** に——。　一行目「語彙が少なければ」と二行目「語彙とは」のどちらの箇所を選んで線を引いてもよい。1 段落は、「語彙を豊富にもつことで、自分の思いを相手に伝えることができる」と述べている段落である。

(2) **自分の心を伝えるのは、結局は言葉なのですから。**　最初の文の理由が次の一文で述べられている。最初の文が中心とも思えるが、筆者が伝えたいことは何かと考えると、語彙を「封筒」という比喩で表現している一文よりも、「結局は言葉」と、言葉の大切さを主張している一文が要点だとわかる。ここでは抜き出しだが、要点をまとめる場合は、文末を「言葉である。」などと変えること。

発展問題

1 次の文章を読んで、あとの問いに答えなさい。

こうして、イースター島はしだいに食料危機に直面していくことになった。その過程で、イースター島の部族間の抗争も頻発した。そのときに倒され破壊されたモアイ像も多くあったと考えられている。そのような経過をたどり、イースター島の文明は崩壊してしまった。モアイも作られることはなくなった。文明を崩壊させた根本的原因は、森の消滅にあったのだ。千体以上のモアイの巨像を作り続けた文明は、十七世紀後半から十八世紀前半に崩壊したと推定されている。

（平成28年度版　光村図書2年121ページ　安田喜憲『モアイは語る――地球の未来』より）

□(1) この段落で、筆者の考えが示されている文が一つある。それを探し、初めの五字を書き抜きなさい。 → ❷

□□□□□

□(2) この段落の要点を次のようにまとめたとき、□にあてはまる言葉を文章中から書き抜きなさい。 → ❶・❷・❸

［□□□□□□□□□は、□□□□によって崩壊した。］

2 次の文章を読んで、各段落の役割として適切なものをあとから選び、それぞれ記号で答えなさい。 → ❷・❸

1 近年、花粉症が深刻な社会問題となるまで花粉の量が増えているのには、スギ林が置かれた環境の変化があるといわれている。

2 樹木は生命の危険を感じると早く子孫を残さなければと多くの種子をつける。実際、柿の実やどんぐりが豊作になるようにと子どものころ木の幹を思いっきり蹴飛ばした経験がある。

3 戦後せっせと植えたスギも、林業が儲《もう》からなくなって手入れがされなくなった。とくに間伐がされていないスギ林は、スギ同士の過酷な生存競争でひょろひょろな木となり、ストレスが大きくなっている。こんな環境によって、スギの木も生命の危険を感じ、種子をたくさん残そうと雄花をたくさん付け、花粉を大量に撒《まき》散らしているということなのではないだろうか。

（矢部三雄『恵みの森　癒しの木』より）

ア　状況としての事実を述べている。
イ　筆者の主張したいことを述べている。
ウ　事実と体験例を述べている。
エ　前の段落内容の根拠を述べている。

□ 1 □　　□ 2 □　　□ 3 □

完成問題

1 次の文章を読んで、あとの問いに答えなさい。（富山・改）

1 自分というもののとらえ方が西洋人と日本人とでは違います。かつての日本人と明治以降の日本人は違うといってもいいでしょう。つまり本来は西洋人の「Ⅰ」と日本人の「私」は実は違うものなのです。それは言葉を見ればわかります。

2 関西では相手のことを「自分」と言います。ここからわかるのは己と相手を同一と見ているということです。

3 関西に限った話ではありません。時代劇で江戸の商人が自分のことを「手前ども」というのをご覧になったことがあるでしょう。これが下町でけんかが起これば「手前《てめえ》、このやろう」という。商人の手前は［A］のことですし、けんかの時の手前は［B］です。

4 同様の例は他にもあります。侍は「おのれ自身」と自分のことをいうし、かっか頭に来て、刀振り回して「おのれ！」という。侍は自分に腹を立てているのかというと、別にそうではない。後者はいうまでもなく［C］のことを指している。

5 どうして日本語ではそんなことが可能なのでしょうか。根本に、自他の区別に対する無意識の本質的確信というものがあるからです。それは簡単にいえば、いちいち意識しなくても（つまり言葉にしなくても）、自分というものはいるのだということに確信を持っているということです。

6 逆に言えば自分自身と他人の区別が無意識の段階ではっきりなされていれば、そのときの都合で表現は変えても構わないのです。いちいち「自分は自分である」「俺は俺である」ということを言葉で明確にしなくてもいい。区別がはっきりしているからこそ、言葉は問題ではない。だから両方の言い方ができる。

（養老孟司『超バカの壁』より）

□(1) ［A］～［C］には「自分」、「相手」のいずれかが入る。それぞれ入るものを答えなさい。

A［　　　］ B［　　　］ C［　　　］

□(2) ――線部に「同様の例」とあるが、これらの例から筆者はどういうことがわかると言っているか。文章中から書き抜いて答えなさい。

［　　　　　　　　　　］

□(3) 5段落の要点をまとめたものとして適切なものを次から選び、記号で答えなさい。

ア 日本語で、同じ言葉が自分を指したり相手を指したりすることが可能なのは、自分がいることに確信を持っているからだ。

イ 日本語では、言葉にしなくても無意識のうちに自分の言いたいことが相手に伝わるという確信を持つことができる。

ウ 江戸時代の日本語において自他の区別が判然としなかったのは、当時はその区別を重要視していなかったからだ。

エ 西洋の言葉と日本語に違いが見られるのは、日本人は他人に対する自分というものをしっかりと持っているからだ。

［　　］

2 次の文章を読んで、あとの問いに答えなさい。（岩手・改）

1環境破壊がなぜ問題なのかというと、それによってわたしたち人間が困るからです。「地球にやさしい」とか「地球を守れ」などといった言葉にだまされてはいけません。地球上の生物のなかでもっとも総量が多く、なおかつあらゆる場所にはびこっているのはおそらくバクテリアのような単細胞生物です。万一地球上の生態系がずたずたになり、人間が生きていけないような環境になってもバクテリアは存在しているでしょう。また、もうひとつ重要なのは、環境破壊を生み出しているのもわたしたち人間だということです。人間ほど大規模に環境を改変してしまった種は他にいません。環境問題は人間にとっての問題なのです。

2わたしは大学で環境教育を担当しているので、環境問題については少なくとも人並みには理解があります。例えば肉食はエネルギー的に無駄の多い贅沢《ぜいたく》だということは知っています。しかし、おいしいので菜食主義者になるつもりはありません。また洗剤を使うと河川の富栄養化が起こることも知っていますが、食後に皿を洗うときには洗剤を使います。化石燃料の浪費は温暖化を招くことも分かっていますが、ついついマイカーに乗ってしまいます。資源の再利用には関心がありますが、それでも生活しているとゴミは出ます。先進国が多量の二酸化炭素を放出していることも知っていますが、産業が衰えると自分の大学の学生にとって就職先が減るので困ります。こうして地球環境はさらに悪化していきます。

3このようなわたしの日常は決して特別なものではなく、みなさんにもあてはまるはずです。わたしたちは人口爆発、大気汚染、生物多様性の減少などといった問題の存在を知っているし、そのメカニズムもある程度理解しています。しかし、だからといって日々の生活様式や社会・経済システムが環境破壊を抑制するように変わっていっているのかというと必ずしもそうではありません。

（小田　亮『ヒトは環境を壊す動物である』〈筑摩書房〉より）

□(1) 1段落にタイトルをつけるとき、最も適切なものを次から選び、記号で答えなさい。

ア　人間が困る環境問題
イ　バクテリアの威力
ウ　環境破壊の原因
エ　地球のために大切なこと

□(2) ――線部に「地球環境はさらに悪化していきます」とあるが、このようになる原因について筆者はどのように述べているか。次から最も適切なものを選び、記号で答えなさい。

ア　環境保護は人類共通の課題であるが、個人の考えや行動が重要な問題であることを人々が認識していないということ。
イ　一人一人は贅沢をひかえ環境保護に努めているが、社会全体が積極的に環境問題に目を向けようとしないということ。
ウ　現代の人間は、効率的な生産や資源の有効活用にばかりこだわり、環境問題の本質をとらえようとしないということ。
エ　環境問題から考えると、無駄なこと、良くないことは分かっていても、人間が自分の行動を変えられないということ。

21 説明的文章
段落の働きや構成をとらえる

学習日　月　日（　曜日）

基本チェック

1 次の文章を読んで、あとの問いに答えなさい。

1日本語には、自分や相手を指す呼称が非常に多いが、それは日本語の敬語と強く結びついている。

2たとえば、「あなた」は「彼方《かなた》」が元になっている。相手を離れたものととらえることで強い敬意を示すものであり、「貴様」や「お前」といった表現にも、元来は敬意がこめられていた。

3一方、自分を指し示す「僕」や「手前」などは、自分を低めて言うことで相手に対する敬意を示した言葉である。

4このように、言葉の由来を考えることによって、より大切に言葉を用いることができるであろう。

□(1) 筆者の考えが述べられた一文を探し、初めの五字を書き抜きなさい。

□(2) この文章の構成を段落番号の図で示したものとして最も適切なものを次から選び、記号で答えなさい。

ア
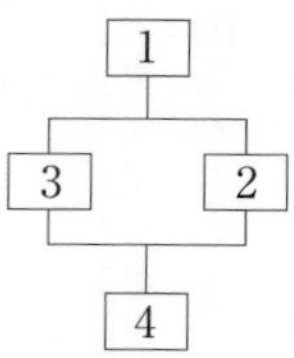

イ
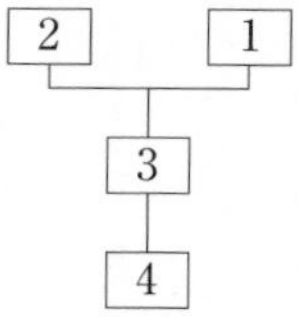

ウ
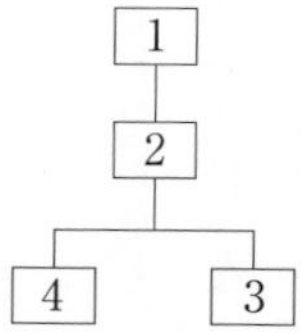

基本ポイント

段落の構成をとらえるためには、結論（筆者の主張の中心）を述べた段落がどこにあるかを見つけるとよい。

□**1** **説明文や論説文には基本の型がある。**
・三段型……序論・本論・結論
・四段型……起承転結から構成される。

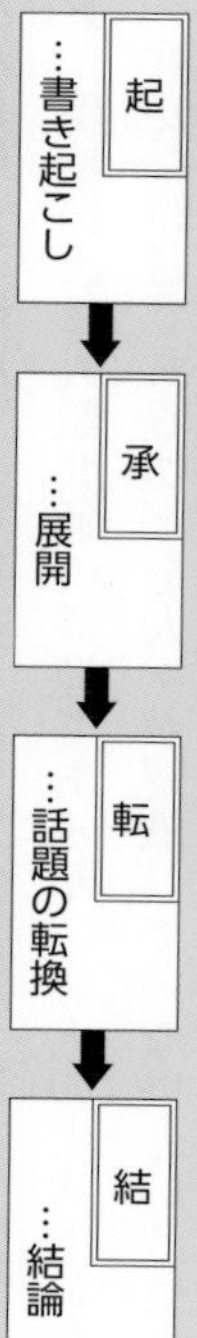

□**2** **結論がどこの位置にあるかは、三つのパターンでとらえる。**

・頭括《とうかつ》型
結論が文章の初めにある。
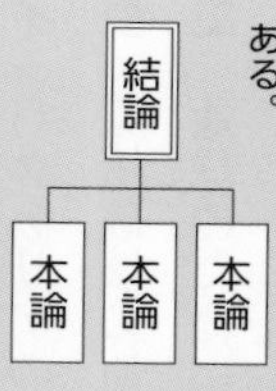

・尾括《びかつ》型
結論が文章の最後にある。
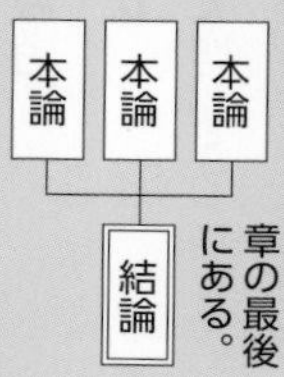

・双括《そうかつ》型
結論が文章の最初と最後にある。
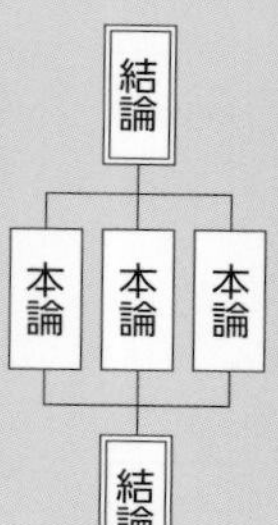

□**3** **段落の関係をとらえるには、指示語や接続語などに注意する。**
・指示語から始まっている段落は、前の段落の話題が続いている。
・転換の接続語があると、そこは内容の切れ目である場合が多い。
・「例えば」「なぜなら」「つまり」のような説明・補足の接続語は、前の段落とつながっている。

基本チェックの答え

1
(1) **このように**　「このように～」と、ここまで述べてきた内容をまとめて、筆者の主張を述べている。「～であろう。」という、意見を述べる文末表現にも注目。
(2) **ア**　1段落で話題を提示し、2段落と3段落で具体例を挙げ、4段落で筆者の主張（結論）を述べている。2のうち、尾括型の構成になっている。

発展問題

1 次の文章を読んで、あとの問いに答えなさい。

1 地域や家族との絆《きずな》を強化しようという意見があるが、それは二十世紀までにつくられていた絆が稀薄《きはく》になってきていることの反映だと思う。都市化や少子化は時代の流れでもあるので、そうした絆が薄れていくなかで、どのように生きるかを考えるほうが前向きに思う。未知の生き方だからそう簡単に行くとは思わないが。

2 移動や通信の変化は、決まった場所で決まった相手と決まったつきあい方をすることが少なくなっていく。共同体のシステムに帰属して生きるより、不確定な相手とつきあいながら生きていくモラルを、身につけねばなるまい。

3 たとえば、協調性というのは、均質な集団の安定を求めるモラルだったが、今では、既得権益を維持する守旧派の言葉になった。仲間意識の強化だって、二十一世紀のモラルになるかどうかわからない。仲間というものには、外を排除し内を抑圧する性格があるから。いじめというのは、仲間意識のひずんだ病理だと思う。

4 均質性は安定に有利だが、創造には多様性のほうが有利になる。多数派は安定を求めがちだし、ときに時流に左右されやすいが、文化の創造はたいてい、はずれた少数派から生まれているのが、文化の歴史を考察すればわかる。しかもその創造性が同時代人に容認されるとはかぎらない。二十世紀では均質と安定が課題だったが、二十一世紀は多様と創造に価値観を移動させねばなるまい。

（森　毅『21世紀の歩き方』より）

□(1) 1段落と2段落の関係を説明したものとして、最も適切なものを次から選び、記号で答えなさい。 → 1

ア 1段落で意見を述べ、2段落でその意見の根拠となる具体例を挙げている。
イ 1段落で意見を述べ、2段落でそれをさらに発展させている。
ウ 1段落で具体例を挙げ、2段落でそれについて分析している。
エ 1段落で意見を述べ、2段落ではそれとは対立する意見を述べている。

□

□(2) 3段落は「たとえば」から始まっているが、どのようなことを説明するための例を述べている段落か。最も適切なものを次から選び、記号で答えなさい。 → 3

ア 地域や家族との絆の重要性が、見直されていること。
イ 都市化や少子化が、年々進行していること。
ウ 他者との結びつきの価値観が、変化していること。
エ 移動や通信の変化で、交流する相手が広がったこと。

□

□(3) 筆者がこの文章で最も主張したいことを述べた部分を、文章中から二十六字で探し、初めと終わりの五字を書き抜きなさい。 → 2

□□□□□ ～ □□□□□

完成問題

1 次の文章を読んで、あとの問いに答えなさい。

（栃木・改）

1 他人に注意するのが好きな人がいる。切符売り場などで、人々が列をつくって並んでいるのに割り込む人に、「みんな、順番で待っているのよ。」などと注意する。内心、何か言いたい、と思っていた他の人々は、「代わりに言ってくれてよかった。」と、ほっとする。注意されたほうは、文句を言いつつも、列の後ろに並ぶ。

2 科学は、他人に注意するという人間の行動に、「利他行動」という視点からアプローチする。

3 必ずしも自分の得にならない、むしろ損になるかもしれないのに、他人の利益のために敢《あ》えてする、というのが利他行動である。たとえば、自分が狩った獲物を他人にも分け与えるという行動もそうだ。

4 なぜ、注意することが利他行動になるのだろうか。注意された相手は、その後、ルールを守ってきちんとした行動を取るようになるかもしれない。そうなれば、結果、その人と接する人々は、得をすることになる。A自らは何の行動も取っていないのだから、「ゼロのコスト」で、そのような利益を得たことになる。

5 注意をする人も、そのことで得することもあるかもしれない。一方で、行動することにはエネルギーが必要であり、喧嘩《けんか》になったり、不快な思いをしたりするリスクもある。B自らがそのような不利益を被りつつ、他者には無償の利益を与えるという意味で、「注意すること」は利他行動なのである。

6 生物は、基本的に自己保存の本能にしたがって行動している。その中で、敢えて自分を犠牲にしても他者のためにする行動が、どのように進化してきたのか。生物学者たちはそのような疑問を持ち、利他行動の進化の問題を研究してきた。

7 利他行動を取ることが、めぐりめぐって、そのような行動を取る遺伝子の生存、及び子孫への継承に有利に働くなら、そのような行動は生き残る。狩りの獲物を分け与えることで、「気前の良いやつだ。」という評価が定まれば、社会的地位が上がり、異性にも人気が出て、結果として子孫を残す可能性も高まる。そのように生物学者は考える。

8 一方、脳科学の立場からは、別の視点からの解釈が提案されている。すなわち、利他行動は実は自分のための行動であるという解釈である。注意するときに、どうやら人間の脳は「快感」を感じているらしいからである。

9 最近の研究によると、ゲームのルールを破った人に対して注意を与える人の脳では、うれしいことがあったときに活動する部分が活性化していることがわかった。すなわち、その人は注意することで快感を感じているのである。

10 他人を注意することは、客観的な損得という視点からは、利他行動である。心理的な利他行動とは、自分が嫌だと思うことを、他人のために敢えてやることを指す。だが、脳にとっては、実はうれしいこと（＝得をすること）である。とすれば、心理的な視点から見ると、注意することは利他行動ということにはならない。

11 「そうだと思った、注意するのが好きなのは、自分がやりたいからやっているんだよ。」と手を打つ人は、少し待ってほしい。私たちの脳も、結局は生存のための臓器である。他人に注意するという行動が、人間という生物の生存にとって、有益なものであったことに変わりはない。

12注意することは役に立つ。人間の脳は、生きるために必要なことに喜びを感じるようにつくられているのだから。

（茂木健一郎『脳の中の人生』より）

□(1)　＝＝線A・B「自ら」が表す内容の組み合わせとして、適切なものを次から選び、記号で答えなさい。

ア　A　人に注意された人　　B　人に注意された人
イ　A　注意された人に接する人　　B　人に注意した人
ウ　A　注意された人に接する人　　B　人に注意された人
エ　A　人に注意された人　　B　人に注意した人

□(2)　――線部に「利他行動の進化の問題」とあるが、利他行動が生物に受け継がれてきたのはなぜか。生物学者が考える理由を、三十五字以内で説明しなさい。

□(3)　段落の関係を説明したものとして、最も適切なものを次から選び、記号で答えなさい。

ア　利他行動の定義をまとめた5段落に基づいて、6段落では生物学の立場から出された疑問に答えている。
イ　生物学の立場から問題を提起した7段落に対して、8段落では利他行動についての解釈を提示している。
ウ　脳科学の研究成果を紹介した9段落を根拠として、10段落では利他行動とよばれる行動を再考している。
エ　心理的な視点からの矛盾点を指摘した11段落を受けて、12段落では脳科学の立場から結論を述べている。

□(4)　本文の内容を説明したものとして、最も適切なものを次から選び、記号で答えなさい。

ア　生物学でも脳科学でも、客観的な損得という視点からは、利他行動とよばれる行動は脳が得をすることだ、と考えている。
イ　生物学でも脳科学でも、自己を犠牲にすることが、利他行動とよばれる行動の子孫への継承に有利に働く、と考えている。
ウ　生物学でも脳科学でも、自己保存の本能に逆らってまでも、人間は利他行動とよばれる行動を取るものだ、と考えている。
エ　生物学でも脳科学でも、人間が利他行動とよばれる行動を取ることは、人間やその遺伝子の生存に有益だ、と考えている。

22

説明的文章

筆者の考えや要旨をとらえる

学習日　　月　　日（　　曜日）

基本チェック ●

1 次の文章の要旨を三十字以内でまとめなさい。

考えを表現するといっても、大きく分ければ、「話す」と「書く」の二つがあります。

話す場合には、たいがい、聞き手がすぐ近くにいて、その時、その場で自分の考えに表現を与えながら、さらなる考えを進めていく。あるいは、考えながら話したり、話しながら考えるといったことを行っています。

それに対して、書くという表現の場合には、たいていはひとりで、じっくり時間をかけて、ノートやワープロ、パソコンなどを使って、考えたことを文字にしていったり、あるいは考えながら文字にしていくことが多いはずです。考えたことが消えずに文字として残ることも、話す場合とは大きく違う点です。ちょうど本という活字メディアが、読者にとって自分のペースで考えながら読んでいくことができたのと同じように、書くという行為は、話すのと違って自分のペースで、いきつもどりつしながら、考えを進めていくことができる表現方法なのです。

（苅谷剛彦『知的複眼思考法』より）

□

基本ポイント ●

要旨をとらえるには、結論にあたる段落を探し、キーワードをもとに、意見を述べた文に着目する。

□ ① 全体の中から、要旨に直接関係のある段落を取りあげる。具体例や反証を挙げている段落は省き、筆者が問題提起している段落や、結論を述べている段落に着目する。

□ ② 中心文やキーワードとなる語句をもとに、取りあげた各段落の要点をまとめる。特に、結論を述べた段落の中心文はていねいに内容をとらえる。

□ ③ 結論部の要点を中心にして、全体の要旨をまとめる。

□ ④ 要旨だけを読んでも、きちんと意味が伝わるようにする。指示語はその指示語の指す内容を、語句の言い換えがあるときは、どの語句とどの語句が同じ内容を指しているのかを確実にとらえる。

基本チェックの答え

1 例書く行為は、自分のペースで考えを進められる表現方法である。（29字）

本文の中心となるのは「書く」行為についての説明。「話す」行為は比較のために挙げられているので、指定字数によっては省き、「書く」行為の特徴に絞ってまとめる。

発展問題

1　次の文章を読んで、あとの問いに答えなさい。

1 もう一つ例をあげてみましょう。沖縄の蝶《ちょう》の話です。沖縄は毎年大きな台風の通り道になってたいへんですが、沖縄の人たちの暮らしは、きっと大きな台風に適応していることでしょう。台風のよく来るころに羽化するシロオビという蝶は、＊一腹卵の中に羽化の遅い休眠蛹《さなぎ》を少数混ぜます。シロオビは、温帯の蝶に比べると羽化日数が不揃《ふぞろ》いです。はやく羽化する蝶が台風に殺されてしまった場合でも、遅れて羽化する蝶が生きながらえます。この場合には、いつ来るともわからない台風から生きのびられるようにシロオビの羽化日数は不揃いのまま残っているのです。

2 ＊ヒト・ゲノムが解読されたときに、優れた遺伝子をつきとめて、未受精卵にその遺伝子を取り込ませて、すぐれた子供をつくることができる、人類は、自然の＊淘汰《とうた》に頼らずに、自らの手でよりよい人間をつくることができるようになった、と歓喜した研究者たちがいました。でも、ほんとうにそうでしょうか。四〇億年に近い歴史をもった生命進化の過程に、誕生間もない人類が手を出していいものでしょうか。私は、畏敬の念をもたなくなった人類は、かならずいつか破滅すると思います。私たちは、ほとんど何も知らないのだということを肝に銘じてほしいと思います。

（柳澤桂子『いのちの音がきこえますか　女子高生のための生命科学の本』より）

＊一腹卵……一度に産む卵のこと。
＊ヒト・ゲノム……ヒトの一個体を作るために必要なすべての遺伝子のこと。
＊淘汰……自然環境の中で、生存に適したものが生き残り、適さないものは消え去る現象。

□(1)　1段落の具体例は、どのようなことを説明するために挙げられているか。最も適切なものを次から選び、記号で答えなさい。　❶

ア　生命に対して畏敬の念をもたなくなった種は、いつか破滅するということ。
イ　遺伝子の研究が進み、さまざまな生物の生態が解明されてきたということ。
ウ　生物の遺伝子には、その生物が生存するための複雑な情報が組み込まれているということ。
エ　自然の淘汰に頼らない新しい遺伝子が、他の生物でも生まれつつあるということ。

□(2)　――線部「ほんとうにそうでしょうか」とあるが、この表現に、筆者のどのような思いが込められているか。次の空欄にあてはまる言葉を書きなさい。　❷

人類は（　　　　）という考えには、疑問を感じる。

□(3)　この文章の筆者の考えを、文章中の言葉を用いて三十字以内でまとめなさい。　❶・❸

完成問題

1 次の文章を読んで、あとの問いに答えなさい。（岐阜・改）

1 ヒトは乗りもの酔いや食中毒などではしばしば吐きます。ペットを飼っていた人ならば知っていると思いますが、イヌやネコもまたヒトと同じように吐きます。一方、研究者がよく使う実験動物であるネズミやウサギはけっして吐きません。吐くための脳回路が備わっていないからです。要するに吐き気止め薬の研究には*ラットやマウスが使えないわけです。そこで*嘔吐《おうと》の研究にはイヌやネコを実験台として使わなければなりませんでした。これは*デメリットです。イヌやネコはネズミよりも大型の動物ですから大規模な飼育施設が必要ですし、そもそも一日に何匹も検査することができません。また効能を調べたい試薬や薬物も、多くの量が必要になります。つまり、嘔吐の研究の現場では「小型で嘔吐する動物」が必要とされていたのです。

2 そんな中、齋藤《さいとう》教授は当時、「スンクス」とよばれる体長一五センチメートルほどの小型の動物（南日本から台湾《たいわん》にかけて生息するモグラの一種）を用いての肝臓の研究をしていました。ある日教授は、*肝硬変《かんこうへん》がいかに生じるのかを調べるために、スンクスにアルコールを*投与しました。するとスンクスが吐いたのです。驚いた教授は周囲に「スンクスは吐くぞ！」と興奮しながら言いました。すると周囲の人々は「何を今さら」といった表情で「そりゃ、そうですよ」と平然と答えたそうです。

3 このとき齋藤教授と周囲の研究者の違いはなんだったでしょうか。そうです。齋藤教授は問題意識をもっていたのです。嘔吐の研究には今どんな問題があって、何が望まれているのかを知っていたのです。一方、周囲の研究者たちはこれまでにも何度もスンクスが嘔吐する様子を見てきたにもかかわらず、それが嘔吐研究にどれほど重要な意味があるのかを理解していなかったのです。その後、スンクスが国際的な実験動物となって嘔吐研究に貢献したのは言うまでもありません。

4 「発見」とは単に「初めて見る」という意味ではありません。「ただ見る」だけでは発見ではありません。目の前に見えている事実の重要性に気づいてこそ「発見」なのです。

5 重要性に気づくためには①問題意識をもっていなければなりません。一体、自分は何を知りたいのか、世間が何を欲《ほっ》しているのか、何がまだ解明されていないのか、どんな事実がわかればその後どんな道が開けるのか。こうした問題意識をもっていなければ発見はありえません。

6 齋藤教授もスンクスにアルコールを投与するという実験を偶然に行ったからこそ、大発見が訪れたのです。しかし、この発見が「単なる偶然」ではなかったことは、周囲の平凡な研究者が②同じ事実を見ていたのに「発見」できなかったことが物語っています。

7 発見や発明のアイデアは神様が与えてくれるものではありません。むしろ、それまでにどれほど努力と勉学を重ねてきたかにかかっています。③発見は周到に準備した者だけに訪れる――絶対に忘れてはならない戒めです。

（池谷裕二『薬の開発のために脳をきわめる』より）

＊ラットやマウス…ともにネズミの一種。
＊嘔吐…………吐くこと。
＊デメリット………短所。
＊肝硬変…………肝臓の病気の一種。
＊投与…………与えること。

□(1)　この文章を二つに分けるとすると、後半はどこから始まるか。後半の初めの段落の番号を答えなさい。

［　　］段落

□(2)　次の一文は、どの段落の冒頭に入るのが最も適切か。段落の番号で答えなさい。

その一方で、発見が「偶然」に支えられていることも多々あります。

［　　］段落

□(3)　――線①「問題意識」とあるが、齋藤教授がもっていた問題意識とはどのようなことか。文章中から二十八字で探し、初めと終わりの六字を書き抜きなさい。

［　　　　　　］～［　　　　　　］

□(4)　――線②「同じ事実」とあるが、何がどうしたことか。「～こと。」につながる形で文章中から最も適切な部分を八字で書き抜きなさい。

［　　　　　　　　］こと。

□(5)　この文章の展開上の特色について述べたものはどれか。最も適切なものを次から選び、記号で答えなさい。

ア　齋藤教授と周囲の研究者の研究姿勢を具体的に取りあげることで、発見が単なる偶然であることを詳しく説明している。
イ　齋藤教授の研究姿勢を否定的に取りあげることで、発見することがいかに難しいかを簡潔に説明している。
ウ　齋藤教授と周囲の研究者の研究姿勢を対比的に取りあげることで、発見に至るまでの道筋を明確に説明している。
エ　周囲の研究者の研究姿勢を肯定的に取りあげることで、発見することがいかに面白いかをわかりやすく説明している。

［　　］

□(6)　――線③「発見は周到に準備した者だけに訪れる」とあるが、発見とは、どのようにすることで、何に気づくことだと筆者は述べているか。三十五字以上四十字以内でまとめて書きなさい。ただし、「問題意識」、「努力と勉学」という二つの言葉を使い、文末が「に気づくこと。」につながるようにすること。

［　　］に気づくこと。

23 文学的文章
場面や状況をとらえる

学習日　　月　　日（　曜日）

基本チェック

1 次の文章の場面や状況について、［　］にあてはまる言葉を文章中から書き抜きなさい。

厳しい寒さの中を、二千里の果てから、別れて二十年にもなる故郷へ、私は帰った。
もう真冬の候であった。そのうえ、故郷へ近づくにつれて、空模様は怪しくなり、冷たい風がヒューヒュー音を立てて、船の中まで吹き込んできた。苫《とま》のすき間から外をうかがうと、鉛色の空の下、わびしい村々が、いささかの活気もなく、あちこちに横たわっていた。覚えず寂寥《せきりょう》の感が胸に込み上げた。

（平成28年度版　光村図書3年106ページ　魯迅・竹内　好訳『故郷』より）

□(1) いつ…［空模様が怪しく、冷たい風の吹く［　　　　］の候。］

□(2) どこで…［［　　　　］へ向かう［　　］の中。］

□(3) 誰が…［主人公である［　］。］

□(4) どうした…［［　　　　　　　　　　］の様子に寂寥の感が込み上げている。］

基本ポイント

場面や状況をとらえれば、ストーリー全体がおさえられる。

小説の読解では、まず場面や状況をとらえることが基本である。前書きも含めて、文章の次のポイントに着目する。

□ **①時間（いつ）をとらえる。**
時代や季節、時刻などを表す言葉に着目する。人物の行動や情景からとらえることもあるので注意。

例　本が読みにくくなったことで、あたりがすっかり暗くなっていることに気がついた。→夕方（日暮れのころ）だということがわかる。

□ **②場所（どこで）をとらえる。**
屋内・屋外、地域などを表す言葉に着目する。

□ **③登場人物（誰が）をとらえる。**
主な登場人物は誰か。年齢や性別、立場などを表す言葉などに着目する。

□ **④状況（どうした）をとらえる。**
登場人物はどんな状況にあり、どんな出来事があったのか。登場人物の心情を表す言葉や、行動・様子を表す言葉などに着目する。

基本チェックの答え

1
(1) **真冬**　最初の一文に「寒さ」とあり、次の文に季節を表す言葉がある。
(2) （順に）**故郷・船**　最初の文に注目すると、故郷へ帰るところであることがわかる。故郷へ帰る手段については、文章の中ごろにある、「風」が「船の中まで吹き込んできた」という部分からわかる。
(3) **私**　登場人物を探すと、最初の一文に、「私」とあり、語り手であることがわかる。
(4) **わびしい村々**　「寂寥の感」と心情が述べられている。何を見てそう感じたのかをとらえる。

発展問題

1 次の文章を読んで、あとの問いに答えなさい。

上野《うえの》公園に古くからある西洋料理店へ、ルロイ修道士は時間どおりにやって来た。桜の花はもうとうに散って、葉桜にはまだ間があって、そのうえ動物園はお休みで、店の中は気の毒になるぐらいすいている。椅子から立って手を振って居所を知らせると、ルロイ修道士は、

「呼び出したりしてすみませんね。」

と達者な日本語で声をかけながら、こっちへ寄ってきた。


（平成28年度版　光村図書3年18ページ　井上ひさし『握手』より）

□(1) 季節はいつか。次から選び、記号で答えなさい。
ア　春　イ　夏
ウ　秋　エ　冬
→1

□(2) 場所がわかる部分を文章中から書き抜きなさい。
→2

□(3) 登場人物は何人か、漢数字で答えなさい。
〔　　〕人
→3

□(4) ――線部で手を振った人物はなぜそこにいるのか。簡潔に答えなさい。
→4

2 次の文章を読んで、あとの問いに答えなさい。

三月になったばかりの昼休み、①博士《ひろし》は例によって一人で本を読んでいた。

昼休みが半分過ぎたことを告げるチャイムが鳴った時、②廊下をあわただしく走る足音が聞こえてきた。

「*ハカセ君、急いで来てくれないか」

息を弾ませた声に振り向くと、サンペイ君が教室の入口《いりぐち》のところに立っていた。

突然のことで驚いたのが一番だったけれど、同時にすごくうれしくて、③博士は「いいよ」と立ち上がった。


（川端裕人『今ここにいるぼくらは』より）

＊ハカセ君……博士はサンペイ君から「ハカセ君」と呼ばれている。

□(1) ――線①とあるが、博士がいる場所はどこか。文章中から二字で書き抜きなさい。
→2

□(2) ――線②とあるが、誰の足音かを答えなさい。
→3

□(3) ――線③とあるが、博士はどんなことに対して「いいよ」と言っているのか。簡潔に答えなさい。
→4

完成問題●

1 次の文章を読んで、あとの問いに答えなさい。

メロスは激怒した。必ず、かの邪知暴虐の王を除かなければならぬと決意した。メロスには政治がわからぬ。メロスは、村の牧人である。笛を吹き、羊と遊んで暮らしてきた。けれども邪悪に対しては、人一倍に敏感であった。今日未明、メロスは村を出発し、野を越え山越え、十里離れたこのシラクスの町にやって来た。メロスには父も、母もない。女房《にょうぼう》もない。十六の、内気な妹と二人暮らしだ。この妹は、村のある律儀《りちぎ》な一牧人を、近々花婿として迎えることになっていた。結婚式も間近なのである。メロスは、それゆえ、花嫁の衣装やら祝宴のごちそうやらを買いに、はるばる町にやって来たのだ。

（平成28年度版　光村図書2年192ページ　太宰　治『走れメロス』より）

□(1) メロスの職業を、文章中から二字で書き抜きなさい。

□(2) ――線部の理由として最も適切なものを次から選び、記号で答えなさい。

ア 羊と遊んで暮らすことに飽きてしまったから。
イ 邪知暴虐の王と対決して除こうと決意したから。
ウ 妹の結婚式の準備の買い物をしようとしたから。
エ 妹の花婿に会って律儀かどうか確かめたかったから。

2 次の文章の場面を説明したものとして、最も適切なものをあとから選び、記号で答えなさい。

台所の前を通りかかったとき、叔母さんたちの話し声が聞こえた。祖父のなきがらを清めているときの話だった。首筋の皺《しわ》をタオルで拭いていたら、潮と、魚と、それから錆《さび》のにおいがたちのぼってきたのだという。「何十年も船に乗ってきたんじゃけん、体に染《し》みついとるんじゃろうねえ」と叔母さんが言うと、母が「お義父《とう》さんは風呂《ふろ》が嫌いじゃったけんねえ」と返し、みんなで懐《なつ》かしそうに笑っていた。

おとといまではこの家にいたひとのことを、もうみんなは思い出話にしてしゃべっている。

急に寂しくなった。

（重松　清『タオル』より）

ア 潮のにおいがしみつくほど長い間船に乗って活躍した祖父のことを、みんなでけなしているのを主人公が聞いている場面。
イ おとといまでこの家で生活していた祖父がなくなり、思い出話の対象となってしまったことに寂しさを感じている場面。
ウ 母がなくなった祖父のことを悪く言う様子を見て、主人公が理解できず、情けなく思っている場面。
エ 祖父がおとといまで家にいたことを忘れてしまっている人たちに、主人公が冷たさを感じている場面。

□

3 次の文章を読んで、あとの問いに答えなさい。（長野・改）

東京でフードライターとして食に関する記事を書いていた響子《きょうこ》は、夫の父周造が病気になり、夫の母幸子がなくなったことで、夫の故郷（鳥取県）で暮らすことになった。響子は、幸子の日記を読む中で、梨作りへの思いを知り、夫の友人仲幸の父久雄や近所の片山らに教えてもらいながら梨を作り始める。

「①わしもそげ思っちょった。ところがあんたは、木に訊《き》けと言ったわしの言葉をまともに信じて、がんばりなった。正直、ここまでがんばりなるとは思わんだった」

「でも、おかげで少し分かってきました。木の声は聞こえませんけど、木が全身で教えてくれているような気がしてきました、ほんと、思い込みかもしれませんけど」

「いや、それがすごいと思っちょうですよ。技術的なことは年数を重ねたらうまくなる。だけども、梨の木をそれだけ愛情込めて見るちゅうことは、なかなかできん。どげしても金ですけんな。収入のための手段としか思えんようになる、いや年数を重ねるほどそげんなるんですよ。わしは、あんたに教えられたような気がしとります。もういっぺん②初心に帰れちゅうことをな」

「そんな……」響子は、タッパーに入れてきたおにぎりを久雄に勧めてみた。雑穀を炊き込んだおにぎりは「スローなファーストフード」の取材で覚えたものだったが、冷めてももっちりとした味わいがある。久雄は「うまいですな」と言ってほおばった。

（松本　薫『梨の花は春の雪』より）

□(1) ――線①とあるが、a誰が　b誰に対して　cどう思っていたか。次から最も適切なものをそれぞれ一つずつ選び、記号で答えなさい。

a　ア 周造　イ 幸子　ウ 響子　エ 久雄　□［　　］

b　ア 周造　イ 幸子　ウ 響子　エ 久雄　□［　　］

c　ア そのうち上達するだろうと思っていた。
　イ そのうち投げ出すだろうと思っていた。
　ウ すぐに病気になるだろうと思っていた。
　エ すぐに夢中になるだろうと思っていた。　□［　　］

□(2) ――線②とあるが、「初心に帰る」とは、ここではどのようなことか。この文より前の文章中から七字で、次の□にあてはまるように書き抜いて答えなさい。

〔梨の木を□□□□□□□こと。〕

24

文学的文章

心情や、心情の変化を読み取る

学習日　　月　　日（　　曜日）

基本チェック●

1 次の文章を読んで、良平《りょうへい》の心情を直接表している言葉を三字で書き抜きなさい。

トロッコは最初おもむろに、それからみるみる勢いよく、ひと息に線路を下りだした。そのとたんに突き当たりの風景は、たちまち両側へ分かれるように、ずんずん目の前へ展開してくる。顔に当たる薄暮の風、足の下に躍るトロッコの動揺、――良平はほとんど有頂天になった。

（平成28年度版　東京書籍1年215ページ　芥川龍之介『トロッコ』より）

□

2 **1**の文章の十日余りのちの場面を抜き出した次の文章を読んで、良平の心情がわかる、良平の心の中の言葉を書き抜きなさい。

三人はまたトロッコへ乗った。車は海を右にしながら、雑木の枝の下を走っていった。しかし良平はさっきのように、おもしろい気持ちにはなれなかった。「もう帰ってくれればいい。」――彼はそうも念じてみた。

（平成28年度版　東京書籍1年217ページ　芥川龍之介『トロッコ』より）

□

基本ポイント●

小説や物語では、登場人物の心情をとらえることが読解の中心。場面や状況の説明、会話文などに着目して心情をとらえる。

□ ① **心情を直接表す言葉からとらえる。**
「うれしい」「悲しい」「〜と思う」などの心情を表す言葉に着目する。

□ ② **登場人物の表情・行動・様子・態度からとらえる。**
「声が震える」「顔がほころぶ」「思わず駆け出す」などの表現に着目する。

□ ③ **会話文や心の中の言葉からとらえる。**
登場人物の会話に着目する。言葉だけでなく「……」「！」「？」など、言葉にならない表現にも注意する。

□ ④ **情景描写からとらえる。**
風景や自然の描写には、登場人物の心情が密接に反映されることが多いので、情景描写に着目する。

□ ⑤ **登場人物の立場になることからとらえる。**
登場人物の立場になって、自分ならどういう心情なのかを想像してみる。ただし、想像をふくらませる場合は、場面や状況をきちんと踏まえること。

基本チェックの答え

1 有頂天　「有頂天」とは、うれしくて、我を忘れて夢中になること。良平の心情は、まず、体で感じているうれしさ・快感が「顔に当たる～トロッコの動揺」という描写で表され、それが「有頂天」と一語でまとめられている。

2 もう帰ってくれればいい。　「おもしろい気持ちにはなれなかった」という心情を直接表す言葉のあとに、良平の心の中の言葉が書かれている。

発展問題

1 次の文章から、①「私」の心情を直接表す言葉を七字で書き抜きなさい。また、②その心情を表す行動を八字で書き抜きなさい。 ❶・❷

惜しくも正月は過ぎて、ルントウは家へ帰らねばならなかった。別れがつらくて、私は声を上げて泣いた。

（平成28年度版　光村図書3年111ページ　魯迅・竹内　好訳『故郷』より）

□①

□②

2 次の――線部からわかる心情をあとから選び、記号で答えなさい。 ❸・❺

「先生はどこかお悪いんですか。ちっとも召しあがりませんね。」

「少し疲れたのでしょう。これから仙台《せんだい》の修道院でゆっくり休みます。カナダへたつ頃は、前のような大食《おおぐ》らいに戻っていますよ。」

「だったらいいのですが……。」

（平成28年度版　光村図書3年24ページ　井上ひさし『握手』より）

ア　安心　　イ　不安

ウ　後悔　　エ　驚異

□

3 □ 次の文章を読んで、「僕」の心情に変化があったことがわかる一文を探し、横に線を引きなさい。 ❷

イチョウの木の陰に女の子がいた。僕と同じぐらいの年齢だろう。街から隠れるようにして、向こう岸を見ていた。僕は気づかれないように何本か離れたイチョウの木のそばで彼女を見守った。彼女の顔はみんなと同じ笑顔だった。ところが、彼女は次に、両手で仮面を覆うと、そっとそれを外したのだ。僕は思わず息を止めた。事の重大さに胸をどきどきさせながら周りを見回してみたが、誰もいなかった。

（平成28年度版　教育出版3年298ページ　すやまたけし『素顔同盟』より）

4 次の文章を読んで、――線部の表現から読み取れる登場人物の気持ちとして最も適切なものをあとから選び、記号で答えなさい。 ❹

引っ越す部屋を最終的に決めるという日、両親と弟と四人で、初めてこの街に下り立った。電車が大きな川を渡ると、窓の外の風景は突然なじみのないものになった。新しくできた駅の、まだコンクリートの色が白いプラットホームに風が吹き抜けていった。

（光野　桃『実りを待つ季節』より）

ア　知らない街に引っ越すことで不安な気持ちになっている。

イ　引っ越す街でも平穏な暮らしが続くことに安心している。

ウ　新興住宅街の駅の風景が珍しく、おもしろいと思っている。

エ　両親と自分たちとの間に、理解できない隔たりを感じている。

□

完成問題

1 次の文章を読んで、あとの問いに答えなさい。

「①お姉ちゃん、アノリス、まだいたよ」
「ほんと!? よかったじゃん。今日からもう、アノリスの話を聞かなくてすむよ」
（ほんとに、コトバづかいが悪いんだから）

少年は電話を切ると、店先のアイスボックスから五十円のアイスを買った。そして自転車を引いて橋の真ん中まで歩いた。

少年はそこに自転車を止めると、コンクリートのランカンにもたれて、二週間ぶりのアイスを食べた。②もちろん、一かけらは手のひらに乗せて、肩の上のアノリスにもやった。

少年の背後のビル群の重なりは灰色の濃淡のシルエットになり、空は夕焼け色にかがやいていた。

（干刈あがた『十一歳の自転車』より）

＊アノリス……少年が二週間分のアイス代をためて買ったリスの名。

□(1) ——線①とあるが、少年からの電話を受けたときの姉の気持ちにあてはまるものを次から二つ選び、記号で答えなさい。

ア 落胆　イ 喜び　ウ 後悔
エ 驚き　オ ねたみ

□(2) ——線②とあるが、ここからわかることとして適切でないものを次から一つ選び、記号で答えなさい。

ア 少年とアノリスとの一体感。　イ 少年の優しさ。
ウ 少年が自分本位であること。　エ 少年の満足感。

□(3) 少年の気持ちが反映されている情景描写を、文章中から十四字で書き抜きなさい。

2 次の文章を読んで、あとの問いに答えなさい。

豪《ごう》が、ミットを構える。巧《たくみ》が、投げる。ボールは、やはり前にこぼれた。①豪は、一言も口をきかなかった。

三球目も四球目も同じだった。しかし、五球目は、落ちてこなかった。ミットにがちっと捕《と》らえられて、動かなかった。豪が口笛をふく。それから頭を振って大声を出した。

「どうじゃ、原田。つかまえたぞ」
「みたいだな」
「たいしたもんだろが」
「おまえキャッチャーだろが。ピッチャーの球をとるのが役目なんだぞ。いちいち、自慢してどうすんだ」
「けど五球じゃぞ。五球目でちゃんと、とったんじゃからな」

そうだ、五球。②たった五球でおれの球をつかまえた。

（あさのあつこ『バッテリー』より）

□(1) ——線①とあるが、このあと豪の心情に変化が見られる。それはどんな行動に表れているか。文章中から五字で書き抜きなさい。

□(2) ——線②とあるが、この言葉に込められた巧の気持ちとして、最も適切なものを次から選び、記号で答えなさい。

ア 安心する気持ち。　**イ** 感嘆する気持ち。

ウ 同情する気持ち。　**エ** 非難する気持ち。

（島根・改）

3 次の文章を読んで、あとの問いに答えなさい。

中学校一年生の「雄吾《ゆうご》」は、学校生活をバカらしいと感じ、学校に行かなくなっていた。そんなとき、公園で知り合った「源《げん》ジイ」の仕事である廃品回収を手伝うことになる。源ジイに心を開いていった雄吾は、入院することになった源ジイに付き添おうと決心する。源ジイは雄吾に、自力で便所まで歩ければ雄吾は源ジイの言うとおりにする、という賭けをもちかけて、歩き出す。

源ジイはゆっくりと左足をひきずりながら、歩き始めた。廊下の先にある窓のなかに夕日が沈んでいく。病院の白い廊下はさしこむ夕日で床も壁も天井も、赤く照り映えていた。赤い光は廊下を越えて、窓の外まで続いている。住宅の屋根やマンションの屋上が沈む太陽の光を浴びて、ひと筋の夕日へ続く道のように見えた。

あたたかな光のなかを、老人は歯をくいしばって歩いていた。廃品回収の軽トラックほどのじりじりとした速度だった。雄吾はいつ源ジイが腰を落としてもいいように車椅子を押しながらあとを追っている。

半分ほどすすんだところで、老人は立ちどまった。肩で息をし、額を壁に押しつけて、なんとか倒れないようにしているようだ。雄吾はいった。

「もう無理しなくてもいいよ」

「うるさい。最後までやらせろ」

壁にもたれた身体《からだ》を正面にむけるだけでも、大儀そうだった。それでもなんとか右足を一歩まえにだした。

「でえじょうぶだぞ。手なんかだすんじゃねえぞ」

老人はまた足をひきずり、夕日の廊下を歩き始めた。最後の十メートルをすすむために、老人は途中で三回の休みをいれた。最後の休息では右腕一本だけで手すりにぶらさがる格好になり、ほとんど腰が砕けたようだった。

（石田衣良『夕日へ続く道』より）

□(1) ——線部に「もう無理しなくてもいいよ」とあるが、その気持ちから出ている「雄吾」の行動が具体的に表現されている一文を文章中から探し、初めの六字を書き抜きなさい。

□(2) この作品の中で夕日の描写はどのようなことを表現するのに効果を上げているか。あてはまらないものを次から一つ選び、記号で答えなさい。

ア 源ジイの情熱の強さ。

イ この賭けのもつ厳しさ。

ウ 登場人物の人柄の温かさ。

エ 雄吾の心の底にある寂しさ。

25

文学的文章

言動の理由をとらえる

基本チェック

1 次の——線部の具体的な理由を、あとの□に適切な言葉を書いてまとめなさい。

＊吾輩《わがはい》がこのうちへ住み込んだ当時は、主人以外の者にははなはだ不人望であった。どこへ行ってもはねつけられて相手にしてくれなかった。いかに珍重されなかったかは、今日《こんにち》にいたるまで名前さえつけてくれないのでもわかる。吾輩はしかたがないから、できうる限り吾輩を入れてくれた主人のそばにいることを努めた。

（平成18年度版　三省堂3年172・173ページ　夏目漱石『吾輩は猫である』より）

＊吾輩……この小説の主人公である猫。

□

吾輩は、住み込んだ家の中で、主人以外の者には□□□で、どこへ行っても□□□□□□□□□から。

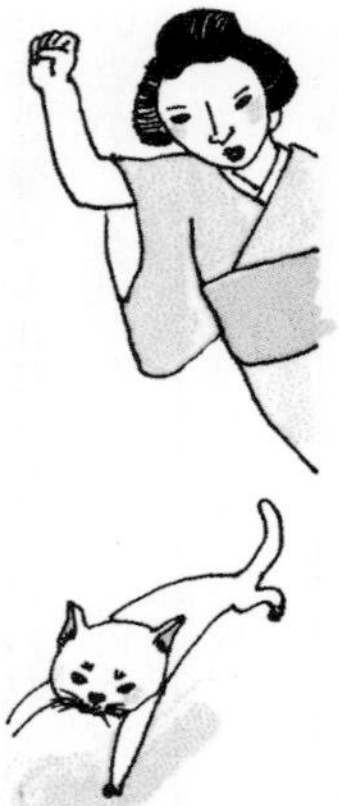

基本ポイント

登場人物の言動の理由をとらえると、心情や考え方がわかる。入試問題では登場人物の言動の理由が問われることが多く、言動の理由には心情や考え方が反映されているので、心情をとらえることにもつながる。

□① **理由を表す言葉からとらえる。**
「〜から」「〜ので」などの言葉に着目する。

□② **言動の前後からとらえる。**
理由は、言動から遠くない前後に書かれていることが多いので、前後の内容に着目する。
また、理由は一つとは限らないので、前後の内容をまとめる必要がある場合もある。

例　一羽のハトがいつまでも飛ばずにうずくまっている。それを見て、弟は言い張った。
「僕、あのハトを連れて帰る。」

→**弟がハトを連れて帰ると言った理由は、「ハトが飛ばずにうずくまっているのを見たから」。ハトのことが心配な気持ちから来ていると思われるが、そこまではさらに前後を読んで確かめる必要がある。**

基本チェックの答え

1 例（吾輩は、住み込んだ家の中で、主人以外の者には）不人望（で、どこへ行っても）相手にされなかった（から。）
直前に「しかたがないから」とあることに着目する。しかたがなく主人のそばにいることにした理由は、初めの二文に書かれている。「相手にされなかった」の部分は、「はねつけられていた」と書いても正答。

発展問題

1 次の文章を読んで、語り手である「わたし」が――線部のように思った理由を簡潔に答えなさい。　②

子供の頃を仙台《せんだい》の「光《ひかり》ケ《が》丘《おか》天使園」という児童養護施設で過ごした「わたし」を訪ねて、天使園の園長であり、常に子供たちを深い愛情で包んでくれていたルロイ修道士が東京にやってきた。かつては力強い握手をしたルロイ修道士だが、握る手も弱々しく、どうやら重い病気にかかっているように思われた。


「仕事はうまくいっていますか。」

「まあまあといったところです。」

「よろしい。」

ルロイ修道士は*右の親指を立てた。

「仕事がうまくいかないときは、この言葉を思い出してください。『困難は分割せよ。』あせってはなりません。問題を細かく割って、一つ一つ地道に片づけていくのです。ルロイのこの言葉を忘れないでください。」

冗談じゃないぞ、と思った。これでは、遺言を聞くために会ったようなものではないか。そういえば、さっきの握手もなんだか変だった。


（平成28年度版　光村図書3年24ページ　井上ひさし『握手』より）

＊右の親指を立てた……ルロイ修道士の癖で、「わかった。」「よし。」「最高だ。」などと言う代わり。

□

---

2 次の文章を読んで、あとの問いに答えなさい。

東京の郊外にあるテルの学校では、生徒の半数以上が電車通学やバス通学であった。バスの場合はそれほどでもなかったが、テルには薄水色の電車の定期券がなんともうらやましくてならなかった。紐《ひも》や鎖のついた定期券をポケットからひき出し、なに気ない顔つきで改札口を通っていく友人達《たち》の姿がひどく大人びて見えたのだ。電車通学も出来ないのに、なぜテストなんかを受けてあの学校にはいらなければいけなかったのか、とテルは母をなじった。あの学校に通うためにわざわざこの町のマンションに引越《ひっこ》して来る人もいるというのにね、と母はとりあわなかった。

（黒井千次『子供のいる駅』より）

□(1)　――線部とあるが、その理由としてあてはまらないものを次から一つ選び、記号で答えなさい。　②

ア　電車通学をするという状況に心をひかれたから。
イ　定期券で通学する友人達の姿が大人びて見えたから。
ウ　定期券を使うときの友人達の様子にあこがれたから。
エ　定期券につけた紐や鎖を友人達に自慢されたから。

□(2)　テルの不満に思う気持ちがわかる行動を文章中から一文で探し、初めの五字を書き抜きなさい。　②

完成問題

1 次の——線部の理由をまとめたあとの文の□にあてはまる言葉を、文章中から書き抜きなさい。

希望という考えが浮かんだので、私はどきっとした。たしかルントウが香炉と燭台《しょくだい》を所望したとき、私は、相変わらずの偶像崇拝だな、いつになったら忘れるつもりかと、心ひそかに彼のことを笑ったものだが、今私のいう希望も、やはり手製の偶像にすぎぬのではないか。ただ、彼の望むものはすぐ手に入り、私の望むものは手に入りにくいだけだ。

（平成28年度版　光村図書3年119ページ　魯迅・竹内　好訳『故郷』より）

□

「私」の希望も、ルントウの所望した□□□□□と同じようなもので、□□□□□でしかないことに気がついたから。

2 次の文章を読んで、あとの問いに答えなさい。

智《さとし》は、いままで一度も試合に出ていない。

今日も、よほどの大量リードを奪うか奪われるかしないかぎり、チャンスはないだろう。

「最後なんだから、出してやればいいのに」

典子《のりこ》の声に、父親を咎《とが》めるような響きはなかった。ごく自然な言い方で、だからこそ、①胸が痛む。

同じことは、ゆうべ佳枝《よしえ》からも言われた。

きっと、智も心の奥ではそう思っているだろう。

だが、智は補欠の七番手だ。監督の息子だ。チームには二十連勝がかかっている。②出せない、やはり。

「実力の世界だからな」と徹夫《てつお》は言った。「あいつも、もうちょっとうまけりゃいいんだけどなあ」とつづけ、口にしたとたん、ひどい言い方をした、と思った。

（重松　清『卒業ホームラン』より）

□(1) ——線①とあるが、徹夫の「胸が痛む」理由として最も適切なものを次から選び、記号で答えなさい。

ア　自分が智への思いやりに欠けていて人間として失格だと、典子と佳枝に責められたから。

イ　典子の言葉に家族を思う愛情を感じ取り、自分はそれにこたえられないことにつらさを覚えたから。

ウ　自分も智をかわいくは思っているのだという気持ちを、典子にはまったくわかってもらえないから。

エ　典子の言葉を聞いて、改めて父親としての自分の無責任さを思い知らされたから。

□

□(2) ——線②とあるが、徹夫が「出せない」と思う理由をまとめた次の文の□にあてはまる言葉を、文章中から書き抜きなさい。

□□のない智を、□□□□□であるからといって、特別待遇にするわけにはいかないから。

3 次の文章を読んで、あとの問いに答えなさい。（福島・改）

小学六年生の北川遠子《きたがわとおこ》は、ケガのために陸上競技をあきらめたことで気落ちしていたが、大阪から転校してきた活発で明るい伊岡千絵《いおかちえ》に接するうちに、心が慰められていく。二学期のある日曜日、遠子は、化石が好きな千絵に誘われ、川の上流で発見されたというナウマン象の化石を見に出かけた。しかし、ようやく山を越え化石の発掘現場にたどりつこうとしたとき、見張りのおじさんから、現場は立ち入り禁止であることを告げられる。遠子はあきらめきれないが、意外にも千絵はあっさりと引き下がり、おじぎをして歩きだした。

「ちょっと、伊岡さん。」

駆け寄って右腕を摑《つか》む。

「あ痛。そんなに力入れてもたんといて。」

「けど、けどな、せっかくここまできたのに。なんのために、山を越えてきたわけ？」

「あっ、そうやなあ。北川さんは、わざわざ付いてきてくれたんや。」

①ばかと叫びたかった。その叫びをなんとか呑《の》み込んだ。喉がこくっとくぐもった音を立てた。

「付いてきてあげたわけじゃないよ。そんなんじゃ、ないよ。けど、伊岡さんがこんなに簡単にあきらめるなら、こないほうがよかった。」

千絵の腕が強くひかれた。

「あきらめたりしてへんよ。勝手に決めつけんといて。ああ、痛い。手が折れるかと思うた。」

「けど、けど……。」

遠子は、口ごもる。

「おーい、頼むから、ケンカなんかするなや。」

振り向くと、見張りのおじさんが大きく手を振っている。

千絵が、遠子の肩を押した。

「②さっ、お弁当にしよう。お腹《なか》すいて、死にそうや。」

（あさのあっこ『あかね色の風』より）

□(1) ——線①で、遠子が叫ぶのをやめたのはなぜか。その理由として最も適切なものを次から選び、記号で答えなさい。

ア 真剣さのない千絵にあきれたが、千絵の本当の気持ちを想像することはできないと思ったから。

イ 簡単にあきらめた千絵にいらだったが、自分の気持ちを千絵にきちんと伝えようと思ったから。

ウ 強がろうとする千絵にとまどったが、いつも前向きな千絵を元気づける必要はないと思ったから。

エ 真剣に答えない千絵に腹が立ったが、何を言っても千絵は心を開いてはくれないと思ったから。

オ あっさりと引き下がる千絵に驚いたが、すぐに本当の気持ちを語ってくれると思ったから。

［　　］

□(2) ——線②で、千絵がこのように言うのは、化石を見ることについてどのように考えているからか。それがわかる部分を文章中から一文で書き抜きなさい。

［　　　　］

登場人物の人柄や性格を読み取る

学習日　　月　　日（　　曜日）

基本チェック●

1 次の文章を読んで、メロスの人柄を直接表す言葉を四字で書き抜きなさい。

聞いて、メロスは激怒した。「あきれた王だ。生かしておけぬ。」メロスは単純な男であった。買い物を背負ったままで、のそのそ王城に入っていった。たちまち彼は、巡邏《じゅんら》の警吏に捕縛された。

（平成28年度版　光村図書2年193ページ　太宰　治『走れメロス』より）

□［　　　　］

2 次の文章を読んで、あとの問いに答えなさい。

清《きよ》が物をくれるときには、必ずおやじも兄もいないときに限る。俺は何がきらいだといって、人に隠れて自分だけ得をするほど、きらいなことはない。兄とはむろん仲がよくないけれども、兄に隠して清から菓子や色鉛筆をもらいたくはない。

（平成28年度版　光村図書1年268ページ　夏目漱石『坊っちゃん』より）

□(1) 「俺」の性格として最も適切なものを次から選び、記号で答えなさい。　［　　］

ア　頑固な性格。　　イ　潔癖な性格。
ウ　わがままな性格。　　エ　身勝手な性格。

□(2) (1)の性格が想像できる、「俺」の考えが最もよくわかる言葉を文章中から二十五字で探し、初めと終わりの三字を書き抜きなさい。

［　　　］〜［　　　］

基本ポイント●

登場人物の人柄や性格は、人物の心情や作品の主題にかかわる。人物の言動には人柄や性格が反映されているので、次のポイントに着目して人物像をとらえる。

□**① 人柄や性格を直接表す言葉からとらえる。**
「明るい」「楽天的」「正義感」などの表現に着目する。

□**② 登場人物の言葉・行動・様子・態度からとらえる。**
登場人物がどのようなことを言ったりしたりしたか、その人物を周囲の人物がどのように表現しているかなどに着目する。

□**③ 場面の展開から人生に対する考え方や価値観をとらえる。**
登場人物がそれぞれの場面でどのように考え、どのように対応しているかに着目する。

基本チェックの答え

1 **単純な男**　メロスについて、「単純な男」と、性格が直接説明されている。王に対して激怒したら、あとさきのことを考えずにすぐ王城に行く行動を指して、そのように表現しているのである。

2 (1)**イ**　(2)**人に隠〜はない**　この文章は「俺」の語りで展開しているので、考えたことがそのまま地の文に書かれている。最後の「兄に隠して〜もらいたくはない」からも考え方はわかるが、このような具体的な事例ではなく、考えそのものが示されているのは「人に〜」の部分。

発展問題

1 次の文章を読んで、徹也《てつや》の人柄を表す言葉を八字で書き抜きなさい。 ➡1

> 徹也は有名人だから、女生徒たちが振り返る。徹也に声をかける女の子もいる。徹也は声をかけられる度に、おうっ、と元気よく応える。その屈託のない明るさが徹也の魅力だ。
>
> （三田誠広『いちご同盟』より）

□ [　　　　　　　　]

2 次の文章を読んで、あとの問いに答えなさい。

> 親譲りの無鉄砲で子供のときから損ばかりしている。小学校にいる時分、学校の二階から飛び降りて、一週間ほど腰を抜かしたことがある。なぜそんなむやみをした、ときく人があるかもしれぬ。べつだん深い理由でもない。新築の二階から首を出していたら、同級生の一人が冗談に、いくらいばっても、そこから飛び降りることはできまい、弱虫やーい、とはやしたからである。
>
> （平成28年度版　光村図書1年264ページ　夏目漱石『坊っちゃん』より）

□(1)　主人公は自分自身の性格をどのように表現しているか。文章中から三字で書き抜きなさい。 ➡1

[　　　]

□(2)　この文章から読み取れる主人公の性格として最も適切なものを次から選び、記号で答えなさい。 ➡2

ア　内気　　イ　慎重

ウ　負けず嫌い　　エ　勇敢

[　]

3 次の文章を読んで、智《さとし》と徹夫《てつお》（父）の説明として最も適切なものをあとから選び、記号で答えなさい。 ➡2

> 「野球部にする」
> 「でもなあ、レギュラーは無理だと思うぞ、はっきり言って」
> 「うん……わかってる」
> 「三年生になっても球拾いかもしれないぞ。そんなのでいいのか？」
> 「いいよ。だって、ぼく、野球好きだもん」
> 智は顔を上げてきっぱりと答えた。
> 一瞬言葉に詰まったあと、徹夫の両肩から、すうっと重みが消えていった。頰が内側から押されるようにゆるんだ。
>
> （重松　清『卒業ホームラン』より）

ア　徹夫は智のことが心配でならず、智は徹夫の意見をもっとよくきいたほうがよいと考えている。

イ　智は好きなことに打ち込もうとする意志が強く、徹夫もそれを認める気持ちになっている。

ウ　徹夫は、智は野球の技術を向上させるべきだと考えているが、智は今の状態に満足している。

エ　智は自分の得意なことを一生懸命やりたいと考えているが、徹夫は賛同できない。

□ [　]

完成問題

1 次の文章を読んで、あとの問いに答えなさい。

走り回ることの好きな兄は、しかし、とても飽きっぽい性格だった。一つのことをじっと続けるというのは、彼の趣味には合わないのだ。

しかし、私はごく小さいころから、なにか一つのことに注目すると、その対象にどこまでも集中していく癖があった。

庭に出る濡《ぬ》れ縁の下に平べったい沓脱《くつぬ》ぎの石が敷いてあって、私は、いつもそこに置いてある大人用の突っかけを小さな足に履いて、つんのめりそうになりながら庭に出た。すると、その敷石の縁に沿って蟻《あり》が列をなして歩いている。たとえば、そういう情景を私は丹念に観察して遊んだ。

（林　望『東京坊ちゃん』より）

□(1) ――線部の「癖」は具体的にどんな様子に表れているか、簡潔に答えなさい。

（　　　　　）

□(2) 「私」とは対照的な兄のことを表現した七字の言葉を文章中から書き抜きなさい。

2 次の文章を読んで、「祖父」という人物の説明としてあてはまらないものをあとから一つ選び、記号で答えなさい。

「伯父ちゃんはなぜ椎茸《しいたけ》作らなかったの？」

洪作《こうさく》は校長の石守森之進《いしもりもりのしん》のことを訊《き》いてみた。椎茸作りの血の流れている家の長男に生《うま》れながら、どうして森之進はこの祖父林《りん》太郎《たろう》の仕事を受け継がないで、教職についたのであろうかと思った。すると、祖父は、

「仕事は自分の一番好きなものをやればいい。あの伯父ちゃんは教育ということが一番立派な仕事だと考えたんじゃ。それで先生になりおった。＊唐《とう》も椎茸を作ることが一番立派な仕事だと思ったら椎茸作りになったらいい。役場へ勤めることが一番立派だと思ったら役場へ勤めればいい。洪も同じじゃ。洪は上の学校へ行って、大学へ行くことになるんじゃろ。何をやるようになるかな。お医者さんかな」

と言った。洪作は話を聞いていながら、自分は親戚《しんせき》の中でこの祖父が一番好きだと思った。そしてこの祖父を一番尊敬すると思った。こんなに静かな口調で、自分の将来のことに触れた話などしてくれる人にぶつかったのは初めてのことだった。

（井上　靖『しろばんば』より）

＊唐……唐平。洪作のいとこ。

ア 洪作と唐平に優しく接し、冷静に将来への助言をしている。

イ 教育に熱意を持っていて、やりがいのある仕事と考えている。

ウ 自分が好きで立派だと思う仕事をやるのがよいと考えている。

エ 洪作に好かれ、尊敬の念を抱かせる人物である。

3 次の文章を読んで、あとの問いに答えなさい。

あれは小学校三年の時だった。仲のよかった友だちとささいなことでけんかした。単なる言葉のやりとりからこじれ、相手の子を泣かしてしまった。泣くことがいつだって同級生たちに受け入れられるわけではないけれど、あの時は泣いた者が勝ちだった。私は悪者になり、それでも絶対に泣くものかと、ふくれっ面《つら》のまま家に帰った。

母はコーヒーを飲んでいた。

「杏《あん》もコーヒー、飲む?」

学校のことなどいっさい聞かずに、いきなりそう言った。コーヒーは大人の飲み物で苦いもの。そう思っていた。でも私はこっくりと頷《うなず》いた。母はさらさらした濃い茶色の粉をドリッパーに入れ、お湯を注いだ。独特の香りが漂う。思えばあの時の香りに私は魅せられたのかもしれない。

むろん、母はたっぷりのミルクと砂糖を入れることを忘れなかった。

「ちょっぴり、大人になった気分でしょ」

と自分はブラックコーヒーを飲みながら母が言い、私はコーヒーもけっこう美味《おい》しいと思ったものだった。それが、コーヒーというよりは、コーヒー入りのミルクとでもいうべきものであったことも知らずに。

私と母、二人分のコーヒーを淹《い》れる。少しだけ湯を注ぐと、湿った粉からふわっと芳香が漂い、鼻腔《びこう》を突き抜けて独特の香りが空気に溶けていった。しばらく間をおいて湯を注《つ》ぎ足す。ぽとりぽとりとコーヒーがポットの中に落ちていく。

なぜ、急にあんな昔のことを思い出したのだろう。私たちの仲《なか》違《たが》いは、二、三日もすれば霧消してしまうようなささいなものだったはずだ。けれどあの時から、私はコーヒー好きになった。そして中学生になってからは、コーヒーを淹れるのは私の役目になった。

私の両親は、どちらかといえば淡々とした人間で、よくいえば子どもである私に対して自由を認めている、悪くいえば放任主義、というのが親に対する印象だった。親は私にあまり関心がないのかもしれないと思うことさえあった。けれど、確かに、家にはくつろぎがあった。

(濱野京子『その角を曲がれば』〈講談社〉より)

□(1) ――線部「小学校三年の時」とあるが、この時「私(杏)」が負けず嫌いな性格だったことがわかる行動を文章中から一文で探し、初めの五字を書き抜きなさい。

□(2) この文章からうかがえる「私」の母の説明として最も適切なものを次から選び、記号で答えなさい。

ア 淡々としながらも、さりげない気遣いができる人物。
イ 放任主義で、自分のことにしか関心のない人物。
ウ 自由を重んじ、思ったことを率直に口にする人物。
エ なるようにしかならないと人生を達観している人物。

表現に目を向ける

学習日　　月　　日（　　曜日）

基本チェック●

1 次の文で、ルントウのもっているすばらしい世界を表現した言葉を五字で書き抜きなさい。

> ああ、ルントウの心は神秘の宝庫で、私の遊び仲間とは大違いだ。
> （平成28年度版　光村図書3年111ページ　魯迅・竹内　好訳『故郷』より）

2 次の文章の表現の特徴としてあてはまらないものを一つ選び、記号で答えなさい。

> ああ、神々も照覧あれ！　濁流にも負けぬ愛と誠の偉大な力を、今こそ発揮してみせる。メロスはざんぶと流れに飛び込み、百匹の大蛇のようにのたうち荒れ狂う波を相手に、必死の闘争を開始した。満身の力を腕に込めて、押し寄せ渦巻き引きずる流れを、なんのこれしきとかき分けかき分け、獅子《しし》奮迅の人の子の姿には神も哀れと思ったか、ついに憐愍《れんびん》を垂れてくれた。
> （平成28年度版　光村図書2年199ページ　太宰　治『走れメロス』より）

ア 漢語が多用された格調高い文章である。
イ 短い文を重ねたテンポよい文章である。
ウ 比喩表現から恐ろしい状況が想像できる。
エ 擬音語によって行動が生き生きと伝わってくる。

基本ポイント●

小説や物語では、巧みな表現で印象や感動を盛り上げている。
場面の雰囲気や登場人物の心情を次のポイントに着目してとらえる。

① 比喩表現に注意する。
直　喩＝「（まるで）太陽のように」など、「ようだ」などを使って何かにたとえる。
隠　喩＝「心の中に楽園が広がる」のように、「まるで」「ように」などの語を用いずに別の語でたとえる。
擬人法＝「木の葉はささやく」など、人間でないものを人間に見立てて表現する。

② 擬音語（擬声語）・擬態語から様子や状態をとらえる。
「ガタガタ」「よろよろ」など、音や状態を表す言葉に注意する。作者独特の表現は、前後に気をつけてその様子を読み取ること。

③ カタカナや漢語表現をとらえる。
漢字表記をしないでわざとカタカナで表したり、漢語の固い表現を使っていたりしている部分に注意する。

④ 一文の長さや修飾語などの特徴をとらえる。
短い文を連ねた展開でスピード感や緊迫感を表したりすることがある。また、作者独自の文章のリズムが、文の長さや修飾語の重ね方などの表現に表れることがある。

基本チェックの答え

1 神秘の宝庫　「ルントウの心」のすばらしい世界が、隠喩を使って「神秘の宝庫」という語でたとえられている。
2 イ　「照覧」「満身」「獅子奮迅」「憐愍」などの漢語、「ざんぶと」という擬音語、「百匹の大蛇のように」という直喩に着目する。

発展問題

1 次の文章の表現の特徴としてあてはまらないものをあとから一つ選び、記号で答えなさい。 ❶・❷・❹

彼のうちの門口へ駆け込んだとき、良平《りょうへい》はとうとう大声に、わっと泣きださずにはいられなかった。その泣き声は彼の周りへ、一時に父や母を集まらせた。ことに母は何とか言いながら、良平の体を抱えるようにした。が、良平は手足をもがきながら、すすり上げすすり上げ泣き続けた。

（平成28年度版　東京書籍1年220ページ　芥川龍之介『トロッコ』より）

ア　同じ表現を繰り返している。
イ　直喩が使われている。
ウ　擬態語が使われている。

□

2 次の――線部の表現には喜助《きすけ》に対する庄兵衛《しょうべえ》のどんな心情がうかがえるか。最も適切なものをあとから選び、記号で答えなさい。 ❶・❸・❹

庄兵衛は、今さらのように驚異の目をみはって喜助を見た。このとき庄兵衛は、空を仰いでいる喜助の頭から＊毫光《ごうこう》が差すように思った。

＊毫光……仏の眉間にある白い毛から放たれるといわれる光。

（平成28年度版　光村図書3年86ページ　森　鷗外『高瀬舟』より）

ア　同情　　イ　落胆
ウ　尊敬　　エ　共感

□

3 あとの各文は、特徴的な表現を取り上げて、次の文章の状況を説明している。［a］〜［d］にあてはまる言葉を、指定字数に従って文章中から書き抜きなさい。 ❶・❷・❹

王との約束を守るために、濁流を泳ぎきり、山賊を倒して進んできたメロスは、ついに疲れきって倒れてしまった。

ふと耳に、せんせん、水の流れる音が聞こえた。そっと頭をもたげ、息をのんで耳を澄ました。すぐ足元で、水が流れているらしい。よろよろ起き上がって、見ると、岩の裂け目からこんこんと、何か小さくささやきながら清水が湧き出ているのである。その泉に吸い込まれるようにメロスは身をかがめた。水を両手ですくって、一口飲んだ。ほうと長いため息が出て、夢から覚めたような気がした。歩ける。行こう。

（平成28年度版　光村図書2年202・203ページ　太宰　治『走れメロス』より）

- メロスは、［a（四字）］と流れる音に気づき、息をのんで耳を澄ました。
- 水の流れる音だとわかると、［b（四字）］しながらも起き上がって、［c（四字）］と湧き出ている清水を発見した。
- 泉に［d（六字）］ように身をかがめて水を飲むことで、気力が戻ってきた。

□
a
b
c
d

完成問題

1 次の文章の説明にあてはまるものを二つ選び、記号で答えなさい。

身体《からだ》と身体が密着し、互いのベルトや腕をつかんでもみあっているうちに、重心がぐらりと揺れ、身体が大きく傾いた。ぼくは徹也《てつや》の身体にしがみついた。徹也が突き放そうとする。足が絡《から》んだ。倒れ込みながら、徹也は捨て身の投げを打った。身体が宙に投げ出された。それでもベルトは放さなかった。もつれあったまま、ぼくたちは床に倒れた。勝ち負けはわからなかった。気がつくと、ぼくは仰向《あおむ》けに倒れ、徹也の身体がぼくの上にかぶさっていた。身動きがとれなかった。

（三田誠広『いちご同盟』より）

ア 短い文の多用で、動きの変化が映像を見るように伝わってくる。
イ 擬人法によって印象的な描写になっている。
ウ 擬態語や修飾語によって様子が具体的に想像できる。
エ 第三者の視点で客観的に表現している。

□ □

2 次の文章で、「ふたり」は海をどのようなものと感じているか。最も適切なものをあとから選び、記号で答えなさい。

しばらくそのままでいると、ふたりの呼吸のリズムと海のうねりが重なってきた。ふたりの鼓膜には響かない言葉で、いま目に見えているものだけを受けて心を曇らせるなと、東海岸の海が耳打ちしてきた。灰色の雲に覆われていても、晴れた日のすがすがしい風景が、その向こうにあることを忘れてはならない、どんなに厚い雲の層もやがては消え、まばゆい太陽が海と空を輝かせると、海がふたりに話しかけてきた。（かしわ哲『茅ヶ崎のてっちゃん』より）

ア 人生の厳しさを、重々しい言葉で教えてくれるもの。
イ ふたりを励まし、明るい未来を信じさせてくれるもの。
ウ 優しい言葉をかけて、努力し続けることを訴えるもの。
エ ふたりの苦しさを理解せず、忍耐を強いるもの。

□

3 次の文章をあとのように説明したとき、□にあてはまる言葉を文章中から書き抜きなさい。

重たいふたをのしっとあげる。巨大な歯のような真っ白い鍵盤がずらずらとどこまでも続いていく。ピアノはその大きな歯をむいてにににににに、キキキキキと笑う。私がキーをたたくと、たしかにそんな音がした。

ピアノの黒は悪い黒だ。やみ夜の色、ごきぶりの色。頭をキンとさせるようなにおいがする。

（佐藤多佳子『五月の道しるべ』より）

ピアノの鍵盤を□□□□にたとえ、ピアノの□を擬声語を用いて笑っているかのようだとしている。さらに、□や□□□など、五感を用いて、ピアノへの嫌悪感を表現している。

4　次の文章を読んで、あとの問いに答えなさい。（沖縄・改）

「おい、イチロー」

男の大きな声が響いて一郎の眼《め》の前の虫がパッと飛び立った。いままで聞こえていた蝉《せみ》の声は、チチチチというような音に変わって遠ざかっていった。[A]あれはやっぱり法師蝉だったんだ、と一郎は自分の決断のわるさを悔やみ、塀の下に立っている男の方にちょっとうらめしそうに顔を向けた。塀の下の若い男は、和服姿で機嫌のよい笑顔を見せている。一郎の兄ともおもえる年配だが、父親なのである。[B]一郎はこの父親の姿を、時折チラと見かけるだけだ。幾日も留守にしている父が帰ってきたなとおもっていると、間もなく二階の縁側でパンパンパンと①鈍いような冴《さ》えたような妙な音がきこえてくる。一郎はその音が、父が両手にもった足袋の底を打ち合わせて埃《ほこり》をはらっている音であることを知っている。そして、その音はまた、父の外出の前触れでもあるのだ。やがて父親の姿は、家の中から消えてしまう。[C]

降りるのは厭《いや》だな、地面に降りるとロクなことが起こらないんだ、とおもいながら一郎はしぶしぶ塀の上から離れていった。[D]

一郎が塀や屋根や石崖の上が好きなのは、ひとつにはその場所なら安全だという気持ちなのだ。一郎は勉強が嫌いだし、先生も仲間の生徒たちも嫌いだ。どういうわけか、すぐに気持ちも話もくい違ってしまう。つまり学校へ行くのが嫌いなのだが、あいにく小学生の一日の半分以上は学校で過ぎてゆくことになっている。学校から帰ってくるといつも一郎は自分の心がすっかり萎えていることを感じる。②まるで、心臓が箸の先でつまみ上げられたみそ汁の中のワカメの束のようだ。だから、ランドセルを部屋のなかへ投げこむと、すぐ塀の上に登ってしまう。

さて、「ちょっと降りておいで」という声に一郎はしぶしぶ塀を降りて、父親のまえに立った。

「明日、船に乗って大島へ連れていってやるぞ。三原山に登ってみよう」

父親のその言葉は、一郎を興奮させた。

（吉行淳之介『夏の休暇』より）

□(1) 次の文は文章中のどこに入るのが最も適切か。[A]～[D]から選び、記号で答えなさい。

「一郎ちょっと降りておいで」

□(2) ――線①は、足袋の埃をはらう以外に一郎にとってどんなことを知らせる音か。適切な言葉を文章中から四字で書き抜きなさい。

□(3) ――線②は、一郎のどのような心情を表しているか。最も適切なものを次から選び、記号で答えなさい。

ア 嫌いな学校で一日の半分以上を過ごすと、腹が立つ。

イ 先生や仲間と気持ちも話も合わないので、疲れる。

ウ 誰とも気持ちが合わず話もくい違うので、残念に思う。

エ 地面に降りるとロクなことが起こらないので、心細い。

主題をとらえる

学習日　月　日（　曜日）

基本チェック

1 次の文章で「私」が考えたことをあとから選び、記号で答えなさい。

まどろみかけた私の目に、海辺の広い緑の砂地が浮かんでくる。その上の紺碧《こんぺき》の空には、金色の丸い月が懸かっている。思うに希望とは、もともとあるものともいえぬし、ないものともいえない。それは地上の道のようなものである。もともと地上には道はない。歩く人が多くなれば、それが道になるのだ。

（平成28年度版　光村図書3年119ページ　魯迅・竹内　好訳『故郷』より）

ア　道のないところに希望はないので、道を多く作るべきだ。
イ　希望に向かって進む人が増えれば、希望は実現する。
ウ　希望はもともとないものだから、実現することはない。
エ　誰のどのような希望でも、いつかは実現する。

□［　　］

2 次の文章の「ぼく」の言葉から、「ぼく」のどんな思いがわかるか。簡潔に答えなさい。

「神さまになってんか。エベッ*さんの子孫になって、妹に会《お》うてやって」

アホや、と頭の奥で声が聞こえる。だが、やっと言えたやんか、と同じ場所から別の声も届く。ふたつの声をかき混ぜるように、ぼくは早口でつづけた。

「妹な、エビスくんにごっつ会いたがっとんねん。エビスくんのことエベッさんの子孫や思うとんねや。エベッさんは神さまやさかい病気治してくれはるんや、いうて楽しみにしとんねん。今日だけ、いっぺんだけでええから、神さまになって」

＊エベッさん……七福神の一つで、商売繁盛《はんじょう》の神様。

（重松　清『エビスくん』より）

□［　　　　　　　　　　　　　　　　］

基本ポイント

作者の考えや願い、最も伝えたいことが主題である。

次のポイントに着目すると、生き方・考え方がわかり、主題をとらえやすくなる。

□ ① **場面や状況をとらえる。**
登場人物と同じ状況に自分をおいてみるとよい。

□ ② **山場（クライマックス）をとらえる。**
山場での主人公の心情や言動に着目する。

□ ③ **主人公の役割をとらえる。**
作者が主人公をどのような人物として登場させ、どのように扱っているかに着目する。

基本チェックの答え

1 イ　「希望」を「地上の道のようなもの」とたとえていることに着目。人が歩くことで道ができるように、希望ももつ人が多くなることで実現すると考えている。

2 例病気の妹にエビスくんを会わせて、喜ばせてやりたいという思い。「ぼく」の一つ一つの言葉に、病気の妹への愛情がこもっていることを読み取る。

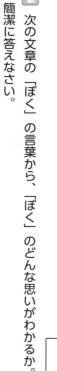

発展問題

1 次の文章で描かれている内容説明として最も適切なものをあとから選び、記号で答えなさい。 ➡❶・❸

「お母さん、熱いよう。」カッちゃんは、ぐったりしたお母さんにとりすがり、悲鳴をあげました、「お母さん、怖いよう。」泣き叫ぶその声に、お母さんは我に返り、考えるのは、ただ水、水っ気のあるもの、それをカッちゃんに与えなければいけない。

だけど、どうすればいいのでしょう、お母さんの体は、マッチ一本でたちまち燃え上がりそうに乾ききっているのです。お母さんはカッちゃんを抱きすくめ、「水、水。」と、ひたすらそれのみ考えました、もう水がどんなものであったかさえ、お母さんはわからなくなっていました、ミズミズ、それだけがカッちゃんを助けてくれる、ミズミズ、呪文のように繰り返すうち、なんとお母さんの毛穴から、血が噴き出し、抱きすくめるカッちゃんの体を、したたり流れたのです、ミズミズ、どんどん薄れる意識の中で、お母さんはなお念じ続け、それにつれて、血は盛んに噴き出し、まんべんなくカッちゃんを覆いつくしました。

（平成18年度版　三省堂3年191ページ　野坂昭如『凧になったお母さん』より）

ア　わが子の悲鳴にどう対応すればよいのかと混乱する母の姿。
イ　血が噴き出し意識が薄れる中で呪文を念じ続ける母の姿。
ウ　困難な状況の中で必死にわが子を助けようとする母の姿。
エ　熱さに耐えられなくて水を必死に求める母子の姿。

□ ［　　］

2 次の文章を読んで、あとの問いに答えなさい。

「やめてください。走るのはやめてください。今はご自分のお命が大事です。あの方*は、あなたを信じておりました。刑場に引き出されても、平気でいました。王様がさんざんあの方をからかっても、メロスは来ますとだけ答え、強い信念をもち続けている様子でございました。」

「それだから、走るのだ。信じられているから走るのだ。間に合う、間に合わぬは問題でないのだ。人の命も問題でないのだ。私は、なんだか、もっと恐ろしく大きいもののために走っているのだ。ついてこい！　フィロストラトス。」

「ああ、あなたは気が狂ったか。それでは、うんと走るがいい。ひょっとしたら、間に合わぬものでもない。走るがいい。」

言うにや及ぶ。まだ日は沈まぬ。

（平成28年度版　光村図書2年204・205ページ　太宰　治『走れメロス』より）

＊あの方……メロスの友人のセリヌンティウス。処刑されるメロスが三日間の自由を確保できるように、その間、人質になることを引き受けた。

□ (1)　メロスはなぜ走ると言っているのか。□にあてはまる言葉を文章中から書き抜きなさい。 ➡❷

〔友に□□□□□□□から。〕

□ (2)　メロスと、友である「あの方」にとって、最も価値のあるものは何か。次から選び、記号で答えなさい。 ➡❷

ア　思いやり　　イ　信義
ウ　走ること　　エ　人の命

［　　］

完成問題●

1 次の文章を読んで、あとの問いに答えなさい。

給食に「私」の嫌いな鯖《さば》が出ると、いつも食べてくれた坂戸君が引っ越すことになり、「私」は坂戸君の家に行った。

「行かないでほしいのに」

私が言うと、「絶対無理」って坂戸君が　A　。

「子どもは自分の意志では動けないじゃん。住む場所すら決められない」

「じゃあ、手紙とかくれる?」

「きっと無理。俺、ばかだから文章書けないし、中原のこと忘れちゃうもん」

「無理なことばっかり」

私がしょげると、坂戸君は優しい顔をして私の隣に並んだ。

「お前なかなか良い友達だったよ。中原のお陰でここの四ヵ月は結構　B　」

坂戸君の言葉はみんな過去形で　C　。坂戸君にとって私は一つの出来事でしかないのだ。

「中原にいいこと教えてあげる」

「何?」

「俺、本当は鯖って大嫌いなんだ。昔ばあちゃんが鯖寿司《ずし》食べて顔が腫れたんだよね。ぱんぱんに。鯖に棲《す》んでる虫のせいだったらしいけど、三日くらい腫れっぱなしだったんだぜ。それ見て以来、俺鯖って食べられないの。気持ち悪くてさ」

坂戸君の告白に私はかなり　D　。鯖は彼の大好物だったはずだ。

「でもいつも私の分まで食べてくれたじゃない」

「すごいだろ? 気付かないところで中原っていろいろ守られてるってこと」

坂戸君はそう言って、私の手を握った。坂戸君に手を握られたとたん、私は急激に悲しくなって、泣きそうになって、坂戸君と離れたくないって思って、そして早く家に帰りたいって思った。

(瀬尾まいこ『幸福な食卓』〈講談社〉より)

□ (1) 文章中の　A　〜　D　にあてはまる言葉を次から選び、記号で答えなさい。

ア 驚いた　イ 面白かった
ウ 笑った　エ 寂しかった

A [　]　B [　]　C [　]　D [　]

□ (2) 坂戸君が「私」に伝えたいことを次から二つ選び、記号で答えなさい。

ア 好きな人のためなら苦痛を我慢すべきだということ。
イ 困っている人を助けるといいことがあるということ。
ウ 子どもには自分の自由にならないことがあるということ。
エ 子どもが親の言うことを聞くのは当然であるということ。
オ 人は誰かにどこかで守られているということ。

[　] [　]

2 次の文章は、伝書鳩《でんしょばと》を飼っている「私」（矢倉）が、同級生の戸石の協力を得て、初めて競技会に鳩を出場させたあとの場面である。これを読んで、あとの問いに答えなさい。（富山・改）

このレースで、私たちの鳩は一着になった。私は大きな優勝の文字を刻んである*レリーフを抱え、戸石兵吾《ひょうご》は紅白のリボンを結わえつけたカップを持って、図書館の前の舗道を家の方へ帰って来た。家へ帰ると間もなく、土地の新聞記者が追いかけて来た。写真もとらずにさっさと私たちが帰って来たので、彼は自転車で私たちを追いかけて来たのであった。

「一体、これは君たちどっちのものだ」

その中年の新聞記者は訊《き》いた。

「僕んじゃない。矢倉君のだ」

戸石兵吾は所有権を私に譲った。それから僕はお金なんて一銭も出していないものと、そんなことを言った。なるほど、鳩は私が買い、私の家の庭の一隅で育ったものであった。その点から言えば私の物に違いなかった。

併《しか》し、毎日のようにやって来て、鳩の世話をし、鳩の訓練をしたのは、私よりむしろ戸石兵吾の方であった。私の鳩がレースで優勝できたことには戸石兵吾の方が*与《あずか》って力あった。私は①そうした事情をその新聞記者に話したが、新聞記者は、そんなことはどうでもいいといった調子で、浮《う》わの空で聞いていて、私の名前と年齢だけをノートに書きつけ、二人が鳩舎《きゅうしゃ》の前に立っているところをカメラに収めて帰って行った。

翌日の土地の新聞には、二人の写真が掲載されたが、飼育者としての私のことだけがあることないこと書き立てられ、②戸石兵吾については一言も触れられていなかった。写真の説明も「矢倉君とお友達」といった調子で、戸石兵吾は単に私の友達として紹介されただけで、鳩に対する彼の愛情も努力も全然認められていなかった。この場合も、私は小学校の時のランニングの場合と同様、鳩の一着は嬉《うれ》しいには嬉しかったが、その喜びにはどこかに釈然としないものがある思いだった。

（井上　靖『どうぞお先に』より）

*レリーフ……表面に形が高く出るように彫ったもの。
*与って……関係して。

□(1) ——線①とあるが、どのようなことを話したと考えられるか。簡潔に答えなさい。

〔　　　　〕

□(2) ——線②とあるが、戸石兵吾の何について一言も触れられていなかったのか。同じ段落の言葉を用いて十字程度で答えなさい。

〔　　　　〕

□(3) ——線②に対する「私」の気持ちを、二十字程度で答えなさい。

〔　　　　〕

随筆を読む

基本チェック

1 次の文章を読んで、筆者の体験が書かれた部分の初めと終わりの五字を書き抜きなさい。

電車の運転手が、

「出発進行！」

というようなことを、ほかにだれもいない運転室の中で呼称している。よく聞きとれないが、信号を確認すると「よし！」と言っているらしい。ひとりごとを言っているようで、おかしいと思っていたが、あるとき、こういう自己確認によって、事故がへるのだという話を聞いて、びっくりした。

だまって出発し、電車をうごかすのではなく、口に出して言ってみる。これで行為がはっきり自覚されるのである。

無意識行動ということがある。ぼんやりなにも考えないでしてしまうのだが、それが、声を出してみると、しっかり確認される。うっかりしたミスがなくなるというわけだ。ちょっとした誤作動が人命にかかわる大事故につながりかねない鉄道である。確認の自己呼称は経験から生まれた知恵だったのである。

（外山滋比古『ちょっとした勉強のコツ』より）

□初め　□□□□□　～

終わり　□□□□□

基本ポイント

体験と感想をとらえる。

随筆は、筆者が心に思ういろいろなことを自由に書き記した文章で、「体験」と「感想」で構成されることが多い。

□ ① **筆者の体験（出来事）と感想（意見）を読み分ける。**

- 筆者が日常生活で体験したことや見聞したこと、すなわち、出来事が述べられている。出来事は一つのこともあり、複数の場合もあるので一つ一つ丁寧に読む。
- 筆者が体験を通して感じたことや考えたことが述べられる。「感想」（意見）を読み取るには、心情を表す表現や、「思う（考える）」などの文末表現に着目する。

□ ② **文章の構成をおさえる。**

一つの体験のあとに感想を述べたり、いくつかの体験を述べて感想をまとめたりする構成や、初めに感想を述べ、その根拠となる体験があとに続くなど、さまざまな構成がある。

□ ③ 感想部分には筆者の**人柄や個性**が反映されるが、**比喩表現など筆者独自の文章表現**からも、人柄や個性がうかがえる。

（注）23～28回で確認してきたことは随筆でも同様に役立つ。ただし、随筆では常に筆者の視点から述べられている点に気をつけること。

基本チェックの答え

1 （初め）**電車の運転**～（終わり）**くりした。**　運転手がひとりごとのように呼称している様子を見て、おかしいと思っていたところに、あるとき「自己確認」の話を聞いて「びっくりした」というのが、筆者の体験と見聞である。

発展問題

1 筆者の体験をまとめているあとの文の□にあてはまる言葉を、文章中から書き抜きなさい。 ➡ ❶・❸

「読めない。つまんない」と私は母に言ったのだったか。「しょうがない子ね」と嘆きながら、母は仕方なしに、読み聞かせをしてくれたのである。

驚いた。自分で読んでいるときには面白くもなんともなかった本だったのに、読んでもらうと、これがめっぽう面白い。わくわくする。本って、こんなにいいものだったのかと、ぼうぜんとした。毎日母に読み聞かせをしてもらう時間は、黄金のひとときとなった。

（川上弘美『ゆっくりさよならをとなえる』より）

□

母が□をしてくれた時間が、

筆者にとってわくわくするような□となり、本が

□だと気づいたこと。

2 次の文章で筆者が述べようとしていることとして最も適切なものをあとから選び、記号で答えなさい。 ➡ ❶

ぼくは戦争と敗戦によって、両親の生活が一変し、家庭が崩壊していくなかで少年期をすごしました。言葉にはしづらいような毎日でした。そんななかで、活字の世界に逃避することで、なんとか自殺せずに生きのびられたような気がしています。

（五木寛之『人間の関係』より）

ア　家庭の崩壊。　　イ　生きる力を与えたもの。

ウ　戦争の悲惨さ。　エ　少年期に必要なもの。

□

3 次の文章を読んで、――線部のときの気持ちを詳しく述べた部分を、文章中から十九字で探して横に線を引きなさい。 ➡ ❶

□

死んだ父は筆まめな人であった。

私が女学校一年で初めて親元を離れたときも、三日にあげず手紙をよこした。当時保険会社の支店長をしていたが、一点一画もおろそかにしない大ぶりの筆で、

「向田邦子殿《むこうだくにこ》」

と書かれた表書きを初めて見たときは、ひどくびっくりした。父が娘宛ての手紙に「殿」を使うのは当然なのだが、つい四、五日前まで、

「おい、邦子！」

と呼び捨てにされ、「ばかやろう！」の罵声やげんこつは日常のことであったから、突然の変わりように、こそばゆいような晴れがましいような気分になったのであろう。

（平成28年度版　光村図書2年106ページ　向田邦子『字のないはがき』より）

完成問題

1 次の――線部について、筆者はどのように考えているか。最も適切なものをあとから選び、記号で答えなさい。

わたしには二人の兄がいる。日本画家と作曲家である。「芸術三兄妹」などといわれ、雑誌などに出ることもあるが、そのようなインタヴューのときに「才能がないと努力しても無駄だろう」という話になる。

むろんどの道においても、その道に長《た》けた＊人というのはいるもので、また別の言い方をすれば、人はだれでもなにかひとつには秀《ひい》でているものである。好きこそ物の上手なれ、というが「好きであること」が「才能」と結びついているとわたしは信じる。

嫌いなことに対して努力することは苦痛であるし、よい着想もわかない、能率も悪くなる。しかし好きなことに対して、人は「夢中」になれる。「嫌なことを一生懸命する」のと、「好きなことを夢中になってする」のとでは、自然に大差が生じてくることはいうまでもない。

（千住真理子『生命が音になるとき』より）

＊長ける……ある方面の能力に優れる。

ア 芸術家の才能は努力ではなく生まれながらのものである。
イ だれでも一生懸命努力すれば才能のひとつを取得できる。
ウ 好きなことを夢中ですることが才能に結びつくのである。
エ 嫌いなことを一生懸命することによって才能は磨かれる。

□

---

2 次の文章について説明したものとして最も適切なものをあとから選び、記号で答えなさい。

あるテレビ局の企画で、私の短歌を紹介する小さな番組が制作された。その時「行きつけの喫茶店でくつろいでいるところ」を撮影することになり、ふだん待ち合わせでよく利用する駅前の喫茶店を使わせてもらうことになった。日曜日、開店二時間前にスタッフ一同がお店に集合。まだシャッターもあがっていない。

いつもは蝶《ちょう》ネクタイをしている店長さんが、トレーナー姿であらわれて、私たちを店内へ案内してくれた。しーんと静まりかえって、店全体がまだ眠りの中にあるようだ。二階の、いつもの窓《まど》際《ぎわ》のテーブルへ近づいていく時、そこに横たわる空気を私の体がかきまぜているような感じがした。音楽も流れていない、お客さんももちろんいない。店内は、まるでいつもと違う。そして人がいないせいだろうか、テーブルや椅子たちの存在が妙に大きく感じられる。中央に飾られている造花、壁の鏡、テーブルの上のナプキンや塩、コショーたち。それぞれが、ある表情をもって、きちんとそこに存在している。その表情は、とてもリラックスしているように見えた。

（俵 万智『りんごの涙』より）

ア 筆者の感じたことが直喩や擬人法を多用して巧みに表現され、読者が筆者と同じ体験をしているような臨場感がある。
イ 短歌についての筆者の考え方をわかりやすく述べるために、具体的な体験をいくつか挙げて説明している。
ウ テレビ局が開店前の喫茶店の店内を撮影する様子が、筆者の細かい観察眼とともに生き生きと表現されている。

□

3 次の文章を読んで、あとの問いに答えなさい。（福岡・改）

　ある年の梅雨、私は通勤途中に信号を待っていた。頭上の傘に大粒の雨が降り注いでいる。あんまりうるさく落ちてくるので、ふと、傘の天井のあたりに内側から掌《てのひら》をあててみた。形からいうと、手で傘を支えるような格好である。そんなことをしたところで雨が食い止められるはずもない。

　ところがそのとき、私は何だか、とても不思議な感触を覚えた。掌に大きな丸いものがひっきりなしに落ちてくる。まるで、妖精が掌の上で踊っているかのようだった。あるいは、妖精たちが宝石をばらまいているとでもいったほうがいいかもしれない。

①「雨粒だ。」

　その一瞬前まで、重苦しい音の圧力となって私の頭にのしかかっていた雨が、突然、無邪気でかわいらしい粒々に姿を変えて、掌の上で楽しそうに飛び跳ねている。それはまさに空が魔法の箱となって、恐ろしい雨を、えもいわれぬ滴の精に変身させた瞬間だった。

　そういえば、②雨粒を直《じか》にさわることはなかなかできない。もちろん、手を差し伸べれば雨そのものにさわることはできる。けれども、それは雨粒ではないし、雨自体は手に触れた瞬間、もう粒ではなくなってしまうからである。さわっている私にとって、それはもはやただの水のかけら、手をぬらす少量の水滴でしかない。

　ところが傘越しの雨は、なぜか丸いままさわることができるような気がする。傘の外でまっ平らな掌に直接あたるのと違い、傾斜した傘にあたった雨粒は、すぐに砕けないのかもしれない。その粒が手の随所にポツポツとあたる感じは、まるでさまざまな大きさの丸い生きものが、空から私の傘に次々と遊びに降りてきているかのようだった。その感触をたとえていうのなら、クッキーなどについている空気の詰まったクッションを潰すときのような、細かいが質量のある快感と表現したらよいだろうか。

（三宮麻由子『そっと耳を澄ませば』より）

□(1) ――線①とあるが、この瞬間にとらえた雨粒のことを、筆者は別の言葉で何と表現しているか。筆者がとらえた雨粒の表現としてあてはまらないものを、次から一つ選び、記号で答えなさい。

ア　かわいらしい粒々　　イ　滴の精

ウ　少量の水滴　　エ　丸い生きもの

□(2) ――線②とあるが、その理由を含む一文を文章中から探し、初めの四字を書き抜きなさい。

□(3) この文章が収められている本を紹介したい。□にあてはまる言葉を、文章中から十一字で書き抜きなさい。

　この本を読めば、梅雨に対するあなたのイメージもきっと変わることでしょう。筆者は、傘の内側に触れたときの、雨粒が掌にポツポツとあたる感触を「□」と表現しています。傘越しの雨の感触をあなたならどのように表現するでしょうか。

30 古文 歴史的仮名遣い

学習日　　月　　日（　　曜日）

基本チェック

1 次の文章は『竹取物語』の冒頭部分である。読んで、あとの問いに答えなさい。

今は昔、竹取の翁《おきな》と①いふ者ありけり。野山にまじりて竹を取りつつ、②よろづのことに使ひけり。名をば、讃岐《さぬき》の造《みやつこ》と③なむいひける。

その竹の中に、もと光る竹なむ一筋ありける。あやしがりて、寄りて見るに、筒の中光りたり。それを見れば、三寸ばかりなる人、いと④うつくしうてゐたり。

□(1) ――線①「いふ」・③「なむいひける」・④「うつくしうてゐたり」を現代仮名遣いに直してそれぞれ書きなさい。

①〔　　　〕　③〔　　　〕

④〔　　　〕

□(2) ――線②「よろづのことに使ひけり」の中から歴史的仮名遣いになっている文字を探して、そのまますべて書き抜きなさい。

〔　　　〕

基本ポイント

「歴史的仮名遣い」とは、古文の時代の発音に合わせた書き表し方。歴史的仮名遣いを現代仮名遣いに直すということは、歴史的仮名遣いを現代ではどう発音して読むかを考えて書き表すということである。読み方の原則は次のとおりである。

□① **語頭以外のハ行「はひふへほ」→「わいうえお」と発音する。**

例 いふ→いう　かは→かわ　かほ（顔）→かお

（注）「はやし（林）」など、語頭のハ行はそのままハ行で発音する。また、「朝日」など二語（「朝」と「日」）が合わさった語は語頭でなくてもそのままハ行で発音する。

□② **ワ行の「ゐゑを」→「いえお」と発音する。**

例 ゐる（居る・率る）→いる　こゑ（声）→こえ　をかし→おかし

□③ **「ぢ・づ」→現代仮名遣いでは「じ・ず」と表記する。**

例 はぢ（恥）→はじ　よろづ→よろず

□④ **「くわ・ぐわ」→「か・が」と発音する。**

例 くわし（菓子）→かし　ぐわん（願）→がん

□⑤ **助動詞や助詞の「む」→「ん」**

例 なむ→なん　らむ→らん

□⑥ **「ア段＋う・ふ」(au)→「オ段＋う」(ô)**

「イ段＋う・ふ」(iu)→「○ュウ」(yû)

「エ段＋う・ふ」(eu)→「○ョウ」(yô)

例 うつくしうて（うつくsiuて）→うつくしゅうて（うつくsyûて）

基本チェックの答え

1 (1) ① いう　③ なんいいける　④ うつくしゅうていたり

(2) づ・ひ

発展問題

1　――線部を現代仮名遣いに直してすべてひらがなで書きなさい。

□(1)「……」といはれけり。　❶

□(2)きのふの夜、……。　❶

□(3)つひにまはらず。　❶

□(4)隠れて見ゐたりしに、……。　❷

□(5)をこがましく見ゆ。　❷

□(6)人目を恥づ。　❸

□(7)くわんねん（観念）す。　❹

□(8)やうす（様子）を問ふ。　❻

□(9)唐土《もろこし》にこそゐまうすべけれ。　❷・❻

□(10)いづれもよささうなり。　❸・❻

完成問題

1　次の――線①〜⑥を現代仮名遣いに直してすべてひらがなで書きなさい。

いづくにもあれ、しばし旅立ちたるこそ、目さむる心地すれ。そのわたり、ここかしこ見ありき、①ゐなかびたる所、山里などは、いと目慣れぬことのみぞ多かる。都へ便り求めて文やり、「そのこと、かのこと、かの便宜《びんぎ》に忘るな」など②言ひやりたるこそをかしけれ。③さやうの所にてこそ、④よろづに⑤心づかひせられ、持てる調度まで、よきはよく、能ある人、かたちよき人も、常よりはをかしと見ゆれ。

寺、社などに忍びて籠《こも》りたるも、⑥をかし。

（『徒然草』第十五段より）

□①

□②

□③

□④

□⑤

□⑥

31 古文

重要古語の意味

基本チェック

1 次の文章は、『枕草子《まくらのそうし》』第一段の一部である。――線①～⑤の意味をあとから選び、それぞれ記号で答えなさい。

春はあけぼの。①やうやう白くなりゆく山ぎはは、すこしあかりて、紫だちたる雲のほそくたなびきたる。

夏は夜。月のころは②さらなり、やみも③なほ、蛍の多く飛びちがひたる。また、ただ一つ二つなど、ほのかにうち光りて行くも④をかし。雨など降るもをかし。

秋は夕暮れ。夕日のさして山の端《は》いと近うなりたるに、烏《からす》の寝どころへ行くとて、三《み》つ四《よ》つ、二つ三つなど、飛びいそぐさへ⑤あはれなり。

□(1) ――線①「やうやう」
ア 広々と　イ しだいに　ウ 少しだけ

□(2) ――線②「さらなり」
ア もちろんだ　イ 完璧だ　ウ 最もよい

□(3) ――線③「なほ」
ア たぶん　イ すっかり　ウ やはり

□(4) ――線④「をかし」
ア 風情《ふぜい》がある　イ 不思議だ　ウ 退屈だ

□(5) ――線⑤「あはれなり」
ア しみじみとする　イ 美しい　ウ 心配だ

基本ポイント

現代では使われていない古語や、現代とは異なる意味に使われている古語の意味をおさえよう。

□**① 現代ではあまり使われない言葉**

例 いと＝たいそう　あてなり＝上品だ
つとめて＝早朝・翌朝　あまた＝数多く・非常に
つれづれなり＝手持ちぶさただ
いみじ＝はなはだしい・たいへんすぐれている・たいへんひどい

□**② 現代とは異なる意味で使われている言葉**

例 をかし＝趣深い　ありがたし＝めったにない
あやし＝不思議だ　めづらし＝すばらしい
ゆかし＝知りたい・欲しい　やがて＝そのまま
心にくし＝心がひかれる・よく知りたい
おぼゆ＝（自然に）思われる・似ている

（注）これらの言葉は現代と同じ意味でも使われているので、文脈で判断する。

□**③ 現代ではあまり使われない敬語**

例 のたまふ＝おっしゃる
たまふ＝お与えになる
たてまつる＝差しあげる・お召しになる（「着る」などの尊敬語）
召す＝お呼びになる
はべり＝お仕えする・おります・ございます

基本チェックの答え

1 (1) イ　(2) ア　(3) ウ　(4) ア　(5) ア　(4)「をかし」、(5)「あはれなり」は、古文でよく出てくる言葉なので覚えておこう。

発展問題

1 次の——線部の意味をあとから選び、それぞれ記号で答えなさい。 ▶1

冬は①つとめて。雪の降りたるはいふべきにもあらず、霜のいと白きも、またさらでもいと寒きに、火など急ぎおこして、炭もて渡るもいと②つきづきし。

（『枕草子』第一段より）

(1) ——線①「つとめて」
ア 早朝　イ 午後　ウ 昼頃　エ 真夜中

(2) ——線②「つきづきし」
ア 忙しい　イ ふさわしい　ウ つらい　エ 哀れだ

2 次の文章は、ある法師が岩清水《いわしみず》八幡宮《はちまんぐう》に参拝に行き、ふもとの付属寺社だけを拝んで帰ったあと、仲間に向かって言った言葉である。——線部の意味をあとから選び、それぞれ記号で答えなさい。 ▶2

「①年ごろ思ひつること、果たしはべりぬ。聞きしにも過ぎて、尊くこそおはしけれ。そも、参りたる人ごとに山へ登りしは、何事かありけん、②ゆかしかりしかど、神へ参るこそ本意《ほい》なれと思ひて、山までは見ず。」

（『徒然草』第五十二段より）

(1) ——線①「年ごろ」
ア 長年　イ 若い時　ウ 去年から　エ 年ごとに

(2) ——線②「ゆかしかりしかど」
ア 懐《なつ》かしかったが　イ すばらしかったが　ウ 知りたかったが　エ つまらなかったが

完成問題

1 次の——線部の意味をあとから選び、それぞれ記号で答えなさい。（大阪・改）

今は昔、二月《きさらぎ》つごもり（末日）、風うち吹き（さっと吹き）、雪うち散るほど（ちらつく頃）、*公任《きんとう》の、*宰相《さいしょう》の中将《ちゅうじょう》と聞こえけるとき（と人びとがお呼びしていた時）、清少納言《せいしょうなごん》がもとへ*懐紙《かいし》に書きて、

*少し春ある心地《ここち》（感じがすることだ）こそすれ

とありけり。げに（本当に）今日のけしきにいとよくあひたるを、①いかが付くべからむと思ひわづらふ（悩む）。

空さえて（寒々として）花にまがひて散る雪に

と、②めでたく書きたり。いみじく（たいそう）ほめ給《たま》ひけり。

（『古本説話集』より）

*公任……藤原《ふじわら》公任。詩歌や音楽に才能を発揮した人物。
*宰相の中将……平安時代の官職名。　*懐紙……ふところに入れた紙。
*少し春ある……和歌の下の句。本文ではこの下の句が先に詠《よ》まれ、あとから上の句「空さえて…」が付けられている。

(1) ——線①「いかが付くべからむ」
ア いつになったら上の句を付けるのだろう。
イ どのように上の句を付ければよいのだろう。
ウ どうして上の句を付けさせてくれないのだろう。

(2) ——線②「めでたく」
ア 見事に　イ 喜ばしく　ウ 感心にも　エ たまに

32 古文 助詞の省略と意味

学習日　　月　　日（　　曜日）

基本チェック

1 次の文章を読んで、あとの問いに答えなさい。

うつくしきもの（かわいらしいもの）、瓜《うり》にかきたるちご（幼児）のa顔。すずめの子のb、ねず（ねずみ）鳴きするに（の鳴きまねをすると躍るようにして来る（姿））躍り来る。二つ三つばかりなるちごのc、急ぎてはひ来る道に、いと（とても）小さきちりのdありける（あったのを）を、目ざと（目ざとく）に見つけて、いとをかしげなる（かわいげな）および（指）にとらへて（つまんで）、大人ごとに見せたる（大人一人一人に見せているのは）、いとうつくし。
頭《かしら》は尼そぎなる（おかっぱ頭の）ちご（幼女が）の、目に髪の覆へるを（髪がかぶさっているのを）、かきはやらで（払いのけもしないで）、うちかたぶきて（首をかしげて）物など見たるも、うつくし。

（『枕草子』第百四十四段より）

□(1) ＝線a～dの「の」の中で、一つだけ働きの異なるものがある。それを選び、記号で答えなさい。

□(2) ――線部「物など見たる」の「物など」と「見たる」の間に補うことのできる助詞を次から選び、記号で答えなさい。

ア が　イ に　ウ を

基本ポイント

古文では、助詞の省略を補うなどしながら、意味を考えて読むことが大切である。

□① 助詞の省略

例「花見る人あり。」（＝花を見る人がいる。）
…「花」のあとに「を」が、「人」のあとに「が」が補える。

□② 助詞の働き

・「の」の働き
1 連体修飾語を作る。例鐘の声・舟の上
2 主語を示す。
例「蛍の多く飛びちがひたる。」（＝蛍がたくさん飛び交っている）

・「が」の働き
1 主語を示す。例雁《かり》などのつらねたるが、いと小さく見ゆるは…（＝雁などが列を作っているのが、たいそう小さく見えるのは…）
2 連体修飾語を作る。例秋風に初雁が音ぞ聞こゆなる…（＝秋風の中に初雁の音が聞こえてくる…）

・「に」の働き
1 格助詞。場所や、動作の対象や目的を示す。
例「昔、男、片田舎に住みけり。」（＝昔、男が片田舎に住んでいた。）
2 接続助詞。「～ので」「～のに」「～ところ」などと訳す。
例「あまり憎きに、その法師をばまづ斬れ。」（＝あまりに憎いので、その法師を最初に斬れ。）
（注）「を」も、格助詞の場合と接続助詞の場合がある。

基本チェックの答え

1
(1) a　aは連体修飾語を作る「の」。他は主語を示す。
(2) ウ　「物などを見たるも、うつくし。」となって、「見たる」の対象を示す。

発展問題

1 次の文章を読んで、あとの問いに答えなさい。

ある人、弓射ることを習ふに、諸矢《もろや》をたばさみて的に向かふ。師の[a]いはく、「初心の[b]人、二つの[c]矢を持つことなかれ。後の矢を頼みて、初めの矢になほざりの[d]心あり。毎度ただ得失なく、この一矢に定むべしと思へ。」と言ふ。

（『徒然草』第九十二段より）

□(1) ——線部には、助詞の「が」と「を」を補うことができる。適切な所に補って、——線部を書き直しなさい。 → 1

【　　　　　】

□(2) ‖線a～dの「の」のうち、主語を表す「の」を選び、記号で答えなさい。 → 2

□

2 次の‖線a～cの中で、一つだけ品詞の異なるものがある。それを選び、記号で答えなさい。（秋田・改） → 2

孟宗《まうそう》は、いとけなくして父に[a]おくれ（死に別れ）、一人の母を養へり。母年老いて、つねに病みいたはり、食の味はひも、度ごとに変《かは》りければ、よしなきもの（求めるすべもないもの）を望めり。冬のことなるに[b]、竹の子をほしく思へり。すなはち、孟宗、竹林に[c]行き求むれども、雪深き折なれば、などかたやすく得べき（どうして簡単に手に入ろうか）。

（『御伽草子集』より）

□

完成問題

1 次の文章を読んで、あとの問いに答えなさい。

二月にいたりても野山一面の雪の中に、清水ながれは水気温《すいき》かなるゆゑ雪の[a]少し消ゆる処《ところ》もあり、これ水鳥の[b]下りる処なり。雁《がん》これを見ればまづ二、三羽ここにおりて①己まづ求食《あさ》り、さて糞《ふん》をのこして喰《しょく》ある処の[c]目《しるし》とす。*俚言《りげん》にこれを雁の代見立《しろみた》てといふ。雁の[d]*かくするは友鳥を集《つど》ひきたりて、かれにも求食らせんとてなり。②朋友《ともだち》に信《まこと》（1）ある事（2）人も恥《は》づべき事なり。

（『北越雪譜』より）

*俚言……ある地域特有の言葉。　*かく……このように。

□(1) ‖線a～dの「の」の中で、一つだけ働きの異なるものがある。それを選び、記号で答えなさい。

□

□(2) ——線①「己まづ求食り」の「己」と「まづ」の間に補うことのできる助詞を次から選び、記号で答えなさい。

ア が　イ を　ウ に

□

□(3) ——線②の（1）・（2）に補うことのできる助詞の組み合わせとして、最も適切なものを次から選び、記号で答えなさい。

ア （を）・（が）　イ （を）・（に）

ウ （は）・（に）　エ （が）・（は）

□

動作主をとらえる

基本チェック

1 次の文章は『平家物語』の「敦盛《あつもり》の最期《さいご》」の部分で、源氏《げんじ》方の武将熊谷《くまがえの》次郎直実《じろうなおざね》が、沖の助け船に乗ろうと海へ馬を乗り入れた平家の若武者敦盛を追いかけている場面である。読んであとの問いに答えなさい。

熊谷、「あれは大将軍とこそ見まゐらせ候《さうら》へ。まさなう（見苦しくも）敵《かたき》に後ろを見せさせたまふものかな。返させたまへ。」と①扇を上げて招きければ、招かれてとつて返す。みぎは（波打ちぎわ）に②打ち上がらんとするところに、押し並べてむずと組んでどうど落ち、③とつて押さへて首をかかんと、かぶとを押しあふのけて見ければ、年十六、七ばかりなるが、④薄化粧して、かね黒なり（お歯黒をつけている）。わが子の小次郎《こじらう》がよはひ（年齢）ほどにて、容顔まことに美麗なりければ（顔立ちがとても美しかったので）、いづく（どこに刀を刺したらよいかもわからない）に刀を立つべしとも⑤おぼえず。

（『平家物語』より）

□(1) ——線①～⑤はそれぞれ誰の動作や様子か。次から選び、記号で答えなさい。

ア 熊谷次郎直実　イ 若武者（敦盛）

① □　② □　③ □　④ □　⑤ □

基本ポイント

古文では省略されることの多い主語をとらえて、文脈をとらえよう。

□ ① **登場人物をとらえる。**

- 上の文章で考えると、「敦盛」の名前はこの範囲の文章ではわからないので、話の流れを追って、前後を読む必要がある。
- 名前が出ていても、この場面に登場しているとは限らない。
- **登場人物の関係**（親子・主従・敵味方など）もおさえておくとよい。

□ ② **場面の状況をつかむ。**

上の文章では、沖の助け船に向かう平家の若武者「敦盛」が、源氏方の「熊谷次郎直実」に後ろから呼び止められる場面である。

□ ③ **文章の部分ごとに、順に主語をつかむ。**

話の流れをたどり、誰の動作や様子であるかをつかむ。その動作に敬語が使われているかどうかも大きな手がかりになる。

- 「熊谷、『あれは～たまへ。』と扇を上げて招きければ」
…熊谷次郎直実が扇を上げて、船に向かおうとする敦盛を招いたのである。
- 「招かれてとつて返す。～打ち上がらんとするところに」
…熊谷に招かれて引き返し、波打ちぎわに上がろうとしたのは敦盛。
- 「押し並べて～とつて押さへて首をかかんと～見ければ」
…熊谷次郎直実が敦盛を取り押さえてその首を切ろうとしたのである。
- 「年十六、七～薄化粧して、かね黒なり。～美麗なりければ」
…敦盛の、身分の高い武者らしく装った様子が描かれている。
- 「いづくに刀を立つべしともおぼえず」
…我が子と同じくらいの年であまりに美しかったので、熊谷次郎直実は、敦盛のどこに刀を刺したらいいのか、わからない（おぼえず）というのである。

基本チェックの答え

1 ① ア　② イ　③ ア　④ イ　⑤ ア

発展問題

1 次の――線部の動作主をあとから選び、記号で答えなさい。 ➡ 2・3

*公世《きんよ》の二位のせうと(兄)に、良覚僧正《りやうがくそうじやう》と聞こえしは、極めて腹あしき(怒りっぽい)人なりけり。坊(僧坊)の傍《かたはら》に、大きなる榎《え》の木のありければ、人、「榎木《えのき》の僧正」とぞ言ひける。この名然《しか》るべからず(けしからん)とて、かの木を切られにけり。

(『徒然草』第四十五段より)

*公世の二位……藤原《ふじわら》公世のこと。

ア　公世の二位　　イ　良覚僧正
ウ　人　　エ　木

2 次の――線①・②の動作主をそれぞれあとから選び、記号で答えなさい。（鹿児島・改） ➡ 3

*昭乗《せうじよう》は能書の聞こえ有りける(文字を巧みに書くという評判だった)。関東へ下りて(京都から関東へ行って)将軍の御前にて物書きけるが、関東は水悪《あ》しくて、筆の勢ひ伸びがたき由《よし》(事情)をいひければ、「都にてはいかなる水をもて書くにや(どんな水を使って書くのか)。」と①問はせ給《たま》ふ時、「京の柳の水こそ軽くてよろしき。」と②申す。

(『落栗物語』より)

*昭乗……松花堂昭乗。書家・茶人。

ア　昭乗　　イ　将軍

①　②

完成問題

1 次の文章は、藤屋《ふじや》の旦那が重さに応じて代金を払うという約束で餅屋に餅を注文したあとの話である。――線a～dの言葉は、誰が言ったものか、組み合わせとして適切なものをあとから選び、記号で答えなさい。（富山・改）

十二月二十八日の曙《あけぼの》、いそぎて荷《にな》ひつれ(連れだって餅をかつぎこみ)、藤屋見世《みせ》にならべ、a「うけ取りたまへ」といふ。餅はつきたての好もしく、春めきて(正月らしく)見えける。旦那は聞かぬ顔して(聞こえぬふりして)そろばん置きしに(はじいていたが)、餅屋は時分柄にひまを惜しみ、幾度《いくたび》か断りて(何度も催促するので)、才覚らしき若い者(気のきいた手代が)、杜斤《ちぎ》の目りんと請《う》け取って(はかりできちんと量り、餅を受け取って)かへしぬ。一時《いつとき》ばかり過ぎて、b「今の餅請け取ったか」といへば、c「はや渡して帰りぬ」d「この家に奉公する程にもなき者ぞ、温《ぬく》もりのさめぬを請け取りし事よ」と、又目を懸けし(量ってみると)に、思ひの外《ほか》に減《かん》のたつ事、手代我《が》を折って(目方が減っていることに、手代は恐れ入って)、食ひもせぬ餅に口をあきける。

(『日本永代蔵』より)

ア　a 手代　b 旦那　c 餅屋　d 手代
イ　a 手代　b 餅屋　c 旦那　d 手代
ウ　a 餅屋　b 旦那　c 手代　d 旦那
エ　a 餅屋　b 手代　c 餅屋　d 旦那

34 古文 係り結び

基本チェック

1 次の文章は『徒然草《つれづれぐさ》』の序段である。――線部「こそ」について述べたあとの説明の①～④にあてはまる言葉を□から選び、それぞれ記号で答えなさい。

つれづれなるままに、日暮らし、硯《すずり》に向かひて、心にうつりゆくよしなしごとを、そこはかとなく書きつくれば、あやしうこそものぐるほしけれ。
（『徒然草』より）

【現代語訳】することがないまま、一日中硯に向かって、心に浮かんでは消えていくとりとめのないことを、あてもなく書きつけていると、実に奇妙に心が騒ぐものである。

「こそ」は前の語「あやしう」を①する助詞で、「②の助詞」という。通常、文末は終止形の「ものぐるほし」となるところだが、「こそ」が入っていることで文末の形が③に変化している。このような、ある特定の助詞と文末の結び方の決まりを「④」という。

① ア 否定　イ 強調　ウ 選択
② ア 係り　イ 疑問　ウ 接続
③ ア 未然形　イ 連体形　ウ 已然《いぜん》形
④ ア 反語　イ 係り結び　ウ 強調形

□①　□②　□③　□④

基本ポイント

「係り結び」とは係りの助詞「ぞ・なむ・や・か・こそ」に対して、文末を特定な活用形で結ぶ決まりのこと。

❶「ぞ・なむ」……前の語を強調する。結びは連体形になる。

例「……風も少し吹き弱り、扇も射よげにぞなつたりける。」
（＝風も少し弱まって、扇も射やすくなっていた。）（『平家物語』より）

例「名をば、讃岐《さぬき》の造《みやつこ》となむ言ひける。」
（＝名前を、讃岐の造と言った。）（『竹取物語』より）

❷「や・か」……疑問などを表す。結びは連体形になる。

例「仏はいかなるものにか候《さうら》ふらむ。」
（＝仏はどのようなものでございましょうか。）（『徒然草』より）

❸「こそ」……前の語を強調する。結びは已然《いぜん》形になる。

例「神へ参るこそ本意《ほい》なれと思ひて、山までは見ず。」
（＝神へ参ることが本来の目的だと思って、山までは見ない。）（『徒然草』より）

・強調の「ぞ・なむ・こそ」は特に訳す必要はないが、どのような思いが強調されているかを読み取ることが必要。
・「こそ」のみ、他と結びの形が違うので注意する。

基本チェックの答え

1 ① イ　② ア　③ ウ　④ イ

発展問題

1 次の文章を読んで、あとの問いに答えなさい。　（大分・改）　→③

*中野三郎といへる人、川中の大きやかなる巌《いはほ》に腰うちかけて、笛高やかに（笛を高らかに）吹き鳴らしたるが、水音に響きあひてをかしきに、かたへに（そばに）ありつる法師、「*春おもしろくきこゆるは」と、うち誦《ず》し（昔の和歌の一節を口ずさんだ）たりしこそ、折からをかしうおぼえ（思われた）しか。

（『年々随筆』より）

＊中野三郎……筆者の友人だと考えられる。
＊春おもしろくきこゆるは……「笛の音の春おもしろくきこゆるは花ちりたりと吹けばなりけり」という平安時代の和歌の一節。

□(1) ――線部「こそ」の働きの説明について、□にあてはまる最も適切な言葉を漢字二字で書きなさい。

「こそ」は「うち誦したりし」を□する言葉である。「こそ」が文中で用いられると、文末がある決まった活用形になる。

□(2) ――線部「こそ」があることで活用形が影響を受けている部分を次から選び、記号で答えなさい。

ア をかしう　イ おぼえ　ウ しか

完成問題

1 次の文章は『平家物語』の「敦盛《あつもり》の最期《さいご》」の一部である。読んで、あとの問いに答えなさい。

*熊谷《くまがへ》涙をおさへて申しけるは、

『助けまゐらせんとは存じ候《さうら》へども、味方の軍兵《ぐんびやう》、雲霞《うんか》のごとく（たくさん集まってきて）候ふ。よものがれさせたまはじ（とうていお逃げになれないでしょう）。人手にかけまゐらせんより、同じくは、直実《なほざね》が手にかけまゐらせて、後の御*孝養《けうやう》をこそつかまつり候はめ。』

と申しければ、

「ただとくとく首をとれ（早く首を取れ）。」

とぞのたまひける。

（『平家物語』より）

＊熊谷……源氏《げんじ》方の武将、熊谷《くまがえの》次郎《じろう》直実。
＊御孝養……供養《くよう》のこと。ここでは、平家の若武者敦盛の死後の供養のこと。

□(1) 熊谷の言葉（『　』）から係りの助詞を一つ探して、そのまま書き抜きなさい。

□(2) ――線部の「ける」は、係りの助詞「ぞ」があるため活用の形が変わっている。「ぞ」がなければ、どのような形になるか、書きなさい。

35 古文 作者の考えや主題を読み取る

学習日　　月　　日（　　曜日）

基本チェック●

1 次の文章を読んで、あとの問いに答えなさい。

> 仁和寺《にんなじ》にある法師、年寄るまで石清水《いはしみづ》を拝まざりければ、心うく覚えて（残念なことに思われて）、あるとき思ひ立ちて、ただ一人、徒歩《かち》（徒歩でお参りした）より詣《まう》でけり。極楽寺《ごくらくじ》・高良《かうら》などを拝みて、かばかりと心得て（これだけのものと思い込んで）帰りにけり。
>
> さて、かたへ（仲間に向かって）の人にあひて、「年ごろ（長年）思ひつること、果たしはべりぬ。聞きしにも過ぎて（うわさに聞いていた以上に）、尊くこそおはしけれ。そも（それにしても）、参りたる人ごとに山へ登りしは、何事かありけん、ゆかしかりしかど（〈それを〉知りたかったけれど）、神へ参るこそ本意《ほい》（本来の目的だ）なれと思ひて、山までは見ず。」とぞ言ひける。
>
> 少しのことにも、先達《せんだち》（その道の先導者はあってほしいものだ）はあらまほしきことなり。
>
> （『徒然草』第五十二段より）

□(1)　――線部に「かばかりと心得て」とあるが、仁和寺の法師は、何をどう思い込んだのか。次から選び、記号で答えなさい。

ア　徒歩で参れるのは極楽寺や高良神社だけだと思い込んだ。

イ　極楽寺や高良神社などだけが石清水八幡宮《はちまんぐう》だと思い込んだ。

ウ　石清水八幡宮は期待したほどのものではないと思い込んだ。

[　　]

□(2)　本文での作者の考えとして最も適切なものを次から選び、記号で答えなさい。

ア　ちょっとしたことにもその道の案内者はあってほしいものだ。

イ　知ったかぶりをすると失敗を招くものである。

ウ　何でも思いついた時にすぐ実行するのがよい。

[　　]

基本ポイント●

作者（筆者）がどんなエピソードをもとに、どんな考えを述べているかをつかむ。

□❶ **どんな具体例を挙げているかをとらえる。**

上の文章では、仁和寺の法師が、一人で念願の石清水八幡宮に参拝したが、ふもとの極楽寺や高良神社などを拝んで、これだけだと思い込んで、山頂の石清水八幡宮にはお参りせずに帰ってきたというエピソードがもとになっている。

□❷ **作者（筆者）の考えは最後の段落にまとめられていることが多い。**

現代の評論文などと同様、作者の考えはエピソードのあとにまとめられていることが多い。上の文章でも最後の一文「少しのことにも、先達はあらまほしきことなり。」は、登場人物を主語にして考えることができないので、作者自身の考えだとわかる。直接的には考えが述べられていない場合もある。そういうときは、エピソードの書き表し方が批判的か好意的かなどをとらえて、考えを読み取ることも必要である。

基本チェックの答え

1 (1) **イ**　山のふもとにある付属の寺社（極楽寺・高良神社）だけ拝んで、本社である山上の石清水八幡宮を拝まずに帰ってしまったのである。

(2) **ア**　最後の一文に、エピソードを受けての作者の考えが述べられている。

発展問題●

1 次の文章を読んで、あとの問いに答えなさい。（千葉・改）

ある人のやしき、東向きにたてられしに、年月のたつにしたがひ、南向きこそよからんといへる人、次第に多くなり、その後火災にあひてければ、今こそといひて、南向きになりけるに、もとの［①］向きこそよかりしにといへる人、また次第に多くなり、これも火災にあひてければ、また東向きになりたり。このごろ聞くに、もとの南向きがなといへる人多しといふ。また年月たちて、火災あらば、もとの［②］向きとなるべし。またよき事もがなと（よいことがあればいいなあ）思ふよりして、ここにありては*かしこにゆかん事を思ひ、これをなしては*かれをせん事を思ひて、心さわがしくはなれ（心が落ち着かなくなるのである）。されど心にたると思へるよき事は、いつとてもあるまじ（いつもあるまい）。

（『たはれ草』より）

＊かしこ……あそこ。
＊かれ……あれ。

□(1) ――線部に「今こそ」とあるが、この言葉のあとにはどのような内容が省略されていると考えられるか。最も適切なものを次から選び、記号で答えなさい。　1

ア　やしきを東向きに建て直そう。
イ　やしきを南向きに建て直そう。
ウ　やしきの向きを真剣に考えよう。
エ　やしきを新しく建てるのはやめよう。

［　　］

□(2) 文章中の［①］・［②］に入る方角を表す言葉として最も適切なものを文章中から抜き出して、それぞれ漢字一字で書きなさい。　1

①［　　］　②［　　］

□(3) この文章で筆者は何を言おうとしているのか。最も適切なものを次から選び、記号で答えなさい。　2

ア　周りの意見ばかりを聞くと、人からの信用を失いかねない。
イ　心を落ち着けないと、どのようなことにも集中はできない。
ウ　真剣に努力をしないと、願いはいつになってもかなわない。
エ　同じような迷いを繰り返すと、心が満ち足りることはない。

［　　］

完成問題●

1 次の文章を読んで、あとの問いに答えなさい。（香川・改）

＊紀《き》伊《い》中《ちゅう》納《な》言《ごん》源《みなもとの》治貞《はるさだ》卿《きやう》、はじめ＊西条《さいでう》にましまし時、福田の橋洪水にあひて流れければ、新しく造りて架けけり。かの卿＊物へ行くとて、そこを通り給《たま》ひしが、近くなりて馬より下り、橋の下に入りて見巡りつつ、「多くの人さここそ①力を尽くしけん」とて、そのまま歩み行きて橋の上にのぼり給ふほどに、御供の人々「御馬に＊召さるべくや」と申しければ、「いやとよ。多くの人の手にて造り出せる橋を、予はじめて渡るに、②馬の蹄《ひづめ》にかくる事有るべからず」とて、乗り給はざりけり。この卿はもとより学問を好みて、常の言ひぐさに、今世の人、＊賢聖《けんじやう》の書を読みて＊義理を論ずといへども、我が身の上の事に引きあてて、悪《あ》しき心悪しき行を改めんとする事を知らず。これはいかなる事にか、予その心を得ずと宣《のたま》ひけるとぞ。

（『落栗物語』より）

＊紀伊中納言源治貞卿……徳川治貞。和歌山藩九代藩主。
＊西条にましまし時……西条（現在の愛媛県西条市）にいらっしゃった時。
＊物へ行くとて……ある所へ行こうとして。
＊召さるべくや……お乗りになりますか。
＊賢聖……賢人と聖人。知徳の優れた人。
＊義理……物事の正しい筋道。道理。

□(1) ――線①「力を尽くしけん」とあるが、何をすることに力を尽くしたのか。次の空欄にあてはまる言葉を五字以内で書きなさい。

〔多くの人が［　　　　　］ことに力を尽くした。〕

□(2) ――線②「馬の蹄にかくる事有るべからず」とあるが、これはどういう意味か。次から選び、記号で答えなさい。

ア 馬の蹄で音を立てることがあってはならない。
イ 馬の蹄が欠けることがあってはならない。
ウ 馬の蹄で踏みつけることがあってはならない。
エ 馬の蹄が汚れることがあってはならない。

［　］

□(3) 文章中には、「　」で示した部分以外に、もう一か所、治貞卿の言葉がある。それはどこからどこまでか。初めと終わりの三字をそれぞれ書き抜いて答えなさい。

［　　　］〜［　　　］

□(4) この文章で述べられている治貞卿の考えとして最も適切なものを次から選び、記号で答えなさい。

ア 書物を読んで道理について論ずるより、人とのかかわりを通して自分の心や行いを改めていくことが大切である。
イ 書物を読んで道理について論ずるより、人の事を自分の問題として、親身になって考えていくことが大切である。
ウ 書物を読んで道理について論ずるだけでなく、自分の体験したことから道理を身につけていくことが大切である。
エ 書物を読んで道理について論ずるだけでなく、それを自分の身に照らして考え、実践していくことが大切である。

［　］

2 次の文章を読んで、あとの問いに答えなさい。（福井・改）

①学に志すもの、昼夜、つとめはげむといへども、半月を過ぎ、一月を経て、怠る心はやくも生ず。馬ははやしとて、朝しばらく走りて止《や》むに、いかでか牛の終日歩くにおよぶべき（どうして牛が一日中歩くのにかなうだろうか、いや、かなわない）。谷間の石の磨かるるも、井げた（井戸のふち）のまるくなるも、一（A）一（B）の力ならず。今日止まず、明日止まず、しかうして（そうしてはじめて）後その②しるしあり。人一生の力をその道に使ふさへ、なほその奥義《あうぎ》（最も大切な事柄）にいたることは③やすからず。むかし、李白《りはく》（中国の唐時代の詩人）書を匡山《けうざん》（地名）にて読む。他の地に行きし時、道にて老人の石にあてて斧《をの》をする（とぐ）に会ふ。これを問へば、針となすべき（針にしようと思って）とてすりしと言ひけるに感じて（感動して）、さらにつとめて書をよみ、④つひにその名をなせり（よい評判を得た）。

（『梅園叢書』より）

□(1) ――線①「学に志すもの」の妨げになるものとして筆者は何を挙げているか。文章中から五字以内で書き抜いて答えなさい。

□(2) （A）・（B）にそれぞれ漢字一字を入れて、四字熟語を完成させなさい。

一 A
一 B

□(3) ――線②「しるし」の意味として最も適切なものを次から選び、記号で答えなさい。

ア 目標　イ 目印
ウ 効果　エ 休息

□(4) ――線③「やすからず」の意味として最も適切なものを次から選び、記号で答えなさい。

ア 安心できない。
イ 簡単ではない。
ウ 穏やかではない。
エ 早くはない。

□(5) ――線④「つひにその名をなせり」とあるが、このようになった理由を現代語で四十字以内で書きなさい。

□(6) 筆者の主張として最も適切なものを次から選び、記号で答えなさい。

ア 努力を続けよう。
イ 弱者を助けよう。
ウ 特技を身につけよう。
エ 視野を広げよう。

送りがなや返り点に気をつけて漢文を読む

学習日　月　日（　曜日）

基本チェック

1 〈例〉にならって、読む順に□に記号を書きなさい。

〈例〉 Ａ Ｂレ Ｃ → Ａ Ｃ Ｂ

□(1) Ａレ Ｂ Ｃ → □□□

□(2) Ａ二 Ｂ Ｃ一 → □□□

□(3) Ａ Ｂ二 Ｃ Ｄ一 → □□□□

□(4) Ａ二 Ｂ Ｃレ Ｄ → □□□□

2 〈例〉にならって、次の漢文を書き下し文に直しなさい。

〈例〉 学《ビ》習《フ》 → 学び習ふ

□ 有《レバ》レ備《ヘ》無《シ》レ患《うれヒ》

［　　　　　　］

基本ポイント

□① 送りがなや返り点など、漢文の読み方の主なルールを理解しよう。

「返り点」とは、漢文を日本語として読むための順序を示す記号で、漢字の左下に書かれている。

・レ点…レ点の付いた一字下から返って読む。

例 Ａレ Ｂ → Ｂ Ａ の順に読む。

・一・二点…二字以上を隔てて、上に返って読む。

例 Ａ二 Ｂ Ｃ一 → Ｂ Ｃ Ａ の順に読む。

（注）返り点が付いていない字は上から語順通りに読む。

□② 「書き下し文」とは、漢文を送りがなと返り点に従って読み、漢字仮名交じり文の日本語に書き改めたもの。

・漢字の右下に付いている送りがなはひらがなで書く。

例 学《ビ》　習《フ》 …訓読文（送りがなや返り点をつけて読み方を示したもの）

⇩

学び習ふ …書き下し文

（注）歴史的仮名遣いのまま記す。

・漢文の中には、あっても読まない字がある。（置き字）

例 学《ビテ》而時《ニ》習《フ》レ之《ヲ》 …学びて時に之《これ》を習ふ（「而」は読まない）

勿《カレ》レ施《スコト》二於人《ニ》一 …人に施《ほどこ》すこと勿《な》かれ（「於」は読まない）

・書き下し文にするとき、ひらがなにする漢字がある。

例 不二亦説《バシカラ》一 …亦説《またよろこ》ばしからず（「不」→「ず」）

可《シ》二以《テ》撃《ツ》一 …以《もっ》て撃つべし（「可」→「べし」）

基本チェックの答え

1 (1) BAC　(2) BCA　(3) ACDB　(4) BDCA

2 備へ有れば患ひ無し

発展問題

1 次の漢文と書き下し文を読んで、あとの問いに答えなさい。

①学《ビテ》而時《ニ》習《フ》レ之《これヲ》、不《ず》二亦《また》説《よろこバシカラ》一乎《や》。
有《リ》レ朋《とも》自《より》二遠方一来《タル》、不二亦楽《シカラ》一乎。
人不《シテ》レ知《ラ》而②不慍《うらミ》、不二亦君子《ナラ》一乎。

（『論語』より）

学びて時に之を習ふ、亦説ばしからずや。
朋有り遠方より来たる、□や。
人知らずして慍みず、亦君子ならずや。

□(1) ――線①で、読まない漢字を一つ書き抜きなさい。 ➋

□

□(2) □にあてはまる書き下し文を書きなさい。 ➊・➋

（　　　　　）や。

□(3) ――線②に、書き下し文の読み方になるように返り点を書きなさい。 ➊・➋

［不 慍《ミ》］

完成問題

1 次の文章を読んで、あとの問いに答えなさい。（秋田・改）

遥《はるカニ》見《テ》二人家《ヲ》一花《アレバ》*便《すなはチ》入《いル》
（遥見二人家一、花あれば便ち入る）
不レ論《ゼ》三貴賤《せんト》与《とヲ》二*親疎一
（貴賤と親疎とを論ぜ□）

（『十訓抄』より）

＊便（ち）……そのまま。
＊親疎……親しいか疎《うと》いか。

□(1) ――線部「遥見二人家一」の部分は、どのような順番で読むのが正しいか。読む順番がわかるように数字を書きなさい。

〈例〉読《ム》レ書《ヲ》 → 2レ1

□　□二　□　□一

□(2) 書き下し文の□にあてはまる語をひらがな一字で書きなさい。

□

2 次の――線部に、書き下し文の読み方になるように返り点を書きなさい。（兵庫・改）

□

夜深《クシテ》知《ル》雪《ノ》重《キヲ》
（夜深くして雪の重きを知る）

37 漢文 独特の言い回しに気をつけて漢文を読む

学習日　　月　　日（　曜日）

基本チェック●

1 次の――線部の意味として［　］にあてはまるものをあとから選び、記号で答えなさい。

□(1)

子《し》　曰《い》ハク、「温レメテ故《ふる》キヲ　而　知レル　新シキヲ、可二ベ以《もつ》シトテ為《な》レル師ト　矣。」

（『論語』より）

（子曰《しい》はく、「故きを温めて新しきを知る、以て師と為るべし。」と。）

孔子《こうし》が言うには、「古い事柄に通じていて、しかも新しい現実も知っていれば、［　］。」と。

ア　人の師となれるだろう　　イ　人の師となるようだ

ウ　人の師となるかもしれない

［　］

□(2)

子　曰ハク、「己ノ　所レハ　不レざル　欲《ほつ》セ、勿《な》レカレ　施二スコト　於　人ニ一。」

（『論語』より）

（子曰はく、「己の欲せざる所は、人に施すこと勿かれ。」と。）

孔子が言うには、「自分がしてほしくないことは、［　］。」と。

ア　他人にもすることがなかった

イ　他人にしてはいけない

ウ　他人にしてよいとは言えない

［　］

基本ポイント●

漢文特有の言い回しに注意して意味をつかもう。

言い回し	表す意味	例（現代語訳）
□❶「～曰はく」	～が言うことには	子曰はく、「……」と。（孔子が言うことには「……」と。）
□❷「～べし」	「可」と表記し、可能や当然の意味を表す。	以て師と為るべし。（師となれるだろう。）
□❸「～すること なかれ」	「勿」などと表記し、「～してはならない」という禁止を表す。	人に施すこと勿かれ。（人にしてはならない。）
□❹「～ば則《すなは》ち」	原因と結果を接続する。	学びて思はざれば則ち罔《くら》し。（学んでもそれについて考えなければ、理解があやふやになる。）
□❺「能《よ》く～」	「～できる」という可能の意味を表す。	柔能く剛を制す。（柔軟な者は逆に剛強な者を制することができる。）
「～する能《あた》はず」・「能く～莫《な》し」	「～（することが）できない」という不可能の意味を表す。	応ふる能はざるなり。（答えることができなかった。）
□❻「～（ん）や」	反語を表し、「～（だろう）か、いや、ない」という意味を表す。	不仁者は与《とも》に言ふべけんや。（仁のない人とは共に話し合うことができるだろうか、いや、できない。）

基本チェックの答え

1 (1) ア 「可」は可能を表し、「～することができるだろう」の意。

(2) イ 「勿」は「なかれ」と読み、禁止の意。「～してはいけない」となる。

発展問題

1 次の文章は、漢文の書き下し文である。――線①～③の意味として適切なものをそれぞれあとから選び、記号で答えなさい。

→5

＊楚人《そひと》に盾と矛とを＊鬻《ひさ》ぐ者有り。之《これ》を誉《ほ》めて曰はく、吾《わ》が盾の堅きこと、①能《よ》く陥《とほ》すもの莫《な》きなり、と。又、其《そ》の矛を誉めて曰はく、吾が矛の利《と》きこと、②物に於《お》いて陥さざる無きなり、と。或《あ》るひと曰はく、＊子《し》の矛を以《もつ》て、子の盾を陥さば何如《いかん》、と。其の人③応ふる能《あた》はざるなり。

（『韓非子』より）

＊楚人……楚の国の人。　＊鬻ぐ……売る。　＊子……あなた。

□(1)　――線①「能く陥すもの莫きなり」

ア　突き通すことができる物はない

イ　よく突き通すことができる

ウ　何にでもうまく通り抜ける

□(2)　――線②「物に於いて陥さざる無きなり」

ア　どんな物も突き通さない

イ　どんな物でも突き通す

ウ　突き通さなくなってしまった

□(3)　――線③「応ふる能はざるなり」

ア　うまく答えることができた

イ　答えることができなかった

ウ　答えようともしなかった

完成問題

1 次の文章を読んで、あとの問いに答えなさい。　（群馬・改）

＊夫《そ》レ＊禍《くわ》之《の》来《きたル》也《や》、人自《みづかラ》生《ジ》レ之《これヲ》、□之来ル也、人自《ラ》成《なス》レ之ヲ。禍与《ト》レ福同《ジクシ》レ門ヲ、利与《ト》レ害為《なス》レ隣ヲ、非《あらザレバ》二＊神聖人一ニ、莫《なシ》二之能《よク》分《わかツ》一。

（『淮南子』より）

夫れ禍の来るや、人自ら之を生じ、□の来るや、人自ら之を成す。禍と福と門を同じくし、利と害と隣を為す、神聖の人に非ざれば、之を能く分つ莫し。

＊夫……そもそも。　＊禍……わざわい。　＊神聖人……人格者。

□(1)　□にあてはまる語を、漢文から漢字一字で書き抜いて答えなさい。

□(2)　漢文に書かれている内容として最も適切なものを次から選び、記号で答えなさい。

ア　人格者であれば、人々からの信頼を得て幸福になることができる。

イ　人格者でなければ、出所が同じ幸福と不幸について区別できない。

ウ　人格者でなくても、幸福や不幸は自ら招くので事前に準備できる。

エ　人格者であっても、幸福と不幸の違いを見分けることができない。

リズムに気をつけて漢詩を読む

基本チェック●

1 次の漢詩を読んで、あとの問いに答えなさい。

春暁《しゅんぎょう》　孟浩然《もうこうねん》

春眠暁を覚えず
処処啼鳥《ていちょう》を聞く
夜来風雨の声
花落つること知る多少

春眠不《ず》レ覚エレ暁ヲ
処処聞ク二啼鳥ヲ一
夜来風雨ノ声
花落知ル《ツルコト》多少

□(1) この漢詩の形式を次から選び、記号で答えなさい。
ア 五言絶句
イ 七言絶句
ウ 五言律詩
エ 七言律詩
［　　］

□(2) このような四句（四行）からなる漢詩の構成法を「起承□結」という。この□に入る漢字一字を書きなさい。
［　　］

□(3) 一句目「春眠不レ覚レ暁」には、どのようなことが歌われているか。次から選び、記号で答えなさい。
ア 春の朝のけだるさ。
イ 春の朝の薄暗さ。
ウ 春の朝の眠りの心地よさ。
［　　］

基本ポイント●

漢詩のリズムを味わいながら、情景や心情を読み取ろう。

□❶ **漢詩の形式は、句(行)数と一句の字数によって四つに分けられる。「絶句」とは四句から成る詩、「律詩」とは八句から成る詩である。**
五言絶句……四句（行）から成り、一句が五字である。
七言絶句……四句（行）から成り、一句が七字である。
五言律詩……八句（行）から成り、一句が五字である。
七言律詩……八句（行）から成り、一句が七字である。

□❷ **絶句の構成法は「起・承・転・結」である。**
第一句（起句）……歌い起こし。歌うきっかけ。
第二句（承句）……起句を受けて展開する。
第三句（転句）……場面が転換する。
第四句（結句）……全体を締めくくる。

□❸ **「対句」とは、対になった内容を同じ構成で表す技法。**
例
感レ時花濺レ涙	時に	感じては	花にも	涙を	濺《そそ》ぎ
⇔	⇔	⇔	⇔	⇔	⇔
恨レ別鳥驚レ心	別れを	恨んでは	鳥にも	心を	驚かす

□❹ **漢詩では同じ音の字を決まった句末に用いるという原則がある。これを、「押韻《おういん》」（韻を踏む）という。**
五言絶句・五言律詩……偶数句の末字
七言絶句・七言律詩……第一句と偶数句の末字
｝に韻を踏むのが原則。
例えば上の『春暁』の詩では、「暁（ギョウ）」「鳥（チョウ）」「少（ショウ）」が韻を踏んでいる。（「暁」は原則外）

基本チェックの答え

1 (1) ア　(2) 転　(3) ウ　「不覚暁」で「夜が明けたのも気づかなかった」ということ。そのくらい深く寝入っていたのである。

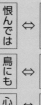

発展問題

1 次の漢詩を読んで、あとの問いに答えなさい。

春望　杜甫《とほ》

国破れて山河在り
城春にして草木深し
時に感じては花にも涙を濺ぎ
別れを恨んでは鳥にも心を驚かす
烽火《ほうくわ》三月に連なり
家書《かしょ》万金に抵《あた》る
白頭搔《か》けば更に短く
渾《す》べて簪《しん》に勝《た》へざらんと欲《ほっ》す

国破レテ山河在リ
城春ニシテ草木深シ
感ジテハ㆑時ニ花ニモ濺ギ㆑涙ヲ
恨ンデハ㆑別レヲ鳥ニモ驚カス㆑心ヲ
烽火連ナリ㆓三月ニ㆒
家書抵ル㆓万金ニ㆒
白頭搔ケバ更ニ短ク
渾ベテ欲ス㆑不ラント㆑勝ヘ㆑簪ニ

□(1) 詩の形式を次から選び、記号で答えなさい。 ❶

ア 五言絶句　**イ** 七言絶句
ウ 五言律詩　**エ** 七言律詩

□(2) 韻を踏んでいる漢字を、「簪」の他に三つ書き抜きなさい。 ❹

完成問題

1 次の漢詩を読んで、あとの問いに答えなさい。（徳島・改）

除夜の作　高適《かうせき》

旅館の寒灯《かんとう》に独り眠らず
＊客心《かくしん》何事ぞ＊転《うた》た＊凄然《せいぜん》たる
故郷今夜千里に思ふ
＊霜鬢《さうびん》明朝又一年

旅館ノ寒灯ニ独リ不ず㆑眠ラ
客心何事ゾ転タ凄然タル
故郷今夜思フ千里ニ
霜鬢明朝又一年

（『唐詩選』より）

＊客心……旅人の気持ち。ここでは作者自身の気持ち。＊転……ますます。
＊凄然……寂しく悲しい様子。＊霜鬢……霜が降りたように白くなった頭の側面の髪。

□(1) この詩は絶句である。絶句は「起□転結」という構成から成っている。□にあてはまる漢字一字を書きなさい。

□(2) 書き下し文に従って、——線部「思フ千里ニ」に返り点を付けなさい。

［ 思フ 千 里ニ ］

□(3) この詩に表された作者の心情として最も適切なものを次から選び、記号で答えなさい。

ア 寒々とした旅館に宿泊して、自分の貧しい生活を悩んでいる。
イ 一夜で白髪になってしまうほど、自分の人生に絶望している。
ウ 故郷を出て一年たち、これからの道のりの遠さを嘆いている。
エ 故郷を遠く離れた旅先で年をとることに憂いを覚えている。

詩の表現技法

基本チェック●

1 次の説明のような詩を何というか。あとから選び、記号で答えなさい。

・現代の話し言葉を使い、自由なリズムで書かれた詩。

ア 口語自由詩　イ 口語定型詩
ウ 文語自由詩　エ 文語定型詩

2 次の各文に使われている表現技法は、それぞれ何か。あとから選び、記号で答えなさい。

(1) 海の波はいつも追いかけっこをしている。
(2) せみが鳴いているね。そう、鳴いているね。
(3) くるくる回るよ、大きな羽を持った風車が。
(4) 何度踏まれても力強く伸びてくる雑草。
(5) すすけたような街のはずれで、僕は育った。
(6) 雲間から漏れる日差しが地面に突き刺さった。

ア 隠喩　イ 直喩　ウ 擬人法
エ 体言止め　オ 反復法　カ 倒置法

基本ポイント●

詩でよく見られる形式や表現技法を知ることで、表現されているものをしっかり受けとめよう。

① **詩の種類**　詩は、用語や形式によって次のように分けられる。
・用語……口語詩（現代の話し言葉）／文語詩（昔の言葉）
・形式……自由詩（自由なリズム）／定型詩（決まったリズム）
※用語と形式を合わせて、「口語自由詩」などという。

② **詩の表現技法**　詩でよく使われる次の表現技法を覚えておこう。
・直喩……「〜のようだ」などを使って、直接たとえる。
・隠喩……「〜のようだ」などのたとえを表す言葉を使わずにたとえる。
・擬人法……人間でないものを人間のようにたとえる。
・反復法……同じ言葉を繰り返す。
・体言止め…行末を体言（名詞）で終える。
・倒置法……言葉の順序を普通の文と逆にする。
※直喩・隠喩・擬人法をまとめて「比喩」という。

基本チェックの答え

1 ア 「現代の話し言葉」＝口語詩、「自由なリズム」＝自由詩。合わせて「口語自由詩」。

2
(1) ウ 「海の波」の様子を、人間がする「追いかけっこ」にたとえている。
(2) オ 「鳴いているね」という言葉を、繰り返している。
(3) カ 「風車が」という主語が文末にある。普通は「風車が〜回る」という語順。
(4) エ 文末が「雑草」という体言になっている。
(5) イ 「すすけたような街」の部分に直喩が使われている。
(6) ア 「日差しが〜突き刺さった」の部分に隠喩が使われている。

発展問題

1 次の説明のような詩を何というか。それぞれあとから選び、記号で答えなさい。

□(1) 音数を五・七のように決めて、リズムを出そうとした詩。 ①

ア 口語詩　イ 自由詩　ウ 定型詩

□(2) 歴史的仮名遣いは使われているが、口語文法（現代の話し言葉）に基づいて書かれた詩。 ①

ア 口語詩　イ 文語詩　ウ 新体詩

2 次の文に使われている表現技法と同じ表現技法が使われているものをそれぞれあとから選び、記号で答えなさい。 ②

□(1) なんだろう、この荒々しい北風は。

ア 野菜たちがフライパンの上で踊っている。
イ 咲いているよ、真っ赤なバラの花が。
ウ キリンのように首を長くして待っていた。

□(2) 日が昇ると、はかなく消える草の露。

ア 秋の夜長はすず虫たちが音楽をかなでる。
イ ケータイで話をしつつ、頭を下げるサラリーマン。
ウ 大空に、隣町まで届く七色の橋がかかる。

完成問題

1 次の詩を読んで、あとの問いに答えなさい。

土　三好達治《みよしたつじ》

蟻《あり》が
蝶《ちょう》の羽をひいて行く
ああ
ヨットのやうだ

（『三好達治詩集』より）

□(1) この詩の種類を次から選び、記号で答えなさい。

ア 口語自由詩
イ 口語定型詩
ウ 文語自由詩
エ 文語定型詩

□(2) この詩に使われている表現技法と同じ表現技法が使われているものを次から選び、記号で答えなさい。

ア ぽとりぽとりと落ちてゆくツバキの赤い花。
イ 雪の山々が私の前に立ちはだかった。
ウ 高台からは宝石箱のごとき夜景が一望できる。
エ いわしの群れとなった雲が流れているよ。

40 詩

詩の鑑賞

学習日　月　日（　曜日）

基本ポイント●

詩の情景をとらえ、そこに込められた作者の心情に迫ろう。

□①題名に注意する。
題名から、詩の全体像をつかむ。題名には、詩の主題が簡潔に述べられていることが多い。

□②詩の表現（表現技法など）に注意する。
詩の構成や表現技法などに着目する。工夫された表現には、作者の心情が表されていることも多い。

□③詩の情景・場面をイメージする。
どんな事柄、情景が歌われているのかを想像する。

□④作者の心情、感動の中心をとらえる。
作者が、何に対してどのような感動を抱いているかをとらえる。直接的な心情表現がなくても、出来事や情景をどのような言葉で表現しているかに着目することで、作者の心情をとらえることができる。

基本チェック●

1 次の詩を読んで、あとに書かれた鑑賞文の［A］～［D］にあてはまる言葉を詩中（題名などを含む）から書き抜きなさい。

　　ひかる　　ほたる　まどか

わたしをみつけて！
と
ひかります

わたしの　ぜんぶの
からだと　こころで

（平成18年度版　光村図書1年18ページ　工藤直子『野原はうたう』より）

〈鑑賞文〉　語り手である［A］が、からだとこころの［B］を使って［C］ことで、［D］と訴えている詩です。

□A［　　］
□B［　　］
□C［　　］
□D［　　］

基本チェックの答え

1

A　ほたる　まどか（ほたる・わたし）　この詩は、「ほたる　まどか」が書いたことになっている。

B　ぜんぶ　最後の二行に着目する。「ほたる　まどか」は全身でひかろうとしている。また、「からだ」だけでなく「こころ」でもひかろうとしている。

C　ひかる　最後の行の「からだと　こころで」のあとに、「ひかります」という言葉が省略されている。題名に注目する。

D　わたしをみつけて！　「ほたる　まどか」の思いが凝縮された一行を書き抜く。「！」はなくても可。

発展問題

1 次の詩を読んで、あとの問いに答えなさい。 ④

虫　八木重吉《やぎじゅうきち》

虫がないてる
いま　ないておかなければ
もう駄目だというふうにないてる
しぜんと
涙をさそわれる

（平成28年度版　教育出版1年185ページ『四季の詩』より）

□(1) ――線部「涙をさそわれる」とあるが、その理由として最も適切なものを選び、記号で答えなさい。

ア 秋の情緒を彩《いろど》る虫が美しい音色で鳴いていることに、作者は虫の生命力を感じて深く感動しているから。

イ 虫のかすかな鳴き声に、終わりゆく秋と冬の到来を感じて、作者は寂しさを覚えたから。

ウ 懸命に鳴いている姿に虫の短い生涯を感じ、作者はそれを自分自身のことのように受け止めているから。

エ 「もう駄目だというふうに」鳴いている様子から、作者は虫にさえ自分を否定されているように感じたから。

□

完成問題

1 次の詩の鑑賞文の［a］にあてはまる言葉をひらがな四字で書き、［b］にあてはまる言葉をあとから選び、記号で答えなさい。（兵庫・改）

朝顔　征矢泰子《そややすこ》

ひとつの花にひとつの朝
一生にたった一度の朝だから
ひとしずくも　こぼすまいと
はりさけそうにひろげた
やわらかい濃紫のうてな*のなか
朝はためらわず
花の子をうんだ

*うてな……台。ここでは花びらのこと。

〈鑑賞文〉　作者は、朝顔の花が、ただ一度、午前中に咲くことから、それぞれの花にとって開花する朝は、まさに［a］のない朝ととらえている。
　朝顔が懸命に咲こうとするひたむきな姿を描き出すとともに、澄み切った美しい情景の中で、確かな生の証《あかし》としての一瞬の［b］を、みごとに表現している。

□a

□b　**ア** 移ろい　**イ** 未来　**ウ** 幻想　**エ** 輝き

41 短歌

短歌の形式と決まり

基本チェック

1 短歌の形式や決まりについて説明した次の文の□にあてはまる言葉や数字を書き入れなさい。（数字は漢数字で書くこと。）

□(1) 短歌は、「□・□・□・□・□」の五句、三十一音から成る。

□(2) 定まった音数より多い歌を□、少ない歌を□という。

□(3) 短歌には、意味の上で下の句に続かないで切れるところがある。その切れるところを□といい、切れる箇所によって、□・二句切れ・三句切れ・四句切れという。また、切れ目がないものを句切れなしという。

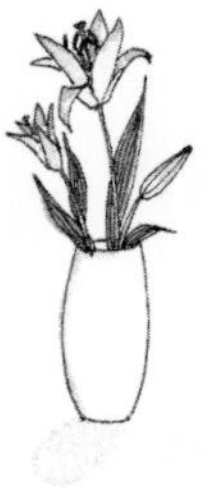

基本ポイント

短歌の形式や決まりなど、基本的な知識を覚えておこう。

□**① 短歌の数え方……短歌は一首、二首と数える。**

□**② 形式……五・七・五・七・七の五句、三十一音。**

- 初めの句から順に、初句、二句、三句、四句、結句という。
- 「五・七・五」を上《かみ》の句、「七・七」を下《しも》の句という。

□**③ 字余り・字足らず**

定まった音数より多い歌を字余り、少ない歌を字足らずという。

□**④ 句切れ……歌の中における意味上の切れ目。意味を考えたときに、句点の付けられる箇所。**

具体的には、活用語（動詞・形容詞・形容動詞・助動詞）の終止形や終助詞などが使われている箇所に注意する。また、詠《よ》まれている事柄が変わる箇所にも注意する。

> 初句　二句　三句　四句　結句
> 三句切れ　（字余り）
> かくまでも／黒くかなしき／色やある／わが思ふひとの／春のまなざし
> 北原白秋《きたはらはくしゅう》（『桐《きり》の花』より）

- どこにも切れ目のない、「句切れなし」という短歌もあるので注意。
- 短歌の調子……二句切れと四句切れを「五七調」という。（素朴な印象）
  初句切れと三句切れを「七五調」という。（優雅な印象）

基本チェックの答え

1 (1)（順に）五・七・五・七・七　文字の数ではなく、音数であることに注意。
(2)（順に）字余り・字足らず
(3)（順に）句切れ・初句切れ

発展問題●

1 次の短歌のうち、字余りの短歌はア、字足らずの短歌はイ、どちらでもない短歌はウの記号を書きなさい。

❸

① 瓶《かめ》にさす藤《ふぢ》の花ぶさみじかければたたみの上にとどかざりけり　正岡子規《まさおかしき》

② 観覧車回れよ回れ想《おも》ひ出は君には一日《ひとひ》我には一生《ひとよ》　栗木京子《くりききょうこ》

③ 「寒いね」と話しかければ「寒いね」と答える人のいるあたたかさ　俵《たわら》　万智《まち》

（平成18年度版　光村図書2年54ページ『短歌を味わう』・229ページ『短歌十二首』より）

□①
□②
□③

2 次の短歌は何句切れか、答えなさい。

❹

海恋し潮《しほ》の遠鳴りかぞへては少女《をとめ》となりし父母《ちちはは》の家　与謝野晶子《よさのあきこ》

（平成18年度版　光村図書2年　228ページ『短歌十二首』より）

□　　句切れ

完成問題●

1 次の短歌を読んで、あとの問いに答えなさい。

A　みづうみの氷は解けてなほ寒し三日月の影波にうつろふ　島木赤彦《しまぎあかひこ》

B　つばくらめ空飛びわれは水泳ぐ一つ夕焼けの色に染《そま》りて　馬場《ばば》あき子《こ》

C　春の鳥な鳴きそ鳴きそあかあかと外《と》の面《も》の草に日の入る夕《ゆふべ》　北原白秋

D　みちのくの母のいのちを一目見ん一目みんとぞただにいそげる　斎藤茂吉《さいとうもきち》

（平成18年度版　三省堂2年16・17ページ『短歌の世界』より）

□(1) 字余りの歌を一首選び、記号で答えなさい。

□(2) 三句切れの短歌を二首選び、記号で答えなさい。　　と

□(3) Dの短歌に句切れがあれば何句切れか答え、なければ「句切れなし」と答えなさい。

〔　　　〕

短歌の鑑賞

基本チェック●

1 次の短歌を読んで、あとの問いに答えなさい。

白鳥《しらとり》はかなしからずや空の青海のあをにも染まずただよふ　若山牧水《わかやまぼくすい》

（平成28年度版　教育出版2年83ページ『近代の短歌』より）

□(1) どのような情景が詠《よ》まれているか。次の□にあてはまる言葉を書きなさい。

・空や海……□色。広大な自然。
・白鳥……□色の鳥。小さい。

対比

□(2) 次の鑑賞文の［A］にあてはまる言葉をあとから選び、記号で答え、［B］にあてはまる一句を短歌中から書き抜いて答えなさい。

・作者は、美しいが［A］である白鳥に、「［B］」と呼びかけるような表現を用いて、自分自身のかなしさも表している。

A　ア 自由　イ 孤独　ウ 不安　□

B 〔　　〕

基本ポイント●

少ない語句で表現されている情景を読み取って、そこに込められた作者の心情を想像しよう。

□**① キーワードとなる言葉を見つけて、情景を読み取る。**

歌に詠んでいる対象は何か、季節、時刻、場所はどのようであるかなどに着目して具体的に読み取る。色彩や数などが対比的に描かれている場合などにも注意するとよい。

□**② ①をもとに、作者の心情を読み取る。**

心情を直接表す言葉や、「かな・けり・や・よ」などの感動を表す言葉、表現の特色（句切れ、倒置法・体言止めなどの表現技法など）に注意して感動の中心をとらえる。作者の心情が、短歌の主題に結びつくことが多い。

＊表現技法については、39回「詩の表現技法」（106ページ）で確認しておこう。

基本チェックの答え

1 (1)（順に）**青・白**　真っ青な空と海のはざまに、白い鳥が浮かんでいる情景をイメージする。あたり一面の青色の中に白色が一点あるという、色彩のコントラストを、空や海の大きさと鳥の小ささのコントラストとともにとらえる。

(2) **A イ**　背景の青色に染まることのない白鳥の姿に、作者は、美しさ、純粋さとともに、孤独を感じていることを読み取る。作者は、孤独な白鳥の姿に、自分自身を重ねている。

B かなしからずや　「かなし（から）」という心情を直接表す語があることや、二句切れで一・二句が心情描写、三～結句が情景描写となっていることに注意する。「かなしからずや」は、「かなしくないだろうか（、いや、かなしいにちがいない）」という意味。

発展問題

1 次の短歌とその鑑賞文を読んで、あとの問いに答えなさい。

いちはつの花咲きいでて我目《わがめ》には今年ばかりの春ゆかんとす
正岡子規《まさおかしき》

（平成18年度版 三省堂2年15ページ『短歌の世界』より）

〈鑑賞文〉
季節は、春が［A］ころである。作者はこのとき病床にあったのだが、自分の命が長くないと感じていることが、［B］という表現によく表れている。その思いもあって、［C］姿を惜しみつつながめているのである。

(1) ［A］にあてはまる言葉を次から選び、記号で答えなさい。 ❶
ア 始まろうとする
イ 盛りとなった
ウ 終わろうとする

(2) ［B］にあてはまる言葉を短歌中から七字で書き抜いて答えなさい。 ❶

(3) ［C］にあてはまる内容を書きなさい。 ❷

完成問題

1 あとの解説文にふさわしい短歌を一首選び、記号で答えなさい。

A 髪五尺ときなば水にやはらかき少女《をとめ》ごころは秘めて放たじ
B その子二十櫛《はたちくし》に流るる黒髪のおごりの春のうつくしきかな
C とき髪を若枝《わかえ》にからむ風の西よ＊二尺足らぬうつくしき虹
与謝野晶子《よさのあきこ》
（『みだれ髪』より）

＊風の西よ……風の吹いてゆく西の方角よ。

・この歌において、髪は青春の輝きと自信を象徴している。

2 次の短歌の解説文として最も適切なものを選び、記号で答えなさい。

困らせる側に目立たずいることを好みき誰の味方でもなく
平井《ひらい》 弘《ひろし》

（平成28年度版 学校図書2年59ページ『短歌十五首』より）

ア 表面は静かながら、実は友との関係に揺れ動いている心の中を詠んでいる。
イ 集団に属さないで生きていることの不安や孤独について詠んでいる。
ウ 好き嫌いの気持ちだけで行動していた青春時代について詠んでいる。

和歌の鑑賞

基本チェック●

1 『古今和歌集』に収められた次の二つの和歌を読み、あとの解説文の空欄にあてはまる言葉を書きなさい。

ちはやぶる神代《かみよ》も聞かず竜田《たつた》川からくれなゐに水くくるとは
在原業平《ありはらのなりひら》

竜田川の川面《かわも》を彩《いろど》る紅葉を、染め模様に見立てた歌。読むリズムとしては［A］句目で切れて、上の句と下の句が倒置になっている。また、「［B］」は、「神」に係る枕詞《まくらことば》。

□A（　　　）　□B（　　　）

秋来《き》ぬと目にはさやかに見えねども風の音にぞおどろかれぬる
藤原敏行《ふじわらのとしゆき》

秋の訪れは目には見えないけれども、「［C］」でわかると詠《よ》んでいる。表現的には、下二句で「ぞ──ぬる」と［D］が用いられ、「［C］」へのおどろきが強調されている。

□C（　　　）　□D（　　　）

基本ポイント●

和歌でよく用いられる修辞（表現技法）に注意して、鑑賞しよう。

『万葉集《まんようしゅう》』『古今和歌集《こきんわかしゅう》』『新古今和歌集《しんこきんわかしゅう》』は三大和歌集といわれている。

□**1 和歌でよく用いられる修辞（表現技法）**

近現代の短歌で用いられる修辞以外に次のようなものに注意する。
（短歌の修辞は、41回「短歌の形式と決まり」（110ページ）で確認しよう。）

修辞	働き	例
枕詞《まくらことば》	主に五音で、ある語を導き出すために前に置く言葉。使い方が決まっている。	あをによし→奈良　からころも→着る・裾・袖 など　ひさかたの→光・天・月 など
序詞《じょことば》	多くは七音以上で、ある語句を導き出す言葉。	風ふけば沖つ白波→たつた山　「白波が立つ」から地名の「たつた」を導いている。
掛詞《かけことば》	一つの語に二つ以上の意味を持たせる言葉。	山里は冬ぞさびしさまさりける人目も草もかれぬと思へば　→「かれ」が、「枯れる」と「遠ざかる」という意味の「離《か》る」をかけている。

その他に、体言止め、縁語、本歌取りなどもある。

□**2 和歌の鑑賞…感情が強く込められている表現を探す。**

近現代の短歌と同様に、和歌の修辞をおさえ、情景や作者の心情を読み取る。季節感、色彩表現や聴覚を使った表現にも着目する。

・「かな」「けり」「らむ」という言葉や、係り結びになっている部分に注意。
（34回「係り結び」（94ページ）で確認しておこう。）

基本チェックの答え

1 A 二　B ちはやぶる　C 風の音　D 係り結び　Cは、秋の到来を、視覚でなく、聴覚で感じ取ったのである。

発展問題

1 次の和歌から、①枕詞が用いられている歌を一首、②体言止めが用いられている歌を一首選び、それぞれ記号で答えなさい。

ア　東《ひむがし》の野にかぎろひの立つ見えてかへり見すれば月傾《かたぶ》きぬ　柿本人麻呂《かきのもとのひとまろ》

イ　花の色は移りにけりないたづらに　わが身世にふるながめせしまに　小野小町《をののこまち》

ウ　あしひきの山のしづくに妹《いも》待つと　我《あれ》立ち濡《ぬ》れぬ山のしづくに　大津皇子《おおつのみこ》

エ　見わたせば花も紅葉《もみぢ》もなかりけり浦《うら》の苫屋《とまや》の秋の夕暮れ　藤原定家《ふぢはらのさだいへ》

① □　② □

2 節分から立春へと続く季節感を詠んだ和歌として最も適切なものを次から選び、記号で答えなさい。

ア　山里は道もや見えずなりぬらん紅葉とともに雪の降りぬる

イ　梅の花くれなゐにほふ夕暮《ゆふぐれ》に柳なびきて春雨ぞふる

ウ　志賀《しが》の浦やよせてかへらぬ波の間に氷うちとけ春は来にけり

□

完成問題

1 次の和歌とその鑑賞文を読んで、あとの問いに答えなさい。（宮崎・改）

西行《さいぎょう》法師「新古今和歌集」より

心なき身にもあはれは知られけり鴫《しぎ》立つ沢の秋の夕暮れ

（ものの情趣など理解しない私のような者にも、このしみじみとした情趣は感じられることだ。鴫の飛び立った沢の秋の夕暮れの情景よ。）

〈鑑賞文〉印象に残った点は、夕暮れに鴫が飛び立つところで、鴫の飛び立つ姿で、羽ばたく力強さが強調されている点です。私はそこに秋の寂しさが凝縮されているように思いました。

(1) 次の文の、A には漢数字を答え、B には適切な言葉をあとから選び、この和歌の表現の工夫についてまとめなさい。

・読むリズムが A 句目で切れて、B を効果的に使うことで余韻を作り出している。

ア　掛詞《かけことば》　イ　序詞《じょことば》
ウ　体言止め　エ　係り結び

A □　B □

(2) ――線部は視覚でとらえているが、「聴覚」の点からこの和歌を解釈して、秋の寂しさにつながる内容になるように三十字以内でまとめて書きかえなさい。

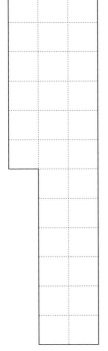

俳句の形式と決まり

基本チェック

1 俳句の形式や決まりについて説明した次の文の□にあてはまる言葉や数字を書き入れなさい。（数字は漢数字で書くこと。）

□(1) 俳句は、「□・□・□」の三句、十七音から成る。

□(2) 俳句には、自然や行事などの季節を表す言葉を入れるという決まりがある。そうした言葉を□□（季題）という。この語は、旧暦（昔の暦）に基づく。旧暦では、一〜三月が春、四〜六月が夏、七〜九月が秋、十〜十二月が冬である。

□(3) 俳句には、短歌と同様に途中で切れるところのあるものがある。その切れるところを□□□という。また、切れ目がないものを句切れなしという。

この、意味の切れるところで使われる語を□□□といい、主なものに「や・かな・けり・ぞ・よ」などがある。

基本ポイント

俳句の形式・決まりなど、基本的な知識を覚えておこう。

□ **①** **俳句の数え方……俳句は一句、二句と数える。**

□ **②** **形式……五・七・五の三句、十七音。**

短歌と同様に、定まった音数より多いものを字余りという。

□ **③** **季語……一句の俳句に一つ詠《よ》みこむのが原則。**

旧暦に基づくので、現代の季節感とは多少異なる。たとえば、「五月雨」は、文字どおり五月の雨のことなので、旧暦の季節では夏を表す。なお、季語を集めた本を「歳時記」という。

□ **④** **句切れ・切れ字……句切れは、俳句の中の意味の切れ目のこと。**

その箇所に切れ字があることが多い。切れ字は俳句の末尾にもくる。

（字余り）

初句　赤い椿《つばき》／二句　白い椿と／結句　落ちにけり　河東《かわひがし》碧梧桐《へきごとう》

椿＝季語＝春

けり＝切れ字

（平成28年度版　光村図書3年70ページ『俳句を味わう』より）

・初句や二句の途中で切れる場合を「中間切れ」、どこにも切れ目がない場合を「句切れなし」という。右の俳句は「句切れなし」。

□ **⑤** **無季自由律……季語を詠みこまず、五・七・五の形式にもそわない俳句を無季自由律という。**

基本チェックの答え

1 (1)（順に）五・七・五

(2) 季語　俳句の中には、季語が二つ詠まれているものもある。

(3)（順に）句切れ・切れ字　主な切れ字は覚えておこう。なお、切れ字は俳句特有の用語で、短歌にはない。

学習日　月　日（　曜日）

発展問題

1 次の俳句から季語を書き抜き、季節を漢字一字で書きなさい。 ③

① ゆさゆさと大枝ゆるる桜かな　村上鬼城《むらかみきじょう》

② 真つ白き障子の中に春を待つ　松本《まつもと》たかし

③ 雨がちに端午ちかづく父子かな　石田波郷《いしだはきょう》

④ 秋刀魚《さんま》焼く匂《にほひ》の底へ日は落ちぬ　加藤楸邨《かとうしゅうそん》

（平成18年度版　教育出版3年56・57ページ『近代の俳句』より）

	季語	季節
①		
②		
③		
④		

2 次の俳句からそれぞれ切れ字を書き抜きなさい。 ④

① 春風や闘志いだきて丘に立つ　高浜虚子《たかはまきょし》

② をりとりてはらりとおもきすすきかな　飯田蛇笏《いいだだこつ》

③ いくたびも雪の深さを尋ねけり　正岡子規《まさおかしき》

（平成18年度版　東京書籍3年10・11ページ『俳句を味わう』より）

①〔　　　〕　②〔　　　〕　③〔　　　〕

完成問題

1 「颱風《たいふう》のあとや日光正しくて」（山口誓子《やまぐちせいし》）と同じ季節を詠んだ俳句はどれか。次から一句選び、記号で答えなさい。（栃木）

A 雪とけて村一ぱいの子どもかな　小林一茶《こばやしいっさ》

B 野の露によごれし足を洗ひけり　杉山杉風《すぎやまさんぷう》

C 雷や猫かへり来る草の宿　村上鬼城

D 明け方にふりし霰《あられ》ぞ霜の上　鈴木花蓑《すずきはなみの》

□

2 「古池や蛙《かはづ》飛びこむ水の音」（松尾芭蕉《まつおばしょう》）の句を、俳句の決まりに従って一か所に間を置いて朗読するとき、どこで間を置くのが適切か。間を置く箇所の、直前の一字を書き抜いて答えなさい。（静岡）

□

3 「玉の如《ごと》き小春日和を授かりし」（松本たかし）の俳句の説明として適切でないものを一つ選び、記号で答えなさい。

ア 春を詠んでいる。

イ 字余りである。

ウ 比喩が用いられている。

□

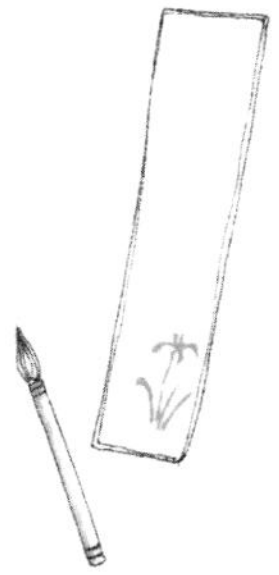

俳句の鑑賞

学習日　　月　　日（　　曜日）

基本チェック

1 次の俳句を読んで、あとの問いに答えなさい。

> 夏河を越すうれしさよ手に草履《ぞうり》　　与《よ》謝《さ》蕪《ぶ》村《そん》
>
> （平成18年度版　光村図書３年218ページ『俳句十六句』より）

□(1) どのような情景が詠《よ》まれているか。次の[A]には漢字一字の言葉を、[B]には四字の言葉を俳句中から書き抜いて答えなさい。

・作者が、[A]の川を、[B]を持ってはだしで歩いている情景。

A［　］

B［　　　　］

□(2) どのような心情が詠まれているか。次の[C]にあてはまる言葉を自分の言葉で書き、[D]にあてはまる言葉を俳句中から書き抜いて答えなさい。

・作者は、川の水の[C]感触の快さや解放感に、[D]を感じている。

C「　　」

D「　　」

基本ポイント

季語をまず第一の手がかりに、十七音の言葉から情景をとらえ、そこに込められた心情を想像しよう。

□① **季語に着目して情景を読み取る。**

俳句は音数が少ないため、感動した事柄・情景だけが詠まれ、それ以外は読者の想像に任される。

季語に着目して、その俳句の季節を知り、その季節感から、何のどのような様子が詠まれているのかという情景を想像する。

□② **切れ字に着目して、作者の感動や心情を読み取る。**

作者が何に感動しているのかを考え、心情をとらえる。「や・かな・けり・ぞ・よ」などの切れ字がついて示された言葉があれば、その言葉に作者の感動が込められていることが多い。

基本チェックの答え

1 (1) A **夏**　季語は「夏河」。夏の川（河）のこと。

B **手に草履**　意味上の言葉の順序としては、「手に草履」を持って「夏河を越す」であるが、単に川を越すという事実だけではなく、手に草履を持って、はだしで川を歩いたことを強調しているのである。作者が、手に草履を持ってはだしで川を渡る情景を想像しよう。

(2) C **例冷たい（ひんやりとした）**　暑い夏だからこそ、川の水の感触が心地よいのである。俳句中では「冷たい」「涼しい」といった言葉を一切使わずに、それを表現している。なお、「涼しさ」などの感覚は、夏の風情《ふぜい》を感じさせるものとして、しばしば俳句に取り上げられる。

D **うれしさ**　「うれしさ」は心情を直接表す言葉。また、この部分には、「よ」という切れ字が使われていることにも注意する。

発展問題●

1 松尾芭蕉《まつおばしょう》の俳句について学習したことを次のようにまとめた。これを読んで、あとの問いに答えなさい。（青森・改）

夏草や兵《つはもの》どもが夢の跡　　芭蕉

季語……A

句切れ……初句切れ

〈鑑賞文〉今、目の前には夏草が茂るばかりである。ここは、昔、藤原《ふじわら》三代や源《みなもとの》義経《よしつね》主従が栄華や功名を夢みた場所なのだが、その跡はただ草むらとなっている。勢いよく茂る夏草を B 。

(1) A にあてはまる言葉を、俳句中から書き抜いて答えなさい。❶

(2) B にあてはまる内容として最も適切なものを次から選び、記号で答えなさい。❷

ア 兵たちの戦い方と重ね、合戦の勇ましさにあこがれている。

イ 押し寄せる軍勢ととらえ、戦物語を懐《なつ》かしく思い出している。

ウ 古戦場の跡とは思えず、期待を裏切られてぼう然としている。

エ 滅んだ兵たちの夢と対比させ、人の世のはかなさを感じている。

完成問題●

1 ——線部「しづかなり」は何の様子を表しているか。あとから最も適切なものを選び、記号で答えなさい。（岩手・改）

大木の芽ぶかんとするしづかなり　　長谷川素逝《はせがわそせい》

〈鑑賞文〉季節は春です。俳句の季語は「芽ぶく」（「芽ぶか」は活用したもの）で、長かった冬も終わり、うららかに晴れた山や里には柔らかな日差しが降り注いでいます。作者は大木を目の前にして、見上げているのでしょうか。生新さとともに、落ち着いた雰囲気が伝わってくる作品です。

ア 青々とした若葉に覆われた大木の様子。

イ 内に大きな力を蓄えて立つ大木の様子。

ウ 自然の生気が感じられない周囲の様子。

エ 山里の寂しさを感じさせる周囲の様子。

2 「なんとなく前ぶれを感じ、今か今かと待っていると、あたりに鶯《うぐいす》の声が響いてきた。鶯の鳴く瞬間をとらえた句である。」という解説があてはまるのはどれか。次から選び、記号で答えなさい。（神奈川・改）

ア 鶯のけはひ興《おこ》りて鳴きにけり　　中村草田男《なかむらくさたお》

イ 鶯の声の大きく静かさよ　　高浜虚子《たかはまきょし》

ウ 眠り深き朝鶯をききもらす　　阿部《あべ》みどり女《じょ》

エ 電話鳴り鶯が鳴き立ちてゆく　　星野立子《ほしのたつこ》

話し方・聞き方

学習日　月　日（　曜日）

基本チェック

1 Aさんは学校新聞の取材としてインタビューを行うことになった。インタビューをする際に気をつけることとしてあてはまらないものを次から一つ選び、記号で答えなさい。

ア 話を聞くときは適度にあいづちを打つようにする。
イ 聞いたことを忘れないように、メモを活用する。
ウ 聞き取ったことはすべてメモに取るようにする。
エ 話すときは丁寧な言葉遣いを心がけるようにする。

基本ポイント

聞くとき・話すときの注意事項

① 人の話を聞くときは聞く姿勢を示すことが大事。
適度にあいづちを打つなど、相手の話がこちらに伝わっていることを示すことで、相手も話しやすくなる。

② メモを有効に活用する。
メモを取るときは、重要なポイントを書き留めるようにする。

③ 相手に伝わりやすい話し方、問いかけ方を心がける。
話す速さなどを工夫。質問は、あまり抽象的にならないように。

④ 場に応じた丁寧な言葉遣いを心がける。
改まった場で話すときや、目上の人と話すときは、敬語を使う。

基本チェックの答え

1 ウ　話をすべて書き留めるのは難しく、メモに集中しすぎることで、相手の話を聞こうとする姿勢もおろそかになる。

発展問題

1 次は、中学生の山口《やまぐち》さんが、友人の田中《たなか》さんの家に電話をしたときの様子である。読んで、あとの問いに答えなさい。

「もしもし、田中さんのお宅でしょうか。」

「はい、そうでございますが。」

「京子《きょうこ》さんはいますか。」

「まだ、帰ってきておりませんが、どちら様ですか。」

「山口といいます。」

「山口さんですね。では、帰って参りましたら、こちらからお電話するように伝えておきましょう。」

「よろしくお願いいたします。それでは失礼いたします。」

(1) ――線部に「京子さんはいますか。」とあるが、「いますか」の部分を適切な敬語に改めるとどうなるか。次から選び、記号で答えなさい。

ア おりますか　イ いらっしゃいますか

→④

(2) ――線部「京子さんはいますか。」の前に、山口さんは大事なことを伝え忘れている。山口さんは何を伝えるべきだったか。五字以内で書きなさい。

→③

完成問題●

1 次は、テニス部の部長をしている田中さんが、練習試合について鈴《すず》木《き》先生から聞いた連絡事項を部員に話したものである。読んで、あとの問いに答えなさい。（鳥取・改）

> 来週の日曜日に行われるテニス大会について連絡をします。場所は中央テニスコートです。列車で行くので、砂丘口駅に集合してください。切符は鈴木先生が準備してくださいます。服装は体操服で、持ち物は弁当と水筒とラケットです。その他、必要なものがあれば自分で判断して持ってきてください。
>
> 雨天中止の場合は、当日の朝七時から七時十五分の間に鈴木先生から連絡があります。連絡がない場合には、雨が降っていても必ず集合してください。もし、体調が悪いなど急に参加できなくなった場合は、山田《やまだ》先生が学校にいらっしゃるので、八時十分までに電話をしてください。
>
> では、今年最後の大会ですから、皆さんが悔いのないように力一杯がんばりましょう。もちろんあいさつやマナーも大切にしてください。連絡は以上ですが、何か質問はありませんか。

□(1) 田中さんは、鈴木先生から聞いた内容のうちで、重要なことについて伝えるのを忘れている。あなたが部員なら、田中さんにどのような質問をするか。簡潔に書きなさい。

［　　　　］

□(2) 田中さんは、部員に連絡事項を正確に伝えるために、どのようなことを心がけて話せばよいか。最も適切なものを次から選び、記号で答えなさい。

ア 部員が理解しやすいように、身振り手振りなどを交えながら、感情をこめて丁寧に話す。

イ 要点を整理し、わかりやすい構成や順序をよく考えて、部員の反応を確認しながら話す。

ウ 内容がよく伝わるように、自分の意見や考えも付け加えながら、できるだけ詳しく話す。

エ 連絡が簡潔でわかりやすくなるように、日時以外の内容はなるべく省略し、早口で話す。

［　　］

2 次は、先生と生徒の教室での会話の一部である。［　］にあてはまる言葉として最も適切なものをあとから選び、記号で答えなさい。（高知）

> 先生「家庭訪問に都合のよい日をお母さんに聞いてくれましたか。」
> 生徒「はい。［　］」
> 先生「わかりました。では、火曜日にしましょう。」

ア 火曜日に訪問してくださいと母がお言いになりました。

イ 火曜日においでくださいと母が申しました。

ウ 火曜日にうかがってくださいと母が言いました。

エ 火曜日に来てくださいと母がおっしゃいました。

□ ［　　］

紹介文を書く

基本チェック

1 Aさんは、自分たちのクラスを紹介する文章を書くことになった。次のⅠは、その際に作ったメモ、Ⅱはそのメモをもとにして書かれた実際の紹介文である。読んで、あとの問いに答えなさい。

Ⅰ

- ポイント……団結力
- 具体例………文化祭・体育祭（誰もが一生懸命。）
  定期テストの前（みんなで勉強を教え合う。）
- まとめ………お互いを思いやる気持ちを持っている。
  すばらしいクラス。

Ⅱ

私たち三年B組は、とても団結力のあるクラスだと思う。例えば文化祭や体育祭のときには、誰もがクラス全体のために一生懸命になって自分の役割に取り組んでいた。また、［a］には、クラスのあちこちで、勉強を教え合う光景が見られた。このように、三年B組は、誰もが［b］と思う。

□(1)［a］にあてはまる言葉を、Ⅰのメモから七字で書き抜きなさい。

□(2)［b］にあてはまる言葉を、メモの内容を参考にして三十字以内で書きなさい。

基本ポイント

紹介文では、紹介したいポイントを具体的な例を挙げながら書く。次のような手順で書くとよい。

□① 何を紹介するのか、どんな目的で紹介するのかを確認する。
□② 紹介したいポイントや、それに関連する具体的な事例を思い浮かべてメモに書き出す。
□③ メモに書き出したことを読み手にわかりやすいように並べ替えて文章に書く。
□④ 文章では、具体的な事例を書いたら、最後にそれに合ったまとめを書いて締めくくる。

基本チェックの答え

1 (1) 定期テストの前　［a］の部分は、紹介したい事柄の具体的な事例について書いた部分である。Ⅰのメモの「具体例」が書き出された部分から、［a］にあてはまる言葉を探せばよい。

(2) 例お互いを思いやる気持ちを持っているすばらしいクラスだ（26字）　文章の最後は、全体をまとめる文で締めくくるようにする。本文で取り上げた具体的な事例について、どうまとめれば全体がうまく収まるかを考えて書こう。ここではⅠのメモの「まとめ」の部分に書き出された言葉を用いて書くとよい。

発展問題●

1 日本語にはさまざまなことわざがある。あなたの知っていることわざのうち、特にあなたの気に入っているものを一つ選び、その言葉を紹介する文章を、次の①〜③の条件に従って書きなさい。 ❶〜❹

① 書き出しは、「私の好きなことわざに「○○」があります。」とする。
② あなた自身の体験や見聞を含めて書く。
③ 百五十字以上百八十字以内で書く。

私の好きなことわざに「

150

完成問題●

1 他の地方に住む中学生のために、あなたの住む都道府県を紹介する文章を書くことになった。次の①・②の条件に従って、紹介文を百五十字以上百八十字以内で書きなさい。（鹿児島・改）

① まず□に紹介するものを書く。紹介するものは、自然や風土、特産品、伝統行事、先人・偉人などの中から選ぶこと。
② 第一段落では紹介するものの説明を書き、第二段落では紹介するもののどういうところに魅力を感じているのかを書く。

150

48 書く
意見文を書く

基本チェック●

1 次のⅠ・Ⅱは、「制服はあったほうがよいか」というテーマについて、別々の立場から書かれた意見文である。読んであとの問いに答えなさい。

Ⅰ

私は必ずしも中学生に制服が必要だとは思わない。小学校の頃は制服がなかったのだから、中学生が制服を着なくても別に困ったことはないはずだ。それに皆が同じ格好をするというのは、一人一人の個性が奪われてしまうことにもつながると思う。

Ⅱ

もし制服がなかったら、毎日違う洋服を着ていかなければならない。そうすると、とても洋服代がかかってしまうことになる。それに、おしゃれのことばかりに気がいって、勉強に身が入らなくなってしまうかもしれない。だから、［　　］。

□(1) Ⅰの意見文はどのような構成で書かれているか。あてはまるものを次から選び、記号で答えなさい。

ア まず結論を述べ、そのあとでその根拠を示している。

イ まず根拠を述べて、そのあとで結論を導いている。

ウ まず結論を述べ、次に根拠を示し、最後に再び結論を述べている。

［　　］

□(2) Ⅱの［　　］にあてはまる内容を考えて書きなさい。

［　　　　　　　　］

基本ポイント●

意見文では、根拠をはっきりと示すことが大事である。次のような手順で書くとよい。

□① テーマについての自分の意見（結論）をはっきり決める。
特に「賛成か反対か」などはっきりとした結論が求められる場合は、どちらともとれるような曖昧な意見は避ける。

□② 意見がはっきりしたら、なぜ自分はそう考えるかという、根拠となることを考えて、メモに書き出してみる。
根拠をなるべく具体的に示すことで、意見文の説得力を増すことができる。

□③ 意見（結論）と根拠をどのような構成で書けばよいかを考える。
主な構成の仕方として、次のようなものがある。
a 結論→根拠　b 根拠→結論　c 結論→根拠→結論

□④ 設問条件や原稿用紙の使い方に注意して実際の文章にまとめる。

基本チェックの答え

1 (1) ア　「必ずしも中学生に制服が必要だとは思わない」と、テーマについての「意見」が最初に述べられている。「小学生には」以下の部分は、その意見を支える「根拠」である。

(2) 例私は中学生に制服はあったほうがよいと思う　空欄の前の部分に書かれた根拠から導かれる「意見（結論）」を書く。Ⅰが制服に否定的な立場であるのに対し、Ⅱはその逆の立場をとっている。

発展問題

1 次は「練習は質と量のどちらを重視すべきか」というテーマについて、ある中学生が書いた意見文である。これとは異なる立場に立って、意見文を百五十字程度で書きなさい。（福島・改）

➡ 1〜4

野球部に所属していたぼくは、毎日素振りを百回やると決めて実行していた。そのおかげで、試合のときには自信をもって打席に入ることができた。このように、多くの練習量を積むことは、その人の精神を鍛えることにもつながるのである。だから、ぼくは、練習は質よりも量を重視したほうがよいと思う。

150

完成問題

1 ハクチョウは日本に飛来する冬の渡り鳥として親しまれており、各地で餌を与える人々の姿が見られる。これについて、「腹をすかせているハクチョウのために餌を与えることは必要だ」という意見や、「野鳥であるハクチョウに人間が餌を与えるのは間違っている」という意見などがある。あなた自身は、ハクチョウに餌を与えることについてどう考えるか。二百字程度で書きなさい。（秋田・改）

200

感想文を書く

学習日　月　日（　曜日）

基本チェック

1 次のⅠは江戸時代の俳人小林一茶《こばやしいっさ》によって詠《よ》まれた俳句、Ⅱはこの俳句についてのある中学生の感想文である。それぞれを読んで、あとの問いに答えなさい。

Ⅰ
雪とけて村一ぱいの子どもかな　　小林一茶

Ⅱ
冬の間に降り積もっていた雪がとけて、家の中にいた子どもたちが村いっぱいに出て遊んでいる。そんな情景が詠まれている俳句だ。
私はこの俳句の情景を思い浮かべて、□。きっと作者も、私と同じような気持ちで、この俳句を詠んだのだと思う。

□(1) Ⅱの感想文はどのような構成で書かれているか。あてはまるものを次から選び、記号で答えなさい。

ア　まず俳句から読み取れる情景を書き、そのあとで自分の感想を述べている。
イ　まず俳句に対する自分の感想を述べ、そのあとで俳句から読み取れる情景を書いている。
ウ　俳句から読み取れる情景と、それについての自分の感想とを交互に並べて述べている。

[　　　]

□(2) Ⅱの□にあてはまる内容を考えて書きなさい。

[　　　　　　　　　　]

基本ポイント

感想文では、事実とそれに対する感想を関連づけて書くことが大事。

□ **1 感想の対象となる文章や詩歌《しいか》、写真などの資料が表している内容をしっかりと読み取り、その特色をとらえる。**
文章や詩歌、写真などから読み取れる事実や、気づいた特色などをメモに書き出してみるとよい。

□ **2 1でとらえた事実に着目して、対象から受けた印象や、それについての自分の感想などをメモに書き出してみる。**
感想文は意見文とは異なり、相手に自分の考えを納得させることを目的としているわけではないので、自分の感じたままのことを素直に書いてよい。

□ **3 資料からとらえた事実とそれに対する感想を関連づけながら、実際に文章にまとめる。**
事実と感想とを別々の段落にまとめると、内容がすっきりと伝わる文章になる。

基本チェックの答え

1 (1) ア　第一段落には俳句から読み取れる情景が書かれており、第二段落に、その情景から受けた書き手の感想が書かれている。
(2) 例子どもたちの元気な様子に、とてもうきうきした気持ちになった　第一段落に書かれた情景に対する自分の感想を書く。

発展問題

1　次の詩と写真から、あなたが感じたことや考えたことを、百八十字以内で書きなさい。（和歌山・改）

→ 1～3

子どもの目は
なんでも
お見通しだ
子どもの耳は
なんでも聞こえるぞ
子どもの頭は
どんなことでも
受けとめるぞ
子どもの心は
真っ白だ
どんな色にも
染まってしまうぞ

（篠木　眞　写真集『子どもは……』より）

完成問題

1　次の短歌を読んで、あなたが感じたことや考えたことを、自分の体験（見聞）を含めて二百字程度で書きなさい。（石川・改）

なんでもない会話なんでもない笑顔なんでもないからふるさとが好き

（俵　万智『サラダ記念日』より）

200

学習日 月 日（ 曜日） 得点 点

1 次の文章を読んで、あとの問いに答えなさい。（沖縄・改） 各5点

コミュニケーションという言葉は、現代日本にあふれている。コミュニケーション力が重要だという認識は、とみに高まっている。プライベートな人間関係でも仕事でも、コミュニケーション力の欠如からトラブルを招くことが多い。仕事に就く力として第一にあげられるのも、コミュニケーション力である。

では、コミュニケーションとは何か。それは、端的に言って、意味や感情をやりとりする行為である。一方通行で情報が流れるだけでは、コミュニケーションとは呼ばない。テレビのニュースを見ている行為をコミュニケーションとは言わないだろう。やりとりする相互性があるからこそコミュニケーションといえる。

やりとりするのは、主に意味と感情だ。情報伝達＝コミュニケーション、というわけではない。情報を伝達するだけではなく、感情を伝え合い分かち合うこともまたコミュニケーションの重要な役割である。何かトラブルが起きたときに、「コミュニケーションを事前に十分とるべきであった」という言葉がよく使われる。一つには、細やかな状況説明をし、前提となる事柄について共通認識をたくさんつくっておくべきであったという意味である。もう一つは、①情報のやりとりだけではなく、感情的にも共感できる部分を増やし、少々の行き違いがあってもそれを修復できるだけの信頼関係をコミュニケーションによって築いておくべきであった、ということである。

意味と感情―この二つの要素をつかまえておけば、コミュニケーションの中心を外すことはない。情報という言葉は、感情の次元をあまり含んでいない言葉だ。情報伝達としてのみコミュニケーションを捉えると、肝心の感情理解がおろそかになる。人と人との関係を心地よく濃密にしていくことが、コミュニケーションの大きなねらいの一つだ。したがって感情をお互いに理解することを抜きにすると、トラブルのもとになる。

コミュニケーションの日本的な形態として、和歌のやりとりがある。五・七・五・七・七の型の中に、あふれる感情を込める。すべてを言い切るわけではない。言葉の象徴性をフル活用する。受け取った相手も、言葉の意味するところを深く読み込む。その読み取りの力が、そのまま恋愛力にもなっていた。恋する相手に歌を贈る。その歌の意味を理解した受け手が、また歌を返す。この和歌のやりとりによる感情の響き合いは、日本が世界に誇るべきコミュニケーションの型であった。

『万葉集』の有名な歌のやりとりを見てみよう。

A　あしひきの山のしづくに妹《いも》待つとわれ立ち濡《ぬ》れぬ山のしづくに　（大津皇子《おおつのみこ》）

【歌意　山の水のしたたりで、君を一人待ち続けて私は濡れて冷たくなってしまったよ。山の水のしたたりで。】

B　吾《あ》を待つと君が濡れけむあしひきの山のしづくに成らましものを　（石川郎女《いしかわのいらつめ》）

【歌意　私を待ってあなたがしっとりとお濡れになったという山の水のしたたりに、私もなりたいものです。】

ここではっきりしているのは、思いを言葉に「託す」というやり方だ。言葉に込められたエネルギーを読み手は感じ取る。②相手の歌の中の言葉を、自分の歌にアレンジして組み込む。相手の使ったキーワードを用いて話す、という技が③和歌のやりとりでは基本技として駆使されている。思いを込めて使った言葉を相手がしっかり受け取り、使って返してくれる。そのことで心がつながり合う。ただそのままの形で返すわけではない。意味を少しずらして別の文脈に発展させて使う。そうすることによって二人の間に文脈の糸がつながる。

（齋藤孝『コミュニケーション力』より。一部改変。和歌A・Bの歌意は作問者で作成。）

□(1)　――線①「情報のやりとり」の具体例として最も適切なものを次から選び、記号で答えなさい。

ア　新聞記事やテレビのニュースで、情報を受け取る。
イ　一日の出来事を日記に書き、後日振り返れるようにする。
ウ　学級委員全員で学園祭の仕事の内容を何度も確認し合う。
エ　じっくり考えて書いたラブレターを恋人に送る。

□(2)　――線②「相手の使ったキーワードを用いて話す」とあるが、キーワードとして最も適切な言葉をA・Bの和歌から五字で抜き出しなさい。

□(3)　A・Bの和歌に込められたそれぞれの感情（思い）の組み合わせとして最も適切なものを次から選び、記号で答えなさい。

ア　A　別れはつらい　　B　おわびを伝えたい
イ　A　もう会いたくない　　B　便りを待っていた
ウ　A　待ち疲れた　　B　私も待っていた
エ　A　会えなくて寂しい　　B　側《そば》にいたかった

□(4)　――線③「和歌のやりとり」は、全体の中でどのような働きをしているか。最も適切なものを次から選び、記号で答えなさい。

ア　感情を伝え合う大切さを、抽象的な言葉で説明する働き。
イ　信頼関係を作ることの難しさを、客観的に説明する働き。
ウ　相互性のあるやりとりを、具体的に説明する働き。
エ　効果的な情報の伝え方を、論理的に説明する働き。

□(5)　この文章における筆者の考えを次のように整理するとき、□にあてはまる内容を、文章中の語句を用いて「～を…」の形で、五字で答えなさい。

コミュニケーション力とは、言葉を伝える力と意味を受け止める力であるが、それだけでなく、□し合う力が重要である。

2 次の古文を読んで、あとの問いに答えなさい。（富山・改）各5点

実否《じつぷ》（事実かどうか）を知らざれども、*故持明院《こぢみやうゐん》の中納言《ちゆうなごん》入道、或《ある》時、秘蔵の太刀を盗まれたりけるに、*侍《さぶらひ》の中に犯人ありけるを、余《よ》（他の）の侍沙汰し（調べ出して）出《いだ》して、①参らせたりしに（お持ちしたところ）、入道の云《い》はく、「これは、我が太刀にあらず。僻事《ひがごと》（間違い）なり」とて、②返したり。決定《けつぢやう》（まさしく）、その太刀なれども、侍の恥辱を思うて返されたりと、人皆、これを知りけれども、その時は無為《ぶゐ》にて過《すぎ》し（何事もなく済んだ）。③ゆゑに、子孫も繁昌《はんじやう》せり（栄えているのである）。④俗（俗世間の人）なほ、心あるは、かくの如《ごと》し（このようである）。況《いは》んや（ましてや）、出家人（出家した人）は、必ず、この心あるべし。

（古典文学解釈講座『正法眼蔵隋問記《しやうぼうげんざうずいもんき》』より）

*故持明院の中納言入道……一条基家のことであり、入道はここでは僧の姿でありながらも世俗的生活を行っている人。
*侍……貴人の家に仕える従者。ここでは中納言入道に仕える者。

□(1) ——線①「参らせたりしに」の主語にあたるものを次から選び、記号で答えなさい。

ア 入道　イ 太刀　ウ 犯人　エ 余の侍

□

□(2) ——線②「返したり」とあるが、人々はなぜ中納言入道が太刀を返したと考えたのか。最も適切なものを次から選び、記号で答えなさい。

ア 犯人の侍に恥をかかせたくなかったから。
イ 見たところ自分のものではなかったから。
ウ 侍に盗まれたことが恥ずかしかったから。
エ 本物かどうか見分けがつかなかったから。

□

□(3) ——線③「ゆゑに」を現代仮名遣いに改めて、ひらがなで答えなさい。

〔　　　〕

□(4) ——線④「俗」と対比されている言葉を文章中から書き抜きなさい。

〔　　　〕

□(5) この文章の趣旨に合うことわざとして、最も適切なものを次から選び、記号で答えなさい。

ア 論より証拠　イ 知らぬが仏
ウ 急がば回れ　エ うそも方便

□

3 次の各問いに答えなさい。

(1) 次の——線①〜④の漢字の読みを書きなさい。また、⑤・⑥のカタカナを漢字に直して書きなさい。（栃木・改）各3点

□① ゆるやかな傾斜。（　　　）
□② 厳かな雰囲気。（　　　）
□③ 人数を把握する。（　　　）
□④ 英文を和訳する。（　　　）

□⑤ うさぎをシイクする。（　　　）　□⑥ 会場のケイビをする。（　　　）

□(2)「未来」と同じ組み立ての熟語を次から選び、記号で答えなさい。（岐阜・改）4点

ア 起伏　イ 佳作　ウ 非常　エ 打撃

□

□(3) 次の――線部には、同じ品詞のものがある。どれとどれか。記号で答えなさい。（静岡・改）4点

ア 大いなる野望　イ 面白くない　ウ 日陰になる

エ 書きやすい漢字　オ わざわざ出かける

□ と □

□(4) 次の――線部の活用形を答えなさい。（香川・改）4点

・彼にたのめばやってくれるだろう。

〔　　　形〕

□(5)「伝えられた」を単語に区切ったものとして正しいものを次から選び、記号で答えなさい。（長崎・改）4点

ア 伝え｜られた　イ 伝え｜ら｜れた

ウ 伝え｜られ｜た　エ 伝えら｜れ｜た

□

4 次の［　］の中から、あなたが仕事をするうえで最も大切だと思うものを一つ選び、あなたの考えをあとの条件にしたがって書きなさい。（三重・改）16点

・協調性　・責任感　・積極性

〔条件〕①何が最も大切だと思うかを最初に示し、そのあとに選んだ理由がわかるように書くこと。

②あなたの考えが的確に伝わるように書くこと。

③百六十字以上二百字以内で書くこと。

④原稿用紙の書き方にしたがって書くこと。

□

160

200

高校入試基礎問題

模擬テスト 2

学習日 月 日（ 曜日）

得点 点

1 次の文章を読んで、あとの問いに答えなさい。（栃木・改）

> ひさしは、早朝に人目を避けて家から出かけていく母親に気付き、ひそかにそのあとをつけるが、母親を見失ってしまいそうになる。

明け方の世界にひとり見放されて、何もかも滅茶滅茶《めちゃめちゃ》になってゆきそうなのがたまらなくなり、自分でもおぼえず母親を呼んだ時には、心にもあらず涙声になっていた。

「①どうしたの！」

という母親の声は、やさしくは響かなかった。むしろ叱りつけられたようにひさしには感じられた。

母親のおどろきがあまりにも強くて、叱りつける声ででもなければ鎮《しず》まらない程のものだということを理解するには、ひさしはまだ幼な過ぎた。しかし、子供が、寒い朝、しかも学校へ行く前にこんな所まで出て来てはいけないと畑の中で白い息を吐き続ける母親に、ひさしは少しも靡《なび》かなかった。

ひさしの態度に母親は諦めたのか、自分のショールをとって、ひさしに*頬被《ほおかぶ》りさせると、ひさしの肩を抱えるようにして歩き出した。それから、行き先はお地蔵様のお堂で、それは父親の病気が一日も早く癒《いえ》るように、もう何日も前から続けている*お百度参りのためであることなどを、順々に話して聞かせた。

A

ひさしはその時になって、この頃母親が肉も魚も食べなくなっていたのは、*願かけのためだったということも初めて知らされた。これはお母さんがすればよいので、ひさしが真似《まね》をするのはよくないとも母親は言った。

畑を通り抜けた所に、その地蔵堂はあった。民家が寄り合っている場所なので、気をつけていないと素通りしかねない入口である。ひさしには、境内に入ってからの広さが意外であった。

B

母親は、お堂の縁側にひさしを坐《すわ》らせると、今度は自分が脱いだコートをまた頭から被らせて、からだに巻きつけてやった。

「達磨《だるま》さんになって、待っておいで。」

そう言い置いてひさしの前を離れた。馴《な》れた足どりで境内の一隅に行くと、草履《ぞうり》を脱いだ。白い足袋《たび》をとってその上に置いた。

何が祀《まつ》ってあるのかはひさしには分《わか》らないのだが、かなり大きな石像の前に跪《ひざまず》いて一礼した母親は、それから何ごとかを唱えながら、決まっているらしい石の道を一《ひ》と廻《めぐ》りした。一礼するとまた唱えごとをしては一と廻りする。

C

ひさしは初めのうち、一回、二回と数えていたが、そうして待つのは母親に対しても、また、母親が願いごとをしている何かに対しても悪いような気がしてきて、途中でやめた。母親の唱える声は、気のせいかしだいに強くなり、石の上を廻る速度も少しずつ早くなっていくように見える。ひさしは、母親の足の裏から、血が出ていはしないかと心配であった。

自分の起きる前に、母親は②毎朝こうしていたのだと思うと、自分には分からないところで生きている時間の母親は他家《たけ》の人のような気もするのであるが、いちばん気味悪いのは、母親をそうさせてしまう何かで、その何だか知れないものに、母親が逆らうことも出来ずに連れ出されて行く妬ましさとさびしさは、ひさしにはちょっと類のないものであった。

D

明け方の世界にひとり見放されたかという、来る時の心細さは、帰り道ではほとんどなくなっていた。しかし、家の者がまだ寝ているうちに家を抜け出して、他家の人のようになってお百度参りをする母親を目にしたひさしは、③もう、それを知らないうちのひさしに戻るわけにはいかなかった。これはひさし自身にも、どうにもならないことであった。

（竹西寛子『虚無僧《こむそう》』より）

＊頬被り……頬を隠すように頭から布などを被ること。
＊お百度参り……願いがかなうように、神社などで決まった場所を百回往復して拝むこと。
＊願かけ……自分の願いの実現を神仏に頼むこと。

□(1) ——線①「どうしたの！」と言ったときの母親の様子として最も適切なものを次から選び、記号で答えなさい。（8点）

ア　涙を流し自分を呼ぶひさしの声を聞き悲しみ嘆いている。
イ　ついて来ないという約束を破ったひさしに困惑している。
ウ　家にいるはずのひさしが目の前にいて気が動転している。
エ　楽しみの時間を邪魔されたことに気付き悔しがっている。

□(2) 次の一文は、文章中のA～Dのうち、大きく場面が転換する位置に入る。適切な位置を記号で答えなさい。（8点）

「短いような、長いような時間が過ぎた。」

□(3) ——線②「毎朝こうしていた」とあるが、ひさしは母親がどうしていたことを知ったのか。二十字以内で書きなさい。（10点）

□(4) ——線③「もう、それを知らないうちのひさしに戻るわけにはいかなかった」とあるが、この変化は何を表しているか。最も適切なものを次から選び、記号で答えなさい。（10点）

ア　母親に対するひさしの反抗　　イ　ひさしの成長
ウ　母親に対するひさしの同情　　エ　ひさしの甘え

□(5) この文章の表現上の特徴として最も適切なものを次から選び、記号で答えなさい。（8点）

ア　母親とひさしそれぞれの視点から場面を描くことで、父親への思いを対比的に表現している。
イ　母親の行動を丁寧に描写することで、母親のひさしや夫に対する思いを間接的に表現している。
ウ　過去の場面にのみ会話文を使用することで、かつての母親とひさしの心の交流を表現している。
エ　隠喩表現を効果的に用いることで、母親とひさしに対する父親の心情を象徴的に表現している。

2 次の文章を読んで、あとの問いに答えなさい。（岐阜・改）

*宋人《そうひと》に玉*を得たる者有り。（宝石を手に入れた）諸《これ》を司城*《しじやう》子罕*《しかん》に献《けん》ず。（司城の子罕に献上した）

①子罕受けず。（受け取らなかった）玉を献ずる者曰《いは》く、

「②以示玉人*、玉人以つて宝と為《な》す。（これを宝石を磨く職人に見せたところ 宝石と認めました）

故に敢《あ》へて之《これ》を献ず。」と。（だから思い切って）子罕曰く、

「我は貪《むさぼ》らざるを以つて宝と為す。（私は欲張らないことを宝としている）爾《なんぢ》は玉を以つて（あなたは宝石を宝としている）

宝と為す。若《も》し我に与ふれば、皆宝を喪《うしな》ふなり。（もしそれを私にくれたら、どちらも宝を失うことになる）人ごとに（人それぞれが）

其《そ》の宝を有《たも》つに若《し》かず。」と。（持っているのに越したことはない）

故に宋国の長者*《ちやうじや》曰く、「③子罕は玉を無《な》みするに非《あら》ざるなり。（子罕は宝を無視しているわけではない）

宝とする所の者異なるなり。」と。（宝とするものが他の人と異なっているのだ）（『新序』より）

*宋人……宋の国の人。　*玉……宝石の総称。　*司城……古代中国の役職名。
*子罕……人名。　*玉人……宝石を磨く職人。　*長者……老人。

(1) ——線①「子罕受けず」とあるが、その理由を宋人はどのように考えたか。最も適切なものを次から選び、記号で答えなさい。　7点

ア 子罕が献上された宝石は偽物ではないかと疑っている。
イ 子罕が賄賂を受け取ることで罰せられることを恐れている。
ウ 子罕が喜びのあまり動くことができなくなっている。
エ 子罕がさらに宝石が献上されることを期待している。

(2) ——線②「以示玉人」は、「以つて玉人に示すに」と読む。このように読むことができるように、返り点と送り仮名をつけたものとして正しいものを次から選び、記号で答えなさい。　7点

ア 以ツテレ示スニ玉人ニ　　イ 以ツテレ示スニレ玉人ニ
ウ 以ツテ二示スニ玉人ニ一　　エ 以ツテ示スニ二玉人ニ一

(3) ——線③「子罕は玉を無みするに非ざるなり」とあるが、次の文は、子罕についての宋国の長者の考えをまとめたものである。A・Bに入る適切な言葉を、それぞれ現代語で、Aは二字、Bは五字で書きなさい。　各7点

・子罕は［A］を宝として大切にするのではなく、必要以上に［B］生き方を大切にしている。

A
B

3 次の各問いに答えなさい。

(1) 次の——線部のカタカナを漢字に直したとき、「説」と部首が同じものはどれか。一つ選びなさい。（大阪・改）　各4点

ア 沖縄ショ島の地図　　イ セイ密な機械
ウ 経済指ヒョウの発表　　エ 人権の保ショウ

(2) 次の（　）に入れる敬語表現として、誤っているものをあとから選び、記号で答えなさい。（大阪・改）

・先生もこの店をよく（　）のですか。

ア　ご利用する　イ　ご利用になる
ウ　利用なさる　エ　利用される

(3)　次の文の中で、正しく文節に分けられているものを一つ選び、記号で答えなさい。（三重・改）

ア　あきれたように｜わたしのことを｜みていた。
イ　あきれたように｜わたしの｜ことを｜みて｜いた。
ウ　あきれた｜ように｜わたしの｜ことを｜みていた。
エ　あきれた｜ように｜わたしの｜ことを｜みて｜いた。

(4)　次の――線部の活用の種類と活用形の組み合わせとして最も適切なものをあとから選び、記号で答えなさい。（三重・改）

・詳しい内容を紹介することは避けます。

ア　上一段活用 ―― 未然形
イ　上一段活用 ―― 連用形
ウ　下一段活用 ―― 未然形
エ　下一段活用 ―― 連用形

4　次の資料は、全国の中学三年生を対象に行った調査の中の、友達との話し合いについての質問と、その質問に対する回答結果をグラフで表したものである。この資料を見て気づいたことと、そのことについてのあなたの考えや意見を、次の条件にしたがって書きなさい。（福島・改）12点

〔条件〕①二段落構成とし、前段には資料を見て気づいたことを、後段には、それについてのあなたの考えや意見を書くこと。
②百五十字以上二百字以内で書くこと。
③原稿用紙の書き方にしたがって書くこと。

[質問]次のことは、あなたにどれくらい当てはまりますか。
Ⅰ「友達と話し合うとき、友達の話や意見を最後まで聞くことができる。」
Ⅱ「友達と話し合うとき、友達の考えを受け止めて、自分の考えを持つことができる。」
Ⅲ「友達の前で、自分の考えや意見を発表することは得意だ。」

回答結果（無回答などがあるため、合計値は100％とならない）

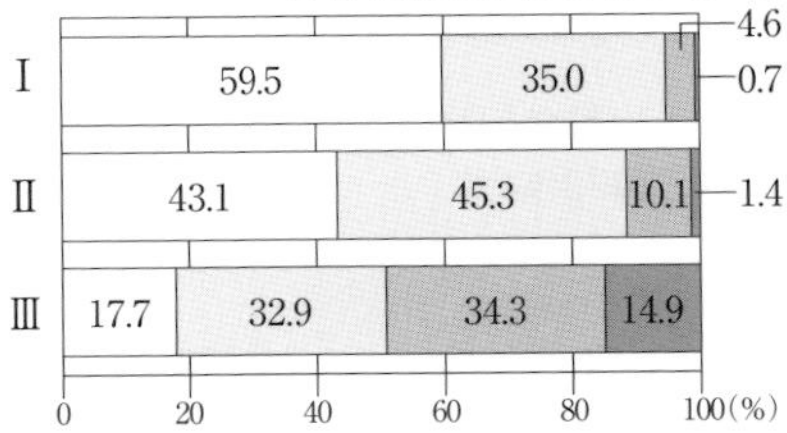

□当てはまる
□どちらかといえば、当てはまる
□どちらかといえば、当てはまらない
■当てはまらない

（文部科学省国立教育政策研究所「平成29年度全国学力・学習状況調査」より作成）

200
150

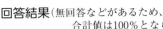

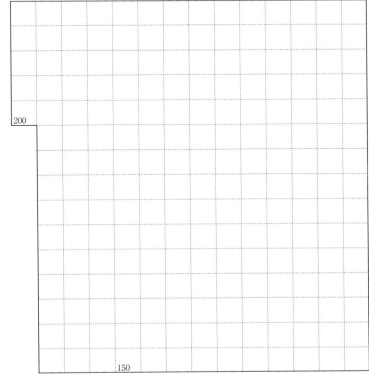

高校入試対策総復習
これ1冊で
しっかりやり直せる
中学国語

2021年6月　第1版第1刷発行
2022年6月　第1版第2刷発行

発行人　志村直人
発行所　株式会社くもん出版
〒141-8488
東京都品川区東五反田2-10-2
東五反田スクエア11F
電話　代表 03(6836)0301
編集 03(6836)0317
営業 03(6836)0305
印刷・製本　大日本印刷株式会社

カバーイラスト　山内庸資
カバーデザイン　南 彩乃（細山田デザイン事務所）
本文デザイン　細山田デザイン事務所・藤原 勝
本文イラスト　大西由美子
編集協力　株式会社エイティエイト

ISBN978-4-7743-3224-6

CD57536

くもん出版ホームページ　https://www.kumonshuppan.com/
＊本書は『くもんの高校入試国語　完全攻略トレーニング①　中学国語の総復習』を改題し，新しい内容を加えて編集しました。

覚えておきたい四字熟語

悪戦苦闘《あくせんくとう》　困難に対して必死に努力すること。

暗中模索《あんちゅうもさく》　手がかりのないまま、あれこれとやってみること。

意気消沈《いきしょうちん》　元気をなくしてしょげること。

異口同音《いくどうおん》　多くの人が口をそろえて同じことを言うこと。

以心伝心《いしんでんしん》　言葉に出さなくても心が通じ合うこと。

一意専心《いちいせんしん》　他に心を向けず、あるひとつのことだけに集中すること。

一日千秋《いちじつせんしゅう》　非常に待ち遠しく感じること。

一網打尽《いちもうだじん》　悪い仲間や敵などを一度にすべて捕らえること。

一挙両得《いっきょりょうとく》　一つのことをして、同時に二つの利益を得ること。

栄枯盛衰《えいこせいすい》　栄えることと、衰えること。

危機一髪《ききいっぱつ》　ひとつ間違えれば、重大な危険なことになるという状態。

起死回生《きしかいせい》　まったく望みがない状態などを立ち直らせること。

空前絶後《くうぜんぜつご》　今までにもこれからも例がないほど珍しいこと。

五里霧中《ごりむちゅう》　心が迷い、どうすればよいかわからないこと。

言語道断《ごんごどうだん》　言葉で言い表せないほどひどい様子。

山紫水明《さんしすいめい》　山や川などの景色が美しい様子。

自画自賛《じがじさん》　自分で自分をほめること。

四苦八苦《しくはっく》　非常に悩み、苦労すること。

自業自得《じごうじとく》　自分の行いの報いが自分自身に悪く返ってくること。

首尾一貫《しゅびいっかん》　初めから終わりまで、考え方や行いの筋が通っていること。

心機一転《しんきいってん》　あることをきっかけに、心の持ち方がすっかり変わること。

針小棒大《しんしょうぼうだい》　物事をおおげさに言うこと。

絶体絶命《ぜったいぜつめい》　どうすることもできないほど困難な立場にあること。

千差万別《せんさばんべつ》　多くの物にはそれぞれに違いがあるということ。

前代未聞《ぜんだいみもん》　これまでに一度も聞いたことのないほど珍しいこと。

大同小異《だいどうしょうい》　少しの違いはあるが、だいたいは同じであること。

単刀直入《たんとうちょくにゅう》　前置きなく、すぐ話の中心に入ること。

適材適所《てきざいてきしょ》　人を、能力や才能に適した地位や仕事につけること。

徹頭徹尾《てっとうてつび》　初めから終わりまで（、方針や考え方を変えないこと）。

東奔西走《とうほんせいそう》　ある仕事や目的のために、あちこち忙しく走り回ること。

半信半疑《はんしんはんぎ》　全面的には信じきれないこと。

付和雷同《ふわらいどう》　自分の考えがなく、すぐに人の意見に同調すること。

本末転倒《ほんまつてんとう》　重要なことと重要でないことを取り違えること。

無我夢中《むがむちゅう》　我を忘れるほど、あることに熱中すること。

有名無実《ゆうめいむじつ》　名ばかりで実質が伴わないこと。

高校入試対策総復習

これ1冊で

しっかりやり直せる

中学国語

別冊解答書

答えと考え方

正答（もしくは模範解答例）として示している部分で（　）に入っている部分は，
そこを含んでいてもいなくても正答としてよいという許容範囲を示しています。

くもん出版

1 漢字の読み書き

発展問題 P5

1 (1) なめ (2) すべ (3) あらわ (4) いちじる

2 (1) (順に) 適・滴・敵・摘 (2) (順に) 粗・祖・租・阻 (3) 測 (4) 図 (5) 納 (6) 修 (7) 収 (8) 治

3 (1) ゆくえ (2) かわせ (3) いなか (4) ここち

1 送りがなに着目して読み方を考える。 (3) 「著す」は、書物を書き記すという意味。

2 形の似た同音異字や、同訓異字には注意が必要である。**同訓異字は、その漢字を用いた二字熟語を考えることで、区別がしやすくなる。**「オサめる」の場合なら、「納税」「修業」「収穫」「政治」などの熟語を考えると、書き分けのヒントとなる。

3 熟字訓は、一語一語をしっかりと覚えていくしかない。「梅雨（つゆ）」「白髪（しらが）」などのように、通常の読み（ばいう・はくはつ）も可能なものは、**文脈に沿ったふさわしい読み方を選ぶ**必要がある。

完成問題 P5

1 (1) かん (2) なご (3) こうたく (4) 営 (5) 枚挙 (6) 簡潔

2 ア 3 エ

1 (2) 「和」には、「なご（む）」の他に、「やわ（らぐ）」という訓読みもある。**複数の訓読みがある漢字は、送りがなに着目**してその文に合った読み方を考える。

2 「織イ」の「イ」は、「維」。アは「維持」、イは「偉大」、ウは「違反」、エは「遺産」。

3 「キョウイ」には、「脅威」「強意」「胸囲」「驚異」などの同音異義語がある。「異」と熟語を作る漢字は、「驚」。

2 漢字の知識

発展問題 P7

1 信 2 (1) ウ (2) ア 3 (1) エ (2) ウ

4 (1) 四 (2) 五

1 「信」は、「人」＋「言」の会意文字で、一度言ったことを通す人の行為を表す。他の漢字は、すべて象形文字。

2 (1) **「腹」の部首は「にくづき」。「つきへん」ではない。**「にくづき」は、「肉」をもとにした部首で、人間の体の部分や、肉に関係する漢字に用いられる。

(2) **「あなかんむり」は「うかんむり」と間違えやすい**ので注意。

3 (1) ア、イ、ウ、オは五画、エは四画。 (2) ア、イ、エ、オは七画、ウは六画。イ「阝」の部分は、二画ではなく、三画。ウ「朽」の右部分は二画で書く。

4 (1) 「馬」の筆順は、「丨→𠂆→𠂇→⺱→馬」。縦画を書いてから、横画を書く。 (2) 「抜」の筆順は、「一→亅→扌→扌→抜→抜」。「友」の部分は、横画を書いてから、左払い。

完成問題 P7

1 イ 2 Ⅰ やまいだれ Ⅱ 十二 3 イ

1 アは**形声文字**、ウ、エは**象形文字**。イ「初」は**会意文字**。「衣を作るはじめに、布を裁ち切る」意味を表している。

2 「痛」の部首は、「疒」（やまいだれ）。似た形の部首「广」（まだれ）と間違えないこと。

3 「雑」の筆順は、「九→九→杂→剎→剎→剎→剎→雑」となる。

3 熟語の知識

発展問題 P9

1 (1) エ (2) ウ (3) ア
2 (1) 巻→貫 (2) 特→得
3 (1) 好転 (2) 湿潤 (3) 親善 (4) 手段

1 (1)「尽力」は「力を尽くす」だから、下の字が上の字の目的・対象になっている熟語。(2)「貯」も「蓄」も「ためる」という意味。(3)「判断力」は、「判断」する「力」ということ。二字＋一字に分解できるのは、ア。

2 (1) ここでの「いっかん」は、「初めから終わりまで貫かれている」という意味。(2)「自らの業（悪いことの報い）を、自ら得る」という意味。

3 (1)「悪くなる」の反対は「良くなる」。この意味にあてはまるのは「好転」。(2)「乾く」の反対は「潤う」。この意味にあてはまるのは「湿潤」。(3)「友好」とは、「仲良くする」ということ。(4)「段」という漢字には、「やり方」という意味がある。

完成問題 P9

1 ウ 2 ア 3 絶体絶命 4 先（天的）

1 「輩」は、「仲間」の意。「先輩」とは、「先に入った仲間」という意味だから、上の字が下の字を修飾している熟語である。これと同じ組み立てなのは、**ウ**「商船」（商いの船）。

2 「均」「等」ともに、「ひとしい」という意味。似た意味の漢字を重ねた熟語は、**ア**「温暖」（温かい＝暖かい）。

3 ここでは「追いつめられた状態に置かれている」という意味の四字熟語がふさわしい。**「絶体絶命」は、書き間違いの多い四字熟語。**「絶対」ではないので注意。

4 「後天的」とは、「生まれた後に備わる様子」のこと。これと反対の意味をもつ言葉は「先天的」。「生まれつき備わっている様子」を表す。

4 書写（行書・楷書）

発展問題 P11

1 ウ・エ
2 (1) 八（画） (2) 十（画） (3) 十三（画） (4) 十（画）
3 (1) イ (2) ウ (3) ア

1 **楷書とは、はね・はらい・とめで一つの画を終え、それぞれの画を連続させたり点画をくずして書いたりしない字体のこと。**漢字によっては、行書と楷書であまり形の変わらない部分もあるので、細部までよく見ること。

2 (1)は「木」の部分、(2)は「走」の部分、(3)は「礻」の部分、(4)は「米」の部分の省略に注意。

3 (1)は、「さんずい」を正しくくずしたものを選ぶ。**ア**は「情」、**ウ**は「精」の行書。(2)**ア**は「護」、**イ**は「穫」の行書。**イ**は「のぎへん」である。(3)**イ**は「録」、**ウ**は「縁」の行書。

完成問題 P11

1 （点画が省略された漢字）ア・（総画数）十二（画） 2 ウ

1 アは、「のぎへん」の五画目が省略されている。

2 「程」は十二画。楷書で書くと、**ア**は「夢」、**イ**は「想」、**ウ**は「雲」、**エ**は「愛」。総画数は、**ア・イ・エ**は十三画、**ウ**のみ十二画。したがって、正解は**ウ**。

5 言葉の意味と使い方

発展問題 P13

1 イ　2 (1) ア　(2) ウ　3 (1) ア　(2) エ

1 **文脈をしっかりとらえて、意味を考えること。**「人の上に立つ」は、「足を伸ばしてある場所に立つ」という意味ではなく、「重要な役目に自分の身を置く」という意味。これと同じ意味で用いられているのは、イ。

2 (1) 「にわか」は、「物事が突然起こる様子」のこと。　(2) 「おしなべて」は、「いちように・概して」という意味。

3 (1) 「鼻をあかす」とは、「人を出し抜き、あっと言わせる」という意味。
(2) 「板につく」は、「経験を積むことで、動作や様子が、その地位や職業などにしっくりと合う」という意味。

完成問題 P13

1 ア　2 ウ　3 Ⅰ足　Ⅱ目

1 「明るい」は**多義語**。「光が十分にある」「朗らかで陽気だ」などの意味もあるが、ここでは、「その方面によく通じている」という意味。

2 「なおのこと」は、「なお」をさらに強めた言葉。「なおさら・さらに・よりいっそう」という意味。

3 **体の一部を使った慣用句は数が多い。**文脈をしっかり読み取り、適切な語を考えること。「足を引っ張る」は、「仲間の成功や前進などをじゃまする」という意味。「目にもの見せる」とは、「ひどい目にあわせて思い知らせる」という意味。

6 敬語の種類

発展問題 P15

1 (1) 〈順に〉召しあがる・いただく　(2) 〈順に〉おっしゃる・申す〔申しあげる〕　(3) 〈順に〉いらっしゃる・まいる

2 (1) です　(2) 存じ〔存じあげ〕　(3) お支払いになる　(4) うかがい〔まいり〕

1 尊敬表現、謙譲表現は、それぞれ一対ずつ合わせて覚えておくとよい。ここで挙げたもののほか、「**する→〈尊敬〉なさる（あそばす）・〈謙譲〉いたす**」「**行く→〈尊敬〉いらっしゃる・〈謙譲〉うかがう（まいる・参上する）**」などを覚えておこう。

2 (2) 「存ずる（存じあげる）」は、「思う」の謙譲語でもある。　(4) 「うかがう」は、「聞く」の謙譲語でもある。〈例〉にある「見る」は尊敬語になると「**ご覧になる**」。

完成問題 P15

1 いただき　2 くださった　3 なさった〔された・あそばした〕

1 「もらう」の謙譲語は「いただく」、または「ちょうだいする」。

2 「与える・やる・くれる」の尊敬語は「くださる」。謙譲語は「差しあげる」。「担任の先生に」という文脈であれば、自分が手紙をあげたことになり、「差しあげた」と表現する。

3 「する」の尊敬語は「なさる（あそばす）」。尊敬の助動詞を使った「された」でも正解。

7 敬語の使い方

発展問題 P17

1 (1) いただい〔頂戴し〕 (2) いらっしゃる (3) いただき〔頂戴し〕

2 ① うかがった ② おかきになる ③ 申しあげ ④ 拝見し

1 **敬語表現の表し方にはいくつかの方法があるが、**ここでは「一語の動詞」で答えなければならないことに注意する。(1)(3)は自分の動作なので謙譲語に直す。(2)はお客様の動作なので尊敬語に直す。

2 **敬語を使う場合は、誰に対する敬意なのか、動作主は誰なのかをしっかり見極めなければならない。** ①の動作主は「自分（中村）」なので、ここは謙譲語を選ぶ。②「かく」の動作主は「田中さん」。したがって、尊敬語を選ぶ。③動作主は「自分（田中）」。したがって、謙譲語を選ぶ。④動作主は「自分（中村）」。したがって、謙譲語を選ぶ。

完成問題 P17

1 ウ 2 B・E

1 アは「どうぞ、あちらの方でお聞きください。」、イは「父が出張先から帰ってまいります。」、エは「お客様がこのようにおっしゃっていました。」が正しい。

2 「鑑賞するときは~大切です。」は、「館長さん」の言葉。したがって、Bで謙譲語の「申し」を使うのは間違い。正しくは「おっしゃいました」。また、Eで自分（わたし）の行動に、尊敬語「ご覧になり」を使うのは間違い。正しくは「拝見し」。

8 言葉の単位（文節・単語）

発展問題 P19

1 猫は足音を立てずにひっそりと歩くことができる動物だ。気配を殺して獲物に近づきタイミングを見計らって一気に飛びかかるのだ。単独で狩りを行う動物だからそのハンティング能力は抜群である。

2 (1) × (2) ○ (3) ○ (4) ×

3 ウ

1 意味内容のまとまりに着目して考える。

2 (1)「消しました」は、一つの文節。(2)「持って｜いく」の「いく」は上の語を補助する独立した一つの文節である。(3)「大好きなのだ」は、一つの文節。(4)「遠くから」「聞こえたようだ」は、どちらも一つの文節。

3 「高く」は形容詞の連用形。「昇って」は「昇る」という動詞の連用形「昇っ」（音便になっている）と接続助詞の「て」。

完成問題 P19

1 むろん｜君が｜行くとは｜限らない。

2 (1) 四 (2) 五

3 (1) 九 (2) 八 (3) 八 (4) 十 (5) 十一

1 「行くとは」は、一つの文節。「とは」だけでは意味がわからないので「行く｜とは」のように区切ることはできない。「限らない」も、一つの文節。

2 文節に分けると、(1)「魚に｜軽く｜塩を｜ふった。」、(2)「あまり｜寒いので｜セーターを｜買って｜しまった。」となる。

3 それぞれを単語に区切ると、(1)「部屋｜に｜は｜まだ｜荷物｜が｜残っ｜て｜いる。」、(2)「背中｜と｜首｜に｜激しい｜痛み｜を｜感じる。」、(3)「太陽｜が｜ぎらぎら｜輝い｜て｜い｜まし｜た。」、(4)「明日｜から｜自動車｜の｜展示会｜が｜開か｜れる｜と｜いう。」、(5)「母｜は｜機嫌｜の｜いい｜顔｜を｜し｜て｜い｜た。」となる。

9 主・述の関係

発展問題 P21

1 (1) ○ (2) × 2 ① 父が ② 私は ③ 犬は
3 (1) 問い合わせたが (2) 私も

1 (1) 「撮影場所は―海だ」で、「何が―何だ」の型の主語と述語の関係。
(2) 「思う」の主語は、「星」ではなく、この文の書き手（「私」など）。**「は」「が」が付くものがすべて主語であるとは限らない。**

2 主語と述語の関係を抜き出すと、①「父が―置いた」、②「私は―確認したが」、③「犬は―いなかった」となる。②「確認した」のは、文頭にある「私」。このように、**主語と述語が離れている場合は要注意。**

3 (1)の「キャプテンが」に対応する述語は「問い合わせたが」。「不明だった」に対応する主語は、文に示されていないが「試合日程は」となる。(2)の「立候補した」に対応する主語は、「私も」。

完成問題 P21

1 (1) 人が (2) 花が 2 (1) 克久が (2) 呼ぶ

1 (1) 述語「減らない」に対応する主語は、「（冬物コートを着た）人が」。「減らない」のは「街を行く人」でも「寒い日」でもない。(2) 述語「咲いた」に対応する主語は、「（大輪の）花が」。「どのように」ではなく、「何が」咲いたかと考えてみる。一文節で書き抜くので、「花が」の部分だけでよい。

2 (1) 「克久が～経験した」内容が、――線②からあとで述べられている。
(2) 主語「大人が」に対応する述語は「呼ぶ」。「大人が～呼ぶ」の部分が、「混乱」の説明になっている。このように、**一つの文に複数の主語と述語がからみあう文は、読解のうえでも注意が必要である。**

10 修飾・被修飾の関係と連文節

発展問題 P23

1 (1) ○ (2) × (3) × 2 (1) 読んだ・ア (2) 風が・イ
3 (1) かわいいシールを 私の妹は 何枚も持っている。
(2) 子供の頃の写真が 兄の机の引き出しから 出てきた。

1 (2) 「電化製品など―なかった」は、主・述の関係。「（昔の）家庭には」が、「なかった」と修飾・被修飾の関係である。(3) 「ものすごい―スピードで」、「（ものすごい）スピードで―走る」が、それぞれ修飾・被修飾の関係。

2 (1) 「図書館で」が修飾しているのは、用言を含む文節「読んだ」である。
(2) 「暖かい」が修飾しているのは、体言を含む文節「風が」。

3 (1) 「何枚も持っている」が述部。主部は「私の妹は」。また、述部を修飾しているのは、「かわいいシールを」。「妹は―持っている」という文に、説明を加えていったと考える。
(2) 「出てきた」が述部。主部は「子供の頃の写真が」。また、「出てきた」を修飾しているのは「兄の机の引き出しから」。「写真が―出てきた」という文に、説明を加えていったと考える。

完成問題 P23

1 いなかったら 2 (1) ウ (2) イ (3) エ (4) ウ

1 文節に区切ると「もし｜あの｜時｜彼が｜いなかったら｜町は｜どう｜なって｜いただろう。」となる。「もし」を下に続く一文節ずつに対応させながら、**自然な形で意味がつながる文節を見つけよう。**

2 (1) イ「得られない」を修飾しているのではない。(2) 「更に」「注意を」「ピアノに」は、すべて「集中して」を修飾している。また「二度と」と「（その）音を」は、「聞き漏らすまいと」を修飾している。

11 並立の関係と補助の関係

発展問題 P25

1 (1) × (2) × (3) ○ **2** (1) ○ (2) × (3) ○

3 (1) 海や山へ (2) 忘れてしまった (3) 見てみよう に――。

1 (1)「父は」はこの文の主語、「妹に」は「した」の修飾語である。(2)「明るい」と「希望に」は、修飾・被修飾の関係。(3)「文化祭も」と「運動会も」が、対等に並んでいる。この二つを**入れ替えて**、「運動会も文化祭も」としても意味は変わらないので、両者は並立の関係。

2 (2) この「いる」は、「そこに存在する」という本来の意味で用いられている。また**補助の関係では、文節と文節の間に別の文節をはさみこむことができない**が、ここでは「庭に犬がいる」としても意味が通じる。(3)「ない」は、ここでは「存在しない」という意味ではなく、すぐ上の「うまい」という形容詞に否定の意味を添えているので、補助形容詞である。

3 (1)「山や海へ」と入れ替えても意味が変わらない。(2)(3) 補助的な意味を添える語は「いる」や「ある」だけではない。

完成問題 P25

1 (1) エ (2) イ (3) ウ **2** イ

1 (1) 位置を入れ替え、「さわやかで軽い味わい」としても意味が変わらない。(2)「イギリスの」が、続く文節(「詩集を」)の内容を詳しく説明している。(3) この「くれる」は、本来の意味が薄れた補助動詞。

2 「初めての―外国語を」は、「初めての」が、下の文節(「外国語を」)を詳しく説明しているので、修飾・被修飾の関係。**ア**は、「発音も」と「文法も」が対等に並んでいるので、並立の関係。**イ**「新鮮な」が、「驚き」の内容を詳しく説明しているので、修飾・被修飾の関係。**ウ**「きた(くる)」は、本来の意味が薄れた補助動詞。よって、補助の関係。**エ**「納得が―ゆくように」は、「何が―どうなる」という主・述の関係。

12 自立語

発展問題 P27

1 (1) ○ (2) × (3) ○ (4) ×

2 (活用する自立語) ある・行く・考え・買っ
(活用しない自立語) 私・父・さっそく・近所・園芸店・しばらく・小さな・花・種

1 **自立語は文節のいちばん初めに置かれ、一つの文節に必ず一つだけ含まれる。**(2)「元気 そうに」で一文節で、「そうに」は付属語(助動詞)。(4)「られ」は、付属語(助動詞)。

2 **まずは文を文節に分け、その文節から一つずつ自立語を探す。**「ない」「ます」「ば」などの語を付けて形が変化するものは「活用する自立語」。

完成問題 P27

1 ア **2** ア

1 単語に分けると「明日｜は｜雨｜が｜降る｜だろ｜う」。このうち、自立語は「明日」「雨」「降る」の三つ。「明日」「雨」は名詞で、活用しない自立語。「降る」は動詞で、活用する自立語。「だろう」は、「だろ」(助動詞「だ」の未然形)+「う」(助動詞「う」)。

2 「使えない」はこれで一つの文節であり、「使え｜ない」と二つに区切ることはできない。つまり、この文節では、いちばん初めに置かれている「使え」が自立語、「ない」が付属語(助動詞)ということになる。**ア**「しない」の場合も同じく、「し」が自立語、「ない」が付属語(助動詞)。一方、**イ**、**ウ**を文節ごとに区切ると、イ「なれる｜ものでは｜ない」、ウ「自信が｜ない」となり、「ない」は単独で文節を作っているから、自立語（形容詞）。エ「あどけない」は、これ一語で形容詞。

13 用言

発展問題 P29

1 (1) 飛ぶ・ア (2) 下手だっ・ウ (3) 痛い・イ (4) し・ア (5) 欲しい・イ

2 (1) 動詞 (2) × (3) 形容動詞 (4) 形容詞 (5) ×

1 **各文節のいちばん初めにある自立語を見つけたら、「活用できるかどうか」によって用言を探し出す。品詞の識別は、言い切りの形に着目する。** (4)は、「連絡を｜します」と文節に分けることができるので、「し」が自立語だとわかる。「し」の言い切りの形は「する」。「ウ」段の音なので、動詞である。

2 (1) 言い切りの形は「信じる」。「ウ」段の音なので、動詞。(2)「自宅だ」は、「自宅な人」などと活用できないので、名詞「自宅」＋助動詞「だ」。(3) 言い切りの形は「ゆかいだ」。よって、形容動詞。(4) 言い切りの形は「危ない」。よって、形容詞。(5)「おかしな」が、(3)の「ゆかいな」と異なる点は、「おかしだろ（う）」「おかしだっ（た）」のように活用ができないということである。つまり、「おかしな」は活用しない自立語（連体詞）。

完成問題 P29

1 (1) イ (2) イ (3) ア

1 (1) ア～エの「終わり」はすべて動詞のように思えるが、イのみは、「終了」という名詞に置き換えることができる（「もう練習は終了です」）。イの「終わり」は、動詞から転成した名詞（転成名詞）。**このような転成名詞は数も多く、文中では用言と間違えやすいので注意が必要。** その他の転成名詞には、「考え ↑（考える）」「笑い ↑（笑う）」などがある。(2) それぞれ、言い切りの形に直して考える。アは「不幸だ」、イは「寂しい」、ウは「不思議だ」、エは「残念だ」。イのみが形容詞、残りはすべて形容動詞となる。(3)のアは名詞。残りはすべて形容詞。

14 用言の活用

発展問題 P31

1 (1) 下一段（活用）・ウ (2) 五段（活用）・イ (3) 上一段（活用）・オ (4) サ行変格（活用）・ア

2 (1) おだやかに・連用（形） (2) 明るかっ・連用（形） (3) 正しい・連体（形）

1 **動詞の活用の種類は、「ない」を付けて考えるとよい。** (1)「集め（ない）」となり、直前の音が「エ」段なので、下一段活用。(2)「洗わ（ない）」となり、直前の音が「ア」段なので、五段活用。(3)「足り（ない）」となり、直前の音が「イ」段なので、上一段活用。(4)「する（―する）」は、サ行変格活用。

2 (1)「おだやかに」は、形容動詞「おだやかだ」の連用形。(2)「明るかっ」は、形容詞「明るい」の連用形。**形容詞の連用形には「かっ・く・う」という三つの形がある。** (3) 形容詞「正しい」の連体形。

完成問題 P31

1 エ 2 イ 3 ア

1 「うれしい」は形容詞。ここでは「知らせ」という体言に続いているので、連体形。終止形ではないので注意する。ア「暑い」は、形容詞の終止形。イ「にぎやかだ」は、形容動詞の終止形。ウ「描い」は、五段活用動詞「描く」

の連用形。**五段活用動詞の連用形に「た」や「て」が続くときは、このように音便変化する。**ここでは本来の形である「描き」が「描い」に変わっているので、イ音便。**エ**「元気な」は、形容動詞「元気だ」の連体形。

2 「答える」に「ない」を付けると「答え（ない）」となり、直前の音が「エ」段なので、下一段活用。この「答え」は、助詞「て」が続いているので連用形。

3 ――線部「見（る）」に「ない」を付けると「見（ない）」となり、直前の音が「イ」段なので上一段活用。「見る」は、語幹と活用語尾の区別がない動詞である。「着る」「煮る」（上一段活用）、「出る」「寝る」（下一段活用）なども語幹と活用語尾が区別できないので覚えておこう。**ア**～**エ**のうち、上一段活用は**ア**「煮（た）」。**イ**「書い」は、五段活用の連用形。**ウ**「し」は、サ行変格活用の連用形。**エ**「来」は、カ行変格活用の連用形。

15 付属語

発展問題 P33

1 ①**ア** ②**エ** **2** (1)**だ** (2)**れる** (3)**せる** (4)**ぬ**

1 ①「思ったより」は、これで一つの文節。自立語であれば、文節のいちばん初めに置かれるはずだから、この「より」は付属語の格助詞で、比較を表す。**ア**「和食より」も、「和食｜より」とは区切れないから、①と同様に付属語の格助詞。**イ**「よりつく（寄り付く）」は、動詞。**ウ**は「みんなで｜より｜よい」と区切ることができる。この「より」は副詞。**エ**「腕に｜よりを」と区切ることができる。この「より」は名詞。

② 文節「家に」は、「帰る」の修飾語となっている。この「に」は付属語で、帰着点を表す格助詞。**ア**は「荷が重すぎる」で、名詞。**イ**は形容動詞「大切だ」の連用形。**ウ**も同じく形容動詞「残念だ」の連用形の活用語尾。**エ**は、②と同様に付属語の格助詞で場所を示す。

2 (1)「だろ」は、断定の助動詞「だ」の未然形。 (2)「しかられて」は単語に分けると「しから｜れ｜て」。したがって、「れ」は「られる」ではなく「れる」が終止形。受け身の助動詞である。 (3)は使役の助動詞「せる」。 (4)は、打ち消しの助動詞「ぬ（ん）」。

完成問題 P33

1 (1)**ウ** (2)**イ** (3)**ウ** **2** **ア**

1 (1) 例文の「が」は、すべて格助詞。**助詞は、文節どうしの関係を表したり、さまざまな意味を添えたりする働きをする付属語。**ここでは、格助詞「が」によって、前後の文節がどのような関係になっているかを考える。**ア**、**イ**、**エ**は、「が」によって前後の文節（連文節）が**主・述の関係**になっている。ところが、**ウ**の場合、「好き」なのは話し手（「私」）であり、「あなた」ではない。つまり、**ウ**の「が」は主語ではなく、**対象を表す格助詞**である。

(2) 前後の文節（連文節）の関係から、助詞「と」の働きの違いを見極める。**ア**・**ウ**・**エ**の「と」は、その前を「　」でくくることができる。

ア 風が「もうすぐ秋だよ」と言っているようだ。

ウ 「あきらめなくてよかった」と、思った。

エ 私は、「まだ大丈夫だ」と励ました。

つまり、これらの「と」は、**引用を表す格助詞**。**イ**の「と」は、読点「、」の前後をつなぐ働きをしているので、**接続助詞**である。

(3) 助動詞「そうだ」は前の用言の活用形によって意味が変わる。**終止形＋「そうだ」なら伝聞、連用形＋「そうだ」なら推定（様態）**の意味である。**ウ**の「おいし」は「おいしい」という形容詞の語幹。形容詞や形容動詞の場合は連用形ではなく、「語幹＋そうだ」で推定（様態）の意味になる。

2 「卓球だ」の「だ」は、「卓球である」と置き換えることができる。また、体言に接続していることから、断定の助動詞だとわかる。同じように「である」に置き換えられ、断定の意味を表しているのは、**ア**。**イ**・**ウ**の「だ」は、過去（完了・存続・想起）の助動詞「た」が濁音化したものである。**エ**は、形容動詞「きれいだ」の一部。

16 話題をとらえる

発展問題 P34

1 仮想（としての）サンタクロース（。）

1 まず、文章中からキーワードとなる語句をとらえる。全体を通して、「サンタクロース」「仮想」という語句が繰り返されており、この二語がキーワードであることがわかる。次に、キーワードの「サンタクロース」と「仮想」がどう結びついているかを読み取る。「サンタクロースが切実なのは～仮想だからである」「それ（サンタクロース）は、～完全なかたちでは現実化することのない仮想である」とあるので、サンタクロースが「仮想」であるという話題について述べられていることが読み取れる。

完成問題 P35

1 (1)（植物を食べるうえで人間がもっている）知恵（。） (2) ウ

1 (1) この文章では、人間が食べる植物として「イモ」や「穀類」、「苦味のある植物の茎や葉」が挙げられている。そして、これらについて、「あく抜きのような知恵がないと食べられない」「穀類を食べるには知恵が要る」と述べられている。したがって、話題は「植物を食べるうえで人間がもっている知恵」であることがわかる。

(2) まず、各段落の内容をとらえよう。

1…イモを食べるにはあく抜きの知恵が必要であり、人類がイモを食べる技をもったことの意義はきわめて重要である。

2…人間は、食べるのに知恵が必要となる穀類や、苦味のある植物の茎や葉も食べる。

3…人間は、他の動物が食べない苦味成分を含む植物を愉《たの》しんで食べる。

したがって、これらをまとめると、「人間は他の動物は食べない穀類や苦味のある植物を、人間の知恵で、あるいは独特の好みで食べる」ということ。これに合うのは、ウである。イは、「苦味を取り除く」が誤り。苦味も好んで食べるのである。

17 接続語に注意する

発展問題 P37

1 (1) ウ (2) ア (3) ア (4) イ (5) イ

2 ① ウ ② ア ③ エ

1 (1) 先生の家の「玄関のチャイムを押し」て先生が「出て」くるのは、予想できる結果につながっているのだから、順接の関係である。

(2) 「勝利は絶望的かと思われた」から、「奇跡の追い上げ」へは、予想できることとは逆の内容へとつながっているので、逆接の関係である。

(3) 「通信技術の発達は、地球を小さくした」ことの具体例として、「インターネット」での交流を挙げているのだから、例示して説明している関係である。

(4) 「英語が得意だ」ということに、「フランス語も話せる」ことを付け加えているのだから、累加の関係。

(5) 「すぐ出発する」と「しばらくゆっくりする」の二つから、一方を選択させる関係である。

2 ① 「地球にある空気も水も地球の中から出てきた」ということは驚くべき事実であるが、それに、「これらは地球の歴史の初めのころに、一度だけつくられた」という驚くべき事実を、さらに付け加えている。

② 「地球の問題を考えるときには、地球全体を考える必要がある」理由は、すぐ前に書かれている。つまり、「地球は～運命共同体」だからである。この関係を考えると、順接であることがわかる。

③ 「（地球という）財産を、人類のみで使い尽くしてしまう」ことと、「地球全体の資産として未来のために生かす」ことの、どちらかから一方を選

択させる形でつながっている。

完成問題　P38・39

1　①ア　②イ　③ウ　④ア　⑤ウ　⑥イ
2　(1) Aエ　Bア　(2) 2

1 ①「生物どうしの関係」が「複雑である」ことは厄介なことであるが、そこに「多様な生き方が成り立つ」と新たな可能性を示しているので、逆接の接続語が入る。

②少し前にある「自分は、人でも犬でもなく猫であることを表明している」ということと「自己紹介の文ではなくなる」ことは対立する関係なので、逆接の接続語が入る。

③「吾輩《わがはい》が猫である」と表現すれば、「(自分が、作中に登場する猫だという)情報を知らせる文に変わる」ということを、「原文とは意味合いがずれてくる」と、わかりやすく言い換えている。

④「ホモ・ファーベル」を「道具を使う動物」と言い換えている。

⑤「補助的役割を果たしたにすぎなかった」道具(用具)と、「機械はちがう」と述べているので、逆接の接続語が入る。

⑥機械が道具と違う点について、「動かすのにも熟練を必要とする」ことに付け加えて、「他の動力によって仕事をする」ことを挙げている。

2 (1) A　前段落では自然の中での暮らしについて考えているが、これ以降は話題が切り替わり、科学技術の中での現代社会について考えている。

B　自然と接する機会がほとんどなく、空調などで快適に暮らすためのエネルギーを「自然から取り出したもの」から得ている私たちの生活を、「自然は利用するだけのものになっている」と、わかりやすく言い換えている。

(2) 挿入する文章には「毎日の生活に疲れたときには山や海に行って」とあり、自然から離れて暮らす人びとのことを述べているとわかるので、「都会生活を快適と思う人びとも～」の一文につながるのがふさわしい。「自然は克服するもの、利用するもの」である「とはいえ」、「人びともやはり生きもの」である(ので、自然の中に身を置くとホッとする)というつながりになる。

18　指示語の指すものをとらえる

発展問題　P41

1　(1) 例ボランティアに参加したこと　(2) 例カバがかくピンク色の汗
(3) (この)防災バッグ　(4) 例北国の冬が厳しく、長いこと
(5) 例まず私が先にやってみること(に)
2　(1) 思いどおりのこと　(2) 自動車・携帯電話・空調機　に――。
(3) 便利にするのはよいことだ(という考え方。)

1 (1)「ボランティアに参加したことは～大きなきっかけになりました」とつながる。

(2)「これ」は**体言**なので、「カバはピンク色の汗をかく」の部分を、体言で終わる形に変える。

(3) ふつう、指示語の内容は指示語よりも前にあるが、このように**後ろにある場合もある**。

(4) **前段落の内容すべてを受けている**ので、直前の文だけでなく、「北国では～」からの内容をまとめる。

(5) (3)同様、指示する内容はあとにある。「しよう」につながるようにまとめる。

2 (1)「便利というのは」何が「速くできるということ」なのかを、直前の部分からとらえる。

(2) 前段落の中から、「機械」にあたるものを探す。「例えば～」以降が、具体的な機械の名前を挙げて説明している部分。

(3)「新種の機械を作り出していった」のと同じ考え方を「生き物にも向けるようになった」とある。

完成問題 P42・43

1 我思う、ゆえに我あり
2 例（店頭に並べられている）「胎教の音楽」と称するCDのなか
3 (1) 土地 (2) エ
(3) 貯水池（ダ〜水施設など〔「、分水施設」としても正解〕）
4 (1) a 世界観 b ものの感じ方、考え方
c 例私たちの「生きる意味」の世界に豊かさ（18字）
(2) 様々な誤解や齟齬 に――。 (3) 相手の文化

1 指示語の指す内容が直前にないときは、**さらにさかのぼって**探す。「デカルトが〜唱えた」がヒント。前の段落に「デカルトは『我思う、ゆえに我あり』と主張した」とある。「唱える」と「主張する」が同じ意味であることをとらえよう。

2 「あらわれない」のは「子守唄《こもりうた》の歌声」である。「子守唄の歌声」が何にあらわれないのかを考え、「そのなか」に合うように、「〜のなか」という形で答える。

3 (1) 直前に注目。「土地に水をみちびきいれ〜」と、**実際に指示語の代わりに入れてみて、文脈が通じるかを確かめてみるとよい。**

(2) 前の一文の内容を受けている。「水をみちびく」目的が、「農作物を育て、豊かな生活と美しい国土を築きあげる」ことであった、という文脈をおさえる。

(3) 「農業、水道、水運のためにつくられた文化遺産」として具体的に挙げられているものを、直前の部分からとらえる。「これら」と複数の形になっていることが、ヒントになる。

4 (1) **段落の初めにある指示語は、前の段落全体を受けていることが多い。**前段落の内容をまとめてみよう。

ここでは、まず、a・bに注目する。これらは、二つとも「〜の違い」という部分にかかっている。したがって、「様々な文化の固有の世界観」「ひとりひとりの異なるものの感じ方、考え方」を「違い」と言っていることをとらえる。

また、こうしたものを理解してコミュニケーションを行うと、私たちの「生きる意味」の世界が豊かになるのである。cは、この内容を「をもたらす」につながるように、「〜豊かさ」という形でまとめよう。

(2) 「乗り越えていく」必要のあるものが直前に出ている。

(3) 「どうすることが非効率的なのか」と問われているので、《 》内から、多様性の「効率」の悪さについて書いてある部分を探そう。一文目で「多様性は、効率性の悪いシステムであると言える」とある。ただし、この文では効率性の悪さを「具体的に」説明してはいない。さらに読んでいくと、この文のあとに、多様性が効率が悪い理由が具体的に説明されている。

19 具体例や比喩の意味をとらえる

発展問題 P44

1 ウ

1 ドイツ人の哲学教授の「皮肉」が、**どんな状況をたとえたものであるのかを、文脈に沿って丁寧にとらえよう。**

まず、彼の言葉が「日本の哲学者」に対する皮肉であることをとらえる。「二階建ての家」にたとえられているのは、日本の哲学者の思想のありようである。

二階…「欧米の学説が干し物のように紐《ひも》に吊《つ》るしてならんでいる」

「干し物のように」「ならんで」という表現によって、それぞれの学説の価値や優劣を理解せず、一様に取り扱っている様子をたとえている。

一階…日本人としての日常の感じ方や考え↓（二階と）結びついていない。

「一階」は「土台」や「基礎」を表している。これによって、日本人としての感じ方、考えの基礎となる自国の歴史や思想と、欧米から入ってきた学説とが結びつかず、ばらばらに存在している状態を表現している。

完成問題 P45

1 (1) 科学が理解 ～ なっている（こと。）（27字）

2 (1) 例 膨大な情報の中から必要となる記憶を無意識のうちに選び出し、都合よく統合・再構成するもの。（44字）

1 (1) 「食わず嫌い」とは、まだ食べたことのない食べ物を、苦手だと決めてしまって、食べようとしないこと。転じて、あるものの面白みや真価を理解しようとせず、初めから拒否することの意味でも用いられる。

ここでは、**派生した意味**の方で使われていて、科学は難しく、自分たちには理解できないものだと思いこみ、疎遠になってしまっている状況を指す。「疎遠になっている」が「食べないまま嫌いになる」にあたる状況なので、これを含むように、指定された字数で抜き出す。

2 (1) この文章は、**具体例**としての経験（《　》の部分）→コンピューターとの比較→筆者の意見という構成になっている。具体例と筆者の説明を、次のように並べてみると、対応していることがわかる。

ある話がどの本に書いてあったかが思い出せない。
← 記憶を辿《たど》っていく過程で、ふと、その本に書いてあった別の文章を思い出したりする。
― すると次の瞬間、本のタイトルが思い浮かんでくる。

＝

問題に直面したとき、
← 人の頭の中では、（膨大な情報の中から）必要となる記憶が無意識のうちに選び出され、
― 都合よく統合・再構成され、問題解決に利用されている。

最初に出された具体例があることで、筆者が説明したい後半部分の内容が理解しやすくなっていることをおさえておく。

20 段落ごとの要点をとらえる

発展問題 P47

1 (1) 文明を崩壊 (2) イースター島の文明（は、）森の消滅（によって崩壊した。）

2 [1] ア [2] ウ [3] イ

1 (1) 「そのときに倒され～考えられている。」の文の「考えられている」は、一般的に多くの人が考えている状況を説明しているのであって、筆者がここで考えたことではない。「根本的原因は、森の消滅にあった**のだ**」の部分に、筆者の考え（＝意見）が含まれている。

(2) 繰り返されている「イースター島」「文明」「崩壊」のキーワードと、(1)の筆者の意見をおさえておこう。

2 文末表現や全体の流れに注意して、各段落の内容を考える。

[1] 「～といわれている。」という文末に注目。これは世の中の状況や、ニュースなどで見聞きした事実を述べるときに用いる形である。

[2] 一文目は筆者の知識としての事実を、二文目は筆者の体験を表している。

[3] 「～のではないだろうか。」という文末に注目。これは、筆者が考えたことや推測したことを表すときに用いる表現である。また、「戦後せっせと～ストレスが大きくなっている。」の部分は、[2]段落の「樹木」が「危険を感じる」ことをスギの木の場合にあてはめた説明である。

完成問題 P48・49

1 (1) A 自分　B 相手　C 相手 (2) 己と相手を同一と見ているということ (3) ア

2 (1) ア (2) エ

1 (1) 商人は「自分のことを『手前ども』という」のだから、Aは「自分」。

B・Cは、けんかなどの場面であることから考えると「相手」だとわかる。

(2)「自分」「手前」という言葉と同様に、「おのれ」という言葉も、自分のことを指したり相手のことを指したりするというのが4段落の内容。これは、2段落にある「己と相手を同一と見ている」ことの例。

(3) 5段落の「そんなこと」は、2〜4段落で述べてきた内容を指す。「自他の区別に対する無意識の本質的確信」については、すぐあとに「簡単にいえば」と言い換えているので、そこを読んで確認するとよい。

2 (1) 段落の最初と最後の文で「環境破壊は人間にとっての問題」なのだと同じことが繰り返されている。これが、この段落でいちばん言いたいことである。

(2) 傍線部直前の「こうして」の指す内容をつかむには、この2段落の内容をまとめればよい。良くないこととわかっていても肉食や洗剤・化石燃料の使用などをやめられないことについて言い換えているのはエである。

21 段落の働きや構成をとらえる

発展問題 P51

1 (1) イ　(2) ウ　(3) 二十一世紀〜ばなるまい

1 (1) 1段落の文末に「〜と思う。」「〜に思う。」とあり、筆者の意見が述べられていることがわかる。2段落も、最後の一文は「身につけねばなるまい。」とあり、意見である。どちらも、内容は人との結びつき方の変化についてであり、1段落から2段落へと、意見を発展させている。

(2)「たとえば」は、筆者が主張したいことなどについての具体例を挙げるときに用いる接続語である。この文章で、具体例を挙げて説明しようとしている主張は、直前の2段落だけでなく、1・2段落を通じて述べられている。1・2段落では他者との結びつき方の変化が述べられているので、それに合う**ウ**が正解。

(3) この文章は、「問題提起（序論）」「具体例（本論）」「筆者の主張（結論）」の、**三段型構成**で書かれている。したがって、結論部にあたる4段落に注目。最後の一文で「二十一世紀は〜」と、今後のあり方について筆者の考えを打ち出している。「二十一世紀」は、書名にも用いられている語句であり、筆者の主張を述べるために重要な意味をもっていることがわかる。したがって、最後の一文から、指定された字数に合うように要点を抜き出す。

完成問題 P52・53

1 (1) イ
(2) 例利他行動が、自分の遺伝子の生存や子孫への継承に有利に働く行動だから。（34字）
(3) ウ　(4) エ

1 (1) Aの「自ら」は「何の行動も取っていない」、つまり、注意をされた人のそばにいた人、Bの「自ら」は「喧嘩《けんか》になったり」などのリスクを被るというのだから利他行動をした「注意をする人」を指す。よって、正解は**イ**。

(2) **6段落と7段落の関係を考える。** 6段落に「生物学者たちは〜利他行動の進化の問題を研究してきた」とあり、7段落に「そのように生物学者は考える。」とあることから、7段落で生物学者たちが具体的に研究した内容と結果を述べていることがわかる。したがって7段落の内容をまとめればよい。

(3) 4段落までで話題として取り上げた「利他行動」について、5段落以降でどのようなことが述べられているか、整理しよう。

5 「利他行動」についての考察
6 「利他行動」について、生物学的に分析
7 6段落の内容を、詳しく説明
8 「利他行動」について、違う角度（脳科学）から分析
9 8段落の根拠を説明
10 9段落を根拠として、脳科学の立場から、「利他行動」を再考
11 10段落で述べた内容についての補足
12 結論を述べる

選択肢のうち、これにあてはまるものはウである。

(4) 生物学と脳科学の、利他行動についての考え方の共通点と相違点をとらえよう。

生物学……利他行動は、子孫を残す可能性が高まる。→生存に有利。

脳科学……利他行動は、快感を感じる。→生存に必要なことをしようとする。

どちらも、利他行動が人間の生存に有益なことだという点は一致している。これにあてはまるのはエである。

22 筆者の考えや要旨をとらえる

発展問題 P55

1 (1) ウ

(2) 例(人類は)(自然の淘汰に頼らずに)自らの手でよりよい人間をつくれる(という考えには、疑問を感じる。)

(3) 例人間は、自然の生命進化の過程に畏敬の念をもたねばならない。(29字)

1

(1) [2]段落との関係で[1]段落をとらえる。

〈[1]段落……具体例〉 台風の多い沖縄に生息するシロオビという蝶《ちょう》は、羽化日数が不揃《ふぞろ》いであるため、台風が来ても全滅することがない。

〈[2]段落……筆者の主張〉 人間が科学の力を過信している現状に対する疑問の投げかけ。「生命進化の過程」に「畏敬の念をもたなくなった人類は、かならずいつか破滅する」、「私たちは、ほとんど何も知らないのだということを肝に銘じてほしい」。

このことから、[1]段落で述べたシロオビの例は、「畏敬の念をもつべきだ」と考えている生命の遺伝子の知恵の複雑さを説明するためのものだと考えられる。これにあてはまるものはウ。

(2) 「ほんとうにそうでしょうか」の「そう」の内容を明確にすること。こ

の段落の冒頭部で挙げられている、研究者たちの考えをまとめよう。

(3) 結論を述べた[2]段落のうち、前半は筆者とは対立する考え方が述べられているので、この段落の後半の内容をまとめる。繰り返されている「〜と思います。」という文末表現にも注目しよう。

- 畏敬の念をもたなくなった人類は、かならずいつか破滅する
- 私たちは、ほとんど何も知らないのだということを肝に銘じてほしい

この二行をそのまま抜き出しては意味が通じない。きちんと、何に畏敬の念をもつべきなのかなどの**言葉を補う**ことが必要である。

完成問題 P56・57

1 (1) 4(段落) (2) 6(段落) (3) 嘔吐の研究に 〜 れているのか

(4) スンクスが吐いた(こと。) (5) ウ

(6) 例問題意識をもち、努力と勉学を重ねることで、目の前に見えている事実の重要性(に気づくこと。)(36字)

1

(1) [3]段落までで「吐くこと」とスンクスをめぐる齋藤《さいとう》教授の**エピソード**を挙げ、[4]段落からはそれをふまえて、「発見」ということについて筆者がどのように考えているかが述べられている。

(2) 示されている文は、具体例ではないので、[4]段落以降に入ると見当をつける。そのうえで、[5]段落が、発見には「問題意識をもつこと」が必要という内容で終わっていることに注目。入れる文は「その一方で」とあることから、「問題意識をもつこと」とは反対の意の「偶然」を取りあげている[6]段落の冒頭がふさわしいとわかる。

(3) ——線①の直後に「一体、自分は何を知りたいのか〜どんな道が開けるのか」とあるが、この部分では指定字数に合わず、具体性にも欠ける。[3]段落で述べられている「齋藤教授は問題意識をもっていたのです。〜を知っていたのです」という表現に注目して、そこに書かれていることをとらえよう。

(4) 齋藤教授と周囲の研究者が、違う反応を示した「同じ事実」とは何であ

るのかをとらえる。それぞれの反応については2段落で具体的に説明されている。彼らは、「スンクスが吐く」という同じ現象を目撃し、
齋藤教授…「スンクスは吐くぞ！」と興奮しながら言う。
周囲の研究者…「そりゃ、そうですよ」と平然と答えた。
という、違う反応を示したのである。

(5) この文章は、問題意識をもっていたために大きな発見をした齋藤教授の事例をもとにして、「発見のために必要なものは何か」を考察する、という構成になっている。また、齋藤教授の問題意識を明確にするために、周囲の研究者との比較がなされている。これを説明しているものは、ウ。

(6) 4段落以降で述べられている、「発見」についての筆者の考えをおさえよう。

- 目の前に見えている事実の重要性に気づいてこそ「発見」。
- 事実の重要性に気づくためには問題意識が必要。
- 一方で、「偶然」に支えられていることもあるが、「単なる偶然」ではない。（どれほど努力と勉学を重ねてきたかにかかっている。）

指定されている言葉を含む形で答えをまとめる。

23 場面や状況をとらえる

発展問題 P59

1 (1) ア (2) 上野公園に古くからある西洋料理店
(3) 二(人) (4) 例ルロイ修道士に呼び出されたから。

2 (1) 教室 (2) サンペイ(君)
(3) 例サンペイ君が急いで来てくれと言ったこと。

1 「**いつ・どこで・誰が・どうした**」をとらえると、場面や状況がわかる。桜の花が散って葉桜に向かうという春の終わりに、上野《うえの》公園内のお店に、語り手（主人公）が、ルロイ修道士に呼び出されて来た、という状況を読み取る。

2 三月になったばかりの昼休み（いつ）、博士《ひろし》（誰）が教室（どこ）で本を読んでいると、サンペイ君（誰）が博士を呼びに来た、という状況をとらえる。

完成問題 P60・61

1 (1) 牧人 (2) ウ 2 イ
3 (1) a エ b ウ c イ (2) （梨の木を）愛情込めて見る（こと。）

1 (1) 二行目の「メロスは、村の牧人である。」に着目する。「牧人」とは牛や馬を飼う人のことだが、ここでは羊飼いのこと。
(2) 理由を表す「**それゆえ**」に着目すると、その前後の部分から、妹の結婚式の準備をするために町にやって来たとわかる。

2 小説では主人公が語り手になって物語が展開していくこともある。登場人物をおさえて、会話の内容を確かめる。叔母さんや母が笑いながら祖父の思い出話をしているのを聞いて、思い出話の対象となったことに祖父がなくなった実感が湧いてきて、主人公が「急に寂しくなった」場面である。

3 (1) 会話しているのは、文章の後ろの方に名前が出てくる久雄と響子《きょうこ》である。**文章の前の要約文から、登場人物がどんな状況にあるのかをおさえよう。**cは、——線①の直後に「**ところが**」とあることに注目。思っていたことと違って「あんた（響子）」が「がんばりなった」のだから、がんばるとは逆の内容のイが正解。
(2) 「初心に帰る」とは、始めたころの新鮮な気持ちや謙虚な気持ちを思い出して再び物事に取り組むということを表す慣用的な表現。文章に描かれている状況をつかむことで、より具体的な意味がつかめる。ここでは、「この文より前の文章中から七字で」という指示に従って、前にさかのぼっていく。すると、久雄のように年数を重ねると、梨作りは「収入のための手段」になってしまって、初心を忘れ、「梨の木をそれだけ愛情込めて見るちゅうことは、なかなかできん」ことになると言っている。

24 心情や、心情の変化を読み取る

発展問題 P63

1 ① 別れがつらくて　② 声を上げて泣いた

2 イ　**3** 僕は思わず息を止めた。　に――。

4 ア

1 ルントウと別れることに対して、「つらくて」と直接心情を表す表現が用いられている。その心情は、「私」が声を上げて泣いた行動によって、より鮮明にとらえられる。

2 初めの会話では、「先生」の食事が進まないことを気にかけている。「だったらいいのですが……。」の「……」から、先生の返事を聞いても、まだ心配が残っている様子がわかる。**直接的に言葉や行動に表されていない心情は、登場人物の立場になって考えることでとらえられる。**

3 「息を止める」とは、呼吸も忘れるほど驚いた様子を表す。木の陰にいる女の子を見ていた「僕」は、女の子が顔につけていた仮面を外したのを見て、思わぬ進展にびっくりしているのである。

4 ――線部だけを読めば、駅の情景を表した文でしかないが、直前の「風景は突然なじみのないものになった」とつなげて読むことで、――線部の情景描写に暗示されている人物の心情を読み取ることができる。

完成問題 P64・65

1 (1) イ・エ　(2) ウ　(3) 空は夕焼け色にかがやいていた

2 (1) 口笛をふく　(2) イ　**3** (1) 雄吾はいつ源　(2) エ

1 (1) 姉の会話文に着目する。「ほんと!?」と驚き、「アノリスの話を聞かなくてすむ」と言いながらも、「よかったじゃん。」と言っている。

(2) 文章のあとの注意書きにあるように、少年はアノリスを手に入れるために二週間、アイスを食べられなかった。そのアイスをアノリスにも食べさせている。これらの状況から、このときの少年の気持ちを考える。

(3) **情景描写に心情が反映されたり、暗示されたりしていることは多い。**「夕焼け色」の空、「かがやいていた」という表現には希望や明るさが読み取れる。

2 (1) ボールが捕《とら》えられない間は口をきかなかった豪《ごう》が、ミットに捕えた瞬間、口笛をふき、大声を出したことをとらえる。ボールを捕えられたことの喜びが感じられる。

(2) 「たった」という表現に、そんなにすぐに自分のボールを捕れるとは思っていなかった巧《たくみ》の驚きが表れている。自分のボールに自信をもっている巧が、その球を「たった五球」で捕えた豪に感嘆しているのである。

3 (1) 雄吾《ゆうご》は源《げん》ジイが歯をくいしばって歩く様子を見ているが、同時に、「いつ源ジイが腰を落としてもいいように車椅子を押しながらあとを追っている」のである。

(2) 雄吾と源ジイは、夕日がさしこむ廊下にいる。文章の最初の六行から読み取れる夕日の描写は、強く濃い色の夕日である。そこからは、強さや厳しさなどの**心情が連想**される。また、七行目の「あたたかな光」は、源ジイを見守る雄吾の温かい気持ちと重ね合わせることができる。

25 言動の理由をとらえる

発展問題 P67

1 例 ルロイ修道士の言葉が遺言のようだったから。

2 (1) エ　(2) 電車通学も

1 直後の「これでは」は、――線部の前の「仕事が～ください。」というルロイ修道士の言葉を聞いているこの場の状況を指している。こんな遺言のような言葉を聞いたので、「冗談じゃない」と思ったのである。

2 (1) テルは電車通学をする生徒たちが持つ定期券がうらやましくてたまらないのである。直接「～から」などの表現はないが、定期券について詳

しく描写している部分から、その理由を読み取ることができる。友人がテルに自慢しているわけではない。

(2) テルの不満な気持ちが、「母をなじる」という行動に表れていることを読み取る。「なじる」は「とがめる」「非難する」という意味。

完成問題 P68・69

1 (順に)香炉と燭台・手製の偶像
2 (1) イ　(2) (順に)実力・監督の息子
3 (1) イ　(2) あきらめたりしてへんよ。

1 ――線部の理由はその直後から述べられている。「私」は、ルントウが「香炉と燭台《しょくだい》」を所望したとき、「偶像崇拝」だと笑った。しかし、自分の「希望」も、本当は実体のないもの（＝「手製の偶像」）にすぎないのではないかと気づいて「どきっとした」のである。

2 (1) ――線①の直前に「**だからこそ**」とあることに着目する。典子《のりこ》は父親を咎《とが》めているのではない。家族としての情から出た言葉だとわかるからこそ、徹夫《てつお》もその気持ちがよくわかり、自分がこたえられないことに胸が痛むのである。

(2) 徹夫の心の中の言葉と「実力の世界だからな」に着目する。自分が監督だからといって実力のない智《さとし》を試合に出すわけにはいかないのである。

3 (1) **文章の前の要約文に着目する**と、ようやく山を越え化石の発掘現場にたどりつこうとしていたことがわかる。それだけに、化石が好きな千絵《ちえ》が簡単にあきらめる理由が遠子《とおこ》にはわからず、いらだっているのである。直後の言葉で、遠子はその思いを伝えている。そのために、「ばか」という叫びを呑《の》み込んだのである。

(2) 遠子に比べて、千絵の様子は終始のんびりしている。化石を見ることを断られた悔しさが感じられない。それは、千絵があきらめてはいないからだということが読み取れる。

26 登場人物の人柄や性格を読み取る

発展問題 P71

1 屈託のない明るさ　2 (1) 無鉄砲　(2) ウ　3 イ

1 「屈託（の）ない」とは、心配や気にかかることがないということ。

2 (1) 最初の一文に着目する。「無鉄砲」とは、「危険を考えないで行動すること」である。そのあとに書かれている行動からも、その性格がわかる。

(2) 自分自身がどれほど「無鉄砲」であったかが、二文目以降に述べられている。同級生に「弱虫やーい」と言われたのが悔しくて二階から飛び降りたことから、負けず嫌いの一面がうかがえる。

3 徹夫《てつお》と智《さとし》の**会話に着目する**。レギュラーになれなくても、野球部が好きだから野球部に入るという智をまずとらえる。それに対して、その言葉を聞いて、徹夫は「頬が〜ゆるんだ」とあるので、うれしく思っていることがわかる。初めは心配していた徹夫も、智の考えに賛同したのである。

完成問題 P72・73

1 (1) 例蟻の列を丹念に観察して遊ぶ様子。　(2) 飽きっぽい性格
2 イ　3 (1) 私は悪者に　(2) ア

1 (1) ――線部の直後の段落に、「私」が一つのことに集中する癖について具体的な行動で説明されている部分がある。

(2) 兄の性格は最初の一文に「飽きっぽい性格」とはっきり述べられている。これは「私」の「対象にどこまでも集中していく癖」とは対照的である。

2 「伯父」とは、洪作《こうさく》の伯父で校長をしている石守森之進《いしもりもりのしん》のこと。祖父に伯父のことを洪作が訊《き》いている場面である。祖父の**言葉に着目して人物像をとらえる**。自分の好きなこと、立派だと思うことをすればいいと、洪作と唐平《とうへい》に言っているので、ア・ウはあてはまる。また、洪作は祖父が好きで尊敬す

るというのだから、**エ**もあてはまる。**イ**は伯父のことである。

3 (1)「泣いた者が勝ち」という状況で、自分が「悪者」になっても「絶対に泣くものか」と意地を張り通したことから、負けず嫌いな性格がわかる。

(2)「私」の目には、両親が「淡々とした人間」と映っていた。しかし、けんかをして帰ってきた「私」に対し母親は、「いっさい聞かず」にコーヒーを勧めている。ここから、母親のさりげない気遣いが感じられる。

27 表現に目を向ける

発展問題 P75

1 イ　**2** ウ

3 a せんせん　b よろよろ　c こんこん　d 吸い込まれる

1 「わっと」は**擬態語**。「すすり上げすすり上げ」は**繰り返しの表現**で、いずれも良平《りょうへい》が泣いている場面の様子を具体的に描写している。

2 庄兵衛《しょうべえ》は、喜助《きすけ》の頭から「毫光《ごうこう》」が差すように思っているのだから、ありがたいものを見るように尊敬の念を抱いて喜助を見たのである。この表現によって、単に「尊敬の念を抱いた」と表現するよりも、尊敬の思いの深さを読者に実感させることができる。

3 擬音語・擬態語、擬人法を使って、メロスが泉の水を飲もうとする場面を描写している。また、耳を澄ます様子を「息をのんで」、身をかがめる様子を「泉に吸い込まれるように」（直喩）など、**映像を見るかのように表現**していることにも着目する。

完成問題 P76・77

1 ア・ウ　**2** イ　**3** （順に）巨大な歯・音・色・におい

4 (1) C　(2) 父の外出　(3) イ

1 まず、短い文が多く使われていることに着目。これにより、読者は**コマ送り**のように二人の動きを実感することができる。また、「ぼく」と徹也《てつや》がもみあう様子を、「ぐらりと」という擬態語や「捨て身の」「宙に」「仰向《あおむ》けに」などの具体的で印象的な修飾語で表現しているのも、実感を高める効果をあげている。

2 「東海岸の海が耳打ちしてきた」「海がふたりに話しかけてきた」は**擬人法**である。「いま目に～曇らせるな」「灰色の雲に～輝かせる」とは、今は苦しくても明るい未来があることを信じさせる言葉である。

3 特徴のある表現に着目する。「巨大な歯のような」（直喩）、「ピアノは～ににににに、キキキキキと笑う」（擬声語と擬人法）という表現をはじめ、**視覚・聴覚・嗅覚**を用いた表現により、ピアノへの嫌悪感が伝わってくる。

4 (1)「降りるのは厭《いや》だな」と思いながらも「しぶしぶ」降りたのは、この言葉を受けてのことである。一行目では「イチロー」であったのが、ここでは「一郎」になっているところから、父の声の調子や大小が思い浮かぶ。

(2) ――線①の直後を読んでいくと、「埃《ほこり》をはらっている音」であり、「その音はまた、父の外出の前触れでもある」とある。最初に音で読者の注意を引きつけておいて、あとでその意味を説明している。

(3) ――線②の前に、一郎が学校が嫌いであり、帰宅すると「心がすっかり萎えている」とあることに着目する。そのような気分を、――線②とたとえているのである。作者独特の表現なので想像しにくいが、一郎が学校にいる間に陥ったよくない気分をたとえていることはつかめる。怒りなどの強い気持ちはこの表現では合わないので、**イ**が正解。

28 主題をとらえる

発展問題 P79

1 ウ　**2** (1)（友に）信じられている（から。）　(2) イ

1 まず、カッちゃんとお母さんがおかれた**状況**をとらえる。熱さに悲鳴をあ

げたカッちゃんに、ぐったりしたお母さんが我に返り、必死で水を求めている。そのわが子を助けようという思いが、自分の体から血を噴き出させたのである。

2 (1)「それだから〜から走るのだ。」というメロスの言葉に着目する。

(2)「あの方は、あなたを信じておりました。」と、「信じられているから走るのだ。」に着目する。**登場人物の行動の意味や理由は、主題につながる場合が多い。**

完成問題 P80・81

1 (1) Aウ　Bイ　Cエ　Dア　(2) ウ・オ

2 (1) 例 鳩がレースで優勝できたのは、戸石兵吾が、毎日鳩の世話をして訓練してくれたおかげだということ。

(2) 例 鳩に対する愛情と努力。(11字)

(3) 例 鳩が一着になったことを素直に喜べない気持ち。(22字)

1 (1) Aは、「私」の言葉に対する坂戸君の反応を考える。Bは、「私」へのほめ言葉と考えられるので、イが適切。Cは、直後で「坂戸君にとって私は一つの出来事でしかない」と言っていることから、エが適切。Dは、思いがけない告白に驚いているのである。

(2) 坂戸君の言葉に着目する。「子どもは〜決められない」と言っている。また、「気付かないところで中原っていろいろ守られてる」とある。

2 (1)「そうした事情」については、同じ段落の初めの方に書かれている。これをどのように新聞記者に話したのかを、「私」になったつもりでまとめる。

(2) (1)で答えた戸石兵吾《ひょうご》の鳩《はと》への接し方が、——線②のあとに「鳩に対する彼の愛情も努力も」という表現で再び書かれている。

(3) 自分の鳩が一着になった事実はうれしいものの、「私」のことだけが新聞に出て、実際に鳩に愛情を持って一生懸命に訓練した戸石兵吾のことが何一つ触れられていなかったことに、「私」は釈然としない思いを抱き、心から喜べないのである。

29 随筆を読む

発展問題 P83

1 (順に)読み聞かせ・黄金のひととき・いいもの　**2** イ

3 こそばゆいような晴れがましいような気分　に——。

1 母がしてくれたことは、「読み聞かせ」である。筆者にとって本を読んでもらう時間はわくわくする時間であり、それによって、本の面白さ、楽しさに気づいたことを述べている。その時間を「黄金のひととき」と表現したところに筆者の思いが読み取れる。

2 筆者の体験(出来事)は初めの二文に述べられている。三文目の「〜気がしています。」という文末表現に着目すると、筆者の感想(考えたこと)がわかる。

3 **体験(出来事)と感想を読み分ける。**——線部までが体験(出来事)で、筆者が親元を離れたときの父からの手紙について述べられている。そのあとで、手紙の表書きから感じたそれまでとは違う父のことを「突然の変わりよう」と表現し、そのときの気持ちを「こそばゆい〜なったのであろう」と回想しているのである。

完成問題 P84・85

1 ウ　**2** ア

3 (1) ウ　(2) けれども　(3) 細かいが質量のある快感

1 ——線部は、筆者がインタヴューされるときよく話題になること。その話題について、第三段落「むろんどの道においても〜」から、筆者の意見が述べられている。「わたしは信じる。」という文末表現に注意するとよい。

2 **随筆には筆者の人柄や個性が反映される。**歌人の筆者が比喩表現を巧みに用いて、開店前の喫茶店の店内を描いている。客のいない店内についての「まだ眠りの中にあるよう」という表現や、「テーブルや椅子たち」「テーブルの上のナプキンや塩、コショーたち」などの表現に注目。客としてくつろいでいるときには感じなかったそれぞれの存在感を、筆者ならではの表現で表すことで、読者に臨場感を与えている。

3 (1) ——線①の「雨粒」は、「無邪気でかわいらしい粒々」だったのである。この「雨粒」を筆者は比喩表現などを用いて、**ア・イ・エ**と表現している。**ウ**は、「粒ではなくなって」しまった状態に対する表現。

(2) ——線②の直後に着目。「雨そのものにさわることはできる」が「雨粒」を直《じか》にさわることがなかなかできないのは、「雨自体は手に触れた瞬間、もう粒ではなくなってしまうから」だと述べている。

(3) 筆者は梅雨の「傘越しの雨」の感触について、「たとえていうのなら〜」と述べていることに注目する。

30 歴史的仮名遣い

【基本チェック（P86）の現代語訳】 今となっては昔のことだが、竹取の翁《おきな》という人がいた。野山に分け入って竹を切っては、いろいろなことに使っていた。（その人の）名前を、讃岐《さぬき》の造《みやつこ》といった。

（ある日、竹を切りに行くと、）その竹の中に、根元の光る竹が一本あった。不思議に思って、近寄ってみると、竹の筒の中が光っている。それを見ると、（身長が）三寸（約九センチメートル）ばかりの人が、まことにかわいらしい様子で座っている。

発展問題 P87

1 (1) **いわれけり** (2) **きのう** (3) **ついにまわらず**
(4) **みいたりし** (5) **おこがましく** (6) **はず** (7) **かんねん**
(8) **ようす** (9) **いもうすべけれ** (10) **いずれもよさそうなり**

1 実際に声に出して読んでみて、その発音と表記の違いを、次の点に注目して確認しよう。(1)「は」→「わ」 (2)「ふ」→「う」 (3)「ひ」→「い」、(4)「ゐ」→「い」 (5)「を」→「お」 (6)「づ」→「ず」 (7)「は」→「わ」、「くわ」→「か」 (8)「やう」→「よう」 (9)「ゐ」→「い」、「まう」→「もう」 (10)「づ」→「ず」、「さう」→「そう」

完成問題 P87

1 ① **いなかびたる** ② **いいやりたる** ③ **さようのところ**
④ **よろず** ⑤ **こころづかい** ⑥ **おかし**

1 ①「ゐ」→「い」 ②「ひ」→「い」 ③「やう」→「よう」 ④「づ」→「ず」 ⑤「ひ」→「い」。なお、**「心づかひ」は「心」と「遣（つか）ひ」が合わさったものなので、「づ」はそのままで直さない。** ⑥「を」→「お」

【現代語訳】 どこへでもいいが、しばらく旅に出（てよそに滞在す）るのこそ、いかにも新鮮な感じがするものだ。

その辺をここあそこと見て歩けば、田舎ふうな所や山里には、実に見慣れぬ珍しいことが多くある。

伝手《つて》（人とのつながり）を求めて都のわが家へ手紙を送る。その中に、「そのこともあのこともみな、ついでついでに忘れないでやっておいておくれ。」などと言い送るのも面白い。

そういう所では、何事につけても気配りさせられるようになり、持っていった道具なども、よいものは（家で見るより）よく見えるし、芸のある人、姿形のいい人も、ふだん（都で見る）より味わい深く見える。

寺や社に人知れず籠《こも》るのも面白い。

31 重要古語の意味

【基本チェック（P88）の現代語訳】 春は明け方（がいい）。しだいに白んでいく山の稜線《りょうせん》に近い空が、少し明るくなって、紫がかった雲が細くたなびいている（のは風情《ふぜい》がある）。

夏は夜（がいい）。月のころはもちろんだが、やみもやはり、蛍がたくさん飛びかっている（のがよい）。また、ほんの一、二匹などが、ぼんやりと光って行くのも風情がある。雨などが降るのも風情がある。

秋は夕暮れ（がいい）。夕日が差して山の端《は》にたいそう近くなったころに、烏《からす》がねぐらに行くというので、三羽四羽、二羽三羽などと、飛び急いでいるのまでしみじみとした感じがする。

発展問題 P89

1 (1) **ア** (2) **イ** **2** (1) **ア** (2) **ウ**

1 (1)「**つとめて**」は「**早朝**」という意味。重要古語なので覚えておこう。

(2)「つきづきし」は、その場の状況に適している様子を表す。

【現代語訳】冬は早朝（がいい）。雪が降っているのは言うまでもなく、霜がたいそう白いのも、またそうでなくてもとても寒い時に、火などを急いでおこして、その炭を持って（廊下などを）渡っていくのも（冬の朝に）たいへんふさわしい。

2 (1) 現代語の「年ごろ」とは異なる意味で使われることが多い。「長年の間・数年来」の意味。

(2)「**ゆかし**」は、**興味がもたれる様子を表す**。前後の文脈によって「見たい」「聞きたい」などの意味になる。この語も現代語の「奥ゆかしい」などの「ゆかしい」とは意味が異なる。

【現代語訳】「長年思っていたことを、果たしました。聞いていたのにも増して、尊くていらっしゃいました。それにしても、お参りをした人が皆、山へ登ったのは、何事かあったのでしょうか、知りたかったけれど、神様にお参りするのこそ本来の目的だと思って、山までは登って見ませんでした。」

完成問題 P89

1 (1) イ (2) ア

1 (1)「いかが」には「どうして…か、いや…ない」という反語の意味もあるが、ここでは清少納言《せいしょうなごん》が悩んでいるところから「どのように」という疑問の意ととるのが適切。懐紙《かいし》に書かれた下の句に対してどのように上の句を付ければよいのだろう、と悩んでいるのである。

(2)「**めでたし**」は、**強く心をひかれる様子**を表し、「すばらしい」「立派だ」「美しい」などの意味がある。ここでは、「見事に」が適切である。

【現代語訳】今となっては昔のことだが、二月末日、風がさっと吹き、雪がちらつく頃、公任《きんとう》を、宰相《さいしょう》の中将《ちゅうじょう》と人々がお呼びしていた時、公任が清少納言《せいしょうなごん》のもとへ懐紙《かいし》に書いて、

少し春ある…（少し春めいた感じがすることだ）

とあった。本当に今日の様子に大変よく合っているが、どのように上の句を付ければよいのだろうと（清少納言は）思い悩む。

空さえて…（空が寒々として桜の花に見まがうように散る雪に）

と、見事に書いた。（公任は）たいそうおほめになったのだった。

32 助詞の省略と意味

【基本チェック（P90）の現代語訳】かわいらしいもの、瓜《うり》にかいた幼児の顔。すずめの子が、ねずみの鳴きまねをすると躍るようにして来る姿。二、三歳ぐらいの幼児が、急いではってくる途中に、とても小さなちりがあったのを、目ざとく見つけて、とてもかわいげな指につまんで、大人一人一人に見せているのは、たいへんかわいらしい。

おかっぱ頭の幼女が、目に髪がかぶさっているのを、払いのけもしないで、首をかしげて何かを見ているのも、かわいらしい。

発展問題 P91

1 (1) ある人が、弓を射ることを習ふに (2) a 2 b

1 (1) **主語を示す格助詞**の「が」と、**対象を示す格助詞**の「を」を入れる。

(2) aの「の」は「師が言われるには」という意味で、主語を示す。他は連体修飾語を作る「の」である。

【現代語訳】ある人が、弓を射ることを習うときに、二本の矢を手にはさんで持って的に向かった。師が言われるには、「初心者は、二本の矢を持ってはならない。（二本の矢を持つと）あとの矢を頼みにして、初めの矢を射る時にいいかげんな気持ちになるものだ。毎回ただ成功するか失敗するかと迷わず、この一本の矢で決めようと思え。」と言う。

2 a・cは格助詞。bは**逆接を表す接続助詞**である。

【現代語訳】孟宗《もうそう》は、幼くして父に死に別れ、一人の母の面倒をみていた。母は年老いて、いつも病気で苦しみ、食の味わいも、その時ごとに変わったので、求めるすべもないものを欲しがった。冬の季節なのに、竹の子を欲しいと思った。すぐに、孟宗が、竹林に行って探したけれども、雪深い時季なので、どうして簡単に手に入ろうか。

完成問題 P91

1 (1) c (2) ア (3) エ

1 (1) cは連体修飾語を作る助詞の「の」。他は主語を示す。

(2)「二、三羽ここに下りて、自分がまずえさを探し求めて…」ということ。

(3) 人が恥ずべきなのはどのようなことか。鳥ですら友達に信《まこと》があることは、人間にひき比べて考えてみるとどうかというのである。

【現代語訳】 二月になっても野山一面が雪に覆われている中に、清水の流れは水温が温かいので雪が少し消えている所もあり、ここが水鳥が下りる所である。雁《がん》がこれ（雪が消えている所）を見ると、まず二、三羽がここに下りて自分がまずえさを探し求め、そのまま糞《ふん》を残してえさがある所の目印とする。地方の言葉でこれを「雁の代見立《しろみた》て」という。雁がこのようにするのは友達の鳥を（そこに）集めてきて、かれらにもえさを探させようとするからである。（雁が）友達に誠意があることは人も（自分の身にひき比べて）恥ずべきことである。

33 動作主をとらえる

【基本チェック（P92）の現代語訳】 熊谷《くまがえ》が、「（そこを行かれる）あなたは大将軍とお見受けいたします。見苦しくも敵に後ろをお見せになるものですな。お戻りなさいませ。」と扇を上げて招いたところ、（その武者は）招かれて引き返す。（その武者が）波打ちぎわに上がろうとするところに、（熊谷は馬を）並べてぐいっと組んでどしんと（馬から）落ち、（その武者を）取り押さえて首を切ろうと、かぶとをあおむけにして（顔を）見ると、年が十六、七ぐらいの（若武者）が、薄化粧をして、お歯黒をつけている。わが子の小次郎《こじろう》の年齢くらいで、顔立ちがとても美しかったので、どこに刀を刺したらよいかもわからない。

発展問題 P93

1 イ　2 ① イ　② ア

1 直前の「かの木」とは「榎《え》の木」。人から「榎木《えのき》の僧正《そうじょう》」と呼ばれることを「然《しか》るべからず」と思い、榎の木を切ったのだ。「榎木の僧正」と呼ばれた人は良覚《りょうがく》僧正である。「公世《きんよ》の二位」は実際には登場していない。

【現代語訳】 従二位《じゅにい》藤原《ふじわら》公世の兄で、良覚僧正と申し上げた方は、非常に怒りっぽい人であった。住まいの僧坊のそばに、大きな榎《えのき》の木があったので、人々は、「榎木《えのき》の僧正」と言った。この名前がけしからんと言って、その木を切ってしまわれた。

2 **動作主をとらえるときは、敬語にも注意しよう。** この文章での登場人物は昭乗《しょうじょう》と将軍。「問はせ給《たま》ふ」は「お尋ねになる」という尊敬語なので将軍の動作。「申す」は「言ふ」の謙譲語なので、昭乗の動作であるとわかる。

【現代語訳】 昭乗は文字を巧みに書くという評判だった。（京都から）関東へ行って将軍の御前で書を書いたのだが、関東は水が悪くて、筆の勢いが伸びにくいという事情を言ったところ、「都ではどんな水を使って書くのか。」と（将軍が）お尋ねになった時、（昭乗は）「京の柳の水が軽くてふさわしい。」と（将軍に）申し上げた。

完成問題 P93

1 ウ

1 **場面の状況をしっかりとらえる。** 餅を持ってきて藤屋《ふじや》の店に並べ a「受け取ってください」と言ったのは「餅屋」。そのときは聞こえぬふりをしていて、あとで b「今の餅を受け取ったか」と聞いたのは「旦那」。それに答えて c「もう（餅をこちらに）渡して（餅屋は）帰りました」と言ったのは「手代」。最後の d は、手代の答えを聞いた旦那の言葉である。

【現代語訳】 十二月二十八日の明け方、（餅屋は）忙しそうに連れだって餅をかつぎこみ、藤屋の店に並べ、「受け取ってください。」と言う。餅はつきたてで好もしい感じで、正月らしく見えた。（藤屋の）旦那は聞こえぬふりをしてそろばんをはじいていたが、餅屋は時節柄ひまを惜しみ、何度も催促するので、気のきいた手代が、はかりできちんと量り、餅を受け取って帰した。二時間ばかりたって、（旦那が）「今の餅は受け取ったか。」と聞くので、（手代は）「もう餅を渡して帰りました。」（と答えた。）（旦那は）「この家に奉公するほどにもないやつだ、ぬくもりの冷めない餅をよくも受け取ったものだ。」と言うので、また量ってみると、意外と目方が減っていることに、手代は恐れ入って、食いもしない餅に口を開けていた。

34 係り結び

発展問題 P95

1 (1) 強調　(2) ウ

1 ここの「こそ」は係りの助詞。係りの助詞のうち、「ぞ・なむ・こそ」は、**その前の語を強調する。** また、「や・か」は疑問などを表す。これらの助詞があると、**結びの言葉はある決まった活用形になる。ここでは、文末の「しか」が対応している。「しか」は過去の助動詞「き」の已然《いぜん》形。**

【現代語訳】 中野三郎という人が、川の中の大きな岩に腰をかけて、笛を高らかに吹き鳴らしていたが、水の音に響き合ってしみじみと風情《ふぜい》があるときに、そばにいた法師が、「春に趣深く聞こえてくるのは」と、昔の和歌の一節を口ずさんだのが、この時に合っていて情趣深く思われた。

完成問題 P95

1 (1) こそ　(2) けり

1 (1) 係りの助詞は「ぞ・なむ・や・か・こそ」の五つ。

(2) 係りの助詞「ぞ」がなければ、文の終わりは終止形となる。

【現代語訳】 熊谷《くまがえ》が涙をおさえて申し上げたことには、「お助け申そうとは思いますが、(源氏《げんじ》の)味方の軍勢が、たくさん集まってきています。とうていお逃げになれないでしょう。他の者の手におかけ申すより、同じことなら、直実《なおざね》の手におかけ申して、後世のご供養《くよう》をしてさしあげましょう。」と申したところ、「ただ早く首を取れ。」と(若武者は)おっしゃった。

35 作者の考えや主題を読み取る

【基本チェック(P96)の現代語訳】 仁和寺《にんなじ》にいたある法師が、年を取るまで石清水八《いわしみずはち》幡宮《まんぐう》を参拝したことがなかったので、残念なことに思われて、ある時思い立って、たった一人、徒歩でお参りした。極楽寺《ごくらくじ》や高良《こうら》神社などを拝んで、これだけのものと思い込んで帰ってきた。

さて、仲間に向かって、「長年思っていたことを、果たしました。うわさに聞いていた以上に、尊くいらっしゃいました。それにしても、参拝している人が皆、山へ登ったのは、何かあったのでしょうか、(それを)知りたかったけれど、石清水八幡宮に参拝することこそが本来の目的だと思って、山までは登って見ませんでした。」と言った。

少しのことにも、その道の先導者はあってほしいものだ。

発展問題 P97

1 (1) イ　(2) ① 東　② 南　(3) エ

1 (1) 「ある人」のやしきは東向きに建てられていたが、南向きがいいと聞いていた。そこで、火災にあったのを機会に、「今こそ南向きに建て直そう」と言ったのである。

(2) ① 東向きから南向きに建て直したのに、「もとの[①]向きがよかったのに」と言われたというのだから、①には「東」が入る。② 「ある人」の屋敷の向きは、これまでに東向き→南向き→東向きと変わった。そして「このごろ聞くに」(=このごろ聞くところ)、もとの南向きがいいと言う人が多いということなので、これまでのことから考えると、また火災でもあれば、もとの南向きになるだろう、というのが筆者の予想。したがって②には「南」があてはまる。

(3) 最後の二文「またよき事〜いつともあるまじ。」が筆者の考えをまとめた部分である。**どんな具体例をもとにどんな考えを述べているかをつかむ。**

【現代語訳】 ある人の屋敷は、東向きに建てられていたが、年月がたつにしたがって、南向きがいいだろうと言う人が、次第に多くなり、その後火災にあったので、今こそ(南向きに建て直そう)と言って、南向きになったが、もとの東向きがよかったのにと言う人が、また次第に多くなり、これも火災にあったので、また東向きになった。このごろ聞くと、もとの南向きが(いい)と言っている人が多いという。また年月がたって、火災があれば、もとの南向きになるだろう。またよいことがあればいいなあと思って、ここにあるのをあそこに行こうと思い、これをしてはあれをしようと思って、心が落ち着かなくなるのである。しかし心が満足するよいことは、いつもあるまい。

完成問題 P98・99

1 (1) 例橋を架ける　(2) ウ　(3) 今世の〜を得ず　(4) エ

2 (1) 怠る心　(2) A 朝　B 夕　(3) ウ　(4) イ

(5) 例斧をといで針にしようとする老人に感動して、ますます努力して読書に励んだから。(38字)　(6) ア

1 (1) あとの治貞卿《はるさだきょう》の言葉の中に、「多くの人の手にて造り出せる橋」とある。ここから、多くの人が「橋を架けること」に力を尽くしたことが読み取れる。

(2) 治貞卿が多くの人々の力で橋が完成したことに感動していることから考えれば、ウが適切である。イ・エのように馬のためを考えたのではないし、音とは関係ないのでアも不適切である。

(3) 「常の言ひぐさに」(=ふだん言っていることに)とあるので、この直後から会話文が始まると考えられる。**会話文の終わりは、引用の「と」に着**

目してとらえる。「と宣《のたま》ひけるとぞ」（＝とおっしゃったそうだ）とあるので、この「と」の直前までである。

(4) (3)の「常の言ひぐさ」が治貞卿の考えである。「我が身の上の事に引きあてて」の部分に着目して考える。

【現代語訳】 紀伊《きい》の中納言《ちゅうなごん》源《みなもとの》治貞卿が、はじめ西条《さいじょう》にいらっしゃった時、福田の橋が洪水にあって流れたので、新しく造って架けた。その卿がある所へ行こうとして、そこをお通りになったが、（橋に）近くなって馬から下り、橋の下に入って見て回りながら、「多くの人がそんなにも力を尽くしたのだ。」と言って、そのまま歩いて行き橋の上にお上りになったので、お供の人々が「お馬にお乗りになりますか。」と申したところ、「いやいや。多くの人の手で造り上げた橋を、私が初めて渡るのに、馬の蹄《ひずめ》で踏みつけることがあってはならない。」と言って、お乗りにならなかった。この卿はもともと学問を好んで、ふだんの言いぐさに、「今の世間の人々は、賢人や聖人の書物を読んで道理について論ずるが、自分の身に照らして考え、悪い心や行いを改めようとすることを知らない。これはどういうことだろう、私はその心が理解できない。」とおっしゃっていたそうだ。

2

(1) 朝だけ走る（速い）馬と、一日中歩く（遅い）牛を比べた例をおさえると、「怠る心」が「学に志すもの」の妨げになることがわかる。

(2) 前後の内容をおさえると、「ほんのわずかな時日」という意味の四字熟語である「一朝一夕」になることがわかる。

(3) 「しるし」には、「目印」などの意味もあるが、「今日も明日も続けて、そうしてはじめて」という**文脈から考えれば**、**ウ**の「効果」が適切である。

(4) 「やすし」にもいろいろな意味があるが、人が一生の力をその道に使っても「なほその奥義《おうぎ》にいたることは」という文脈から、**イ**が適切である。

(5) 「むかし、李白《りはく》〜」以降の話に着目。李白は、誰が何をしているのを見て、どうしたから、名をなしたかを読み取る。

(6) 「つとめはげむ」「今日止《や》まず、明日止まず」「さらにつとめて」などの言葉から、「努力」の大切さを主張している文章だとわかる。

【現代語訳】 学問を志すものは、昼も夜も努力するとはいっても、半月を過ぎ、一か月を経ると、怠ける心が早くも生じる。馬は（足が）速いといっても、朝ちょっと走って止まれば、どうして牛が一日中歩くのにかなうだろうか、いや、かなわない。谷間の石が磨かれるのも、井戸のふちが丸くなるのも、一朝一夕の力によるのではない。今日も（努力を）やめず、明日もやめず、そうしてはじめてその効果があるのだ。人が一生の力をその道に使ってさえ、やはりその最も大切な事柄に至るのは簡単ではない。昔、李白が書を匡山《きょうざん》という所で読んだ。他の地に行った時、道で老人が石に当てて斧《おの》を研いでいるのに会った。（何をしているのかと）聞いてみると、（斧を）針にしようと思って研いでいると言ったのに感動して、さらに努力して本を読み、ついによい評判を得た。

36 送りがなや返り点に気をつけて漢文を読む

発展問題 P101

1 (1) 而　(2) 亦楽しからず（や。）　(3) 不レ慍ミ

1

(1) 「**而**」は、この場合は**置き字**なので読まない。

(2) 「楽」の下に返り点の一点が付いているので、「亦楽」を続けて読んで、「不」に返る。**「不」は「ず」と読んで否定の意を表す。**書き下し文ではひらがなで書く。この行は、「有リ下朋《とも》 自《より》二遠 方一来タル上、不《ず》二亦《また》 楽シカラ一乎《や》。」と返り点を付けて、「朋遠方より来たる有り、亦楽しからずや。」と読む考え方もある。

(3) 書き下し文は「慍《うら》みず」。漢文は「不慍」。「ず」は「不」の読みなので、漢文を書き下し文に従って読むには、「慍」を「不」の前に読むようにレ点を付ければよい。

【現代語訳】 学んでしかるべきときに復習する、なんとうれしいことではないか。友人が遠くから訪ねてくる、なんと楽しいことではないか。世の人が認めてくれなくても不平不満を抱かない、なんと人格者らしいではないか。

完成問題 P101

1 (1) 1 4 2 3　(2) ず　**2** 知二雪 重一

1

(1) まず、返り点の付いていない「遥」を読む。次に一・二点が付いているので下の二字を読んで「見」に返る。

(2) □には「不」があてはまる。「不」は「ず」と読み、ひらがなで書く。

2 「雪重」の二字を続けて読んで「知」に返るので、一・二点を付ける。

37 独特の言い回しに気をつけて漢文を読む

発展問題 P103

1 (1) ア　(2) イ　(3) イ

1 (1) 「**能《よ》く」は可能を表し**、「能く陥《とほ》すもの」は「突き通すことができるもの」、「莫《な》きなり」は「無い」。ここは盾について述べているので、この盾を「突き通すことができる物はない」というのである。

(2) 「陥さざる」は「突き通さない（物）」。矛について言っているので「突き通さない物はない」となる。**二重に否定**しているので、「どんな物でも突き通す」という意味になる。

(3) 「**能《あた》はざる」は「～（することが）できない」という意味。**

【現代語訳】 楚《そ》の国の人に盾と矛を売っている者がいた。これ（盾）をほめて言うには、「私の盾の堅いことは、（どんな物でもこれを）突き通すことができる物はない。」と。また、その矛をほめて言うには、「私の矛の鋭いことといったら、どんな物でも突き通さない物はない。」と。（すると）ある人が言うには、「（では、）あなたの矛で、あなたの盾を突き通すとどうなるか。」と。その人は答えることができなかった。

完成問題 P103

1 (1) 福　(2) イ

1 (1) 「禍《か》」と「福」が**対句的に表現**されていることをとらえる。

(2) 「非神聖人、莫之能分」の意味を正しくとらえる。「莫之能分」は、「これ（＝禍と福、利と害）を区別することができない」という意味。

【現代語訳】 そもそも禍（＝わざわい）が来るのは、人が自らこれ（禍）を生じさせたためで、福が来るのも、人がそうしたのである。禍と福は出所を同じくし、利と害は隣り合っている（ので）、人格者でなければ、これらを区別することができない。

38 リズムに気をつけて漢詩を読む

【基本チェック（P104）の漢詩の大意】 題―春の明け方
春の眠りは（気持ちがよく）夜が明けたのも気づかなかった／あちこちで鳥の声が聞こえる／（そういえば）ゆうべは風雨の音がしていた／花はどれほど散ったことやら

発展問題 P105

1 (1) ウ　(2) 深・心・金

1 (1) **八句（行）から成るので**「**律詩**」、**一句が五字から成るので**「**五言**」。つまり、「五言律詩」である。

(2) **五言詩は偶数句の末字で韻を踏むのが原則**。偶数句の末字を確かめると、「シン」「シン」「キン」「シン」というように、「イン（in）」という音を含む漢字になっている。「簪」も「シン」と読む。

【漢詩の大意】 題―春のながめ
都は（戦いのために）破壊されてしまったが山河は元のままである／町の中にも春がやってきて草木が青々と茂っている／このような世の中に悲しみを感じて、（心和むはずの）花を見ても涙を流し／（家族との別離の）恨めしさを感じては（楽しいはずの）鳥のさえずりを聞いても心が落ち着かない／戦いののろしは三か月にわたって続いており／そんな中で家族からの手紙はまさに万金に値する／（嘆きのあまり）白くなってしまった頭を掻《か》くと髪はいっそう抜け落ちて／もうかんざしもさせないほどになってしまった

完成問題 P105

1 (1) 承　(2) 思フ二千里ニ一　(3) エ

1 (1) **絶句の構成は**「**起承転結**」。

(2) 「千里」の二字を読んでから「思」に返るので、一・二点を付ける。

(3) 三・四句に作者の思いが歌われている。

【漢詩の大意】 題―おおみそかの作
旅館のわびしい明かりのもと、独り眠れないでいる／旅人（である私）の気持ちはどうしてかますます物悲しい／故郷のことを今夜遠く離れた旅先で思う／白髪頭の私は明日になるとまた一つ年をとってしまうのだ

39 詩の表現技法

発展問題 P107

1 (1) ウ　(2) ア　**2** (1) イ　(2) イ

1 (1) 決まったリズムで詠《よ》んだ詩を「**定型詩**」という。

(2) 「ゐ・ゑ」などの昔の仮名遣い（歴史的仮名遣い）が使われていても、口語（現代の話し言葉）で書かれた詩は「**口語詩**」である。

2 (1) 「この荒々しい北風は なんだろう。」が普通の語順。つまり、**倒置法**が用いられている。**ア**は、野菜がフライパンでいためられる様子が「野菜たちが」「踊っている」と表現され、**擬人法**が用いられている。**イ**は、「真っ赤なバラの花が 咲いているよ。」が普通の語順で、倒置法が用いられている。**ウ**では、「〜のように」という表現に着目する。**直喩**が用いられている。

(2) 示されている文の末尾は「草の露」となっていて、**体言止め**が用いられている。**イ**も、文末が「サラリーマン」となっていて、体言止めが用いられている。**ア**は擬人法、**ウ**は隠喩が用いられている。

完成問題 P107

1 (1) ア　(2) ウ

1 (1) 最後の「やうだ（ようだ）」に、歴史的仮名遣いが用いられているが、口語で書かれているので、口語詩。一行一行が決まった音数ではなく、自由なリズムで詠《よ》まれているので、自由詩。したがって、「**口語自由詩**」。

(2) この詩では、蟻《あり》にひかれていく蝶《ちょう》の羽の様子が「ヨット」にたとえられている。「やうだ」というたとえを表す言葉を用いているので、**直喩**。**ウ**も、「ごとき」という言葉が使われ、「夜景」が「宝石箱」にたとえられているので、直喩。**ア**は体言止め、**イ**は擬人法、**エ**は隠喩が用いられている。

40 詩の鑑賞

発展問題 P109

1 (1) ウ

1 (1) 「いま ないておかなければ」という表現から虫の短い命を、「もう駄目だというふうにないてる」という表現から虫のせっぱつまった様子を、作者が感じていることを読み取る。作者が虫の声をそのように聞き、「涙をさそわれる」のは、虫の生涯を自分自身に重ね合わせているからと考えられる。

完成問題 P109

1 a 例かけがえ　b エ

1 a 詩中に「一生にたった一度の朝」とあることに着目して、「〜のない」につながる言葉を考える。「かけがえのない」は、「この上もなく大切で、何ものにも代えられない」という意味。

b 朝顔が「一生にたった一度の朝」を迎えて花を咲かす情景をイメージしよう。朝顔が花を咲かす、その「一瞬」をとらえて「生の証《あかし》」と言っているのだから、それに合うのは「輝き」である。

41 短歌の形式と決まり

発展問題 P111

1 ① ア　② ウ　③ ウ　**2** 初（句切れ）

1 ① 三句目の「みじかければ」は六音で**字余り**。

② 「一日《ひとひ》」「一生《ひとよ》」の、この短歌での読み方に注意する。

③「寒いね」は四音。会話を表す符号のかぎかっこは音数に数えない。

2 「海が恋しい。遠くの潮騒《しおさい》の音を数えるようにして少女となっていった、あの父母のいる家よ。」という歌。「海恋し」で切れる。大人になり、海を見る機会のなくなった現在から、海に近いところにあった故郷を思い起こしている。

完成問題 P111

1 (1) B (2) A（と）B (3) 句切れなし

1 (1) Bの歌の四句目の「一つ夕焼けの」が八音で、字余り。

(2)・(3) Aは「なほ寒し」で切れ、三句切れ。Bも「水泳ぐ」で切れ、三句切れ。Cは「な鳴きそ鳴きそ」で切れ、二句切れ。Dは句切れなし。

42 短歌の鑑賞

発展問題 P113

1 (1) ウ (2) 今年ばかりの春 (3) 例花の咲く

1 (1) 短歌中に「春ゆかんとす」とある。「ゆかんとす」は、「過ぎ去ろうとしている」という意味である。「いちはつ」はアヤメ科の植物で、五月頃に花を咲かせる。

(2) 人にとっては違うかもしれないが、「我目《わがめ》」、つまり自分にとっては今年限りの春の風景として見えるというのである。「今年ばかり」という表現に、作者の心情がよく表れている。

(3) 季節になっていちはつの花が咲いたという、毎年繰り返す情景を歌ったものであるが、その「花が咲く」という何でもないような情景を、特別な思いでじっと見つめている作者の様子が想像できる。

完成問題 P113

1 B 2 ア

1 「青春の輝きと自信」に最もふさわしい短歌を、使われている言葉に注意し、歌の情景をイメージして選ぶ。ここに挙げられた三首の短歌は、いずれも美しく豊かな髪のイメージが歌われているが、「自信」に最も直接結びつくのは、「〜黒髪のおごりの春」とあるB。それぞれの短歌の大意は次のようになる。

A 五尺（約一メートル五十センチ。誇張した表現）の髪を解いて水に放ったなら、やわらかく水に広がるでしょう。そのようにやわらかく傷つきやすい乙女心は、決して人に話すまい。

B その女性は二十歳、櫛《くし》にまっすぐ流れる黒髪が誇らしく感じられる、そうした青春の美しさよ。

C 解いた髪を若枝《わかえ》にからませるような風が吹いてゆく西の方角よ。遠くに二尺（約六十センチ）に足りない、小さな美しい虹がかかっている。

2 自分は誰の味方というわけでもないはずなのに、誰かを「困らせる側」に入り、そのくせ、「目立たずいる」ことを好んだ。そうした自分の揺れ動く気持ちを詠《よ》んでいる。イのように「集団に属さないで」いるわけではない。また、ウのように「好き嫌いの気持ちだけで行動」しているわけではない。

43 和歌の鑑賞

発展問題 P115

1 ①ウ ②エ 2 ウ

1 ウの「あしひきの」は、「山」を導く枕詞《まくらことば》である。エは結句が「秋の夕暮れ」と体言で終わっている。

アは、東の野に「かぎろひ（太陽が昇る際の光）」が差すのが見えて、西の空を振り返ってみたら、月が沈もうとしていたのである。この歌は有名なので覚えておきたい。**イは、「ふる」の部分が「経《ふ》る」と「降る」をかけ、「ながめ」の部分が「眺め」と「長雨」をかける掛詞《かけことば》になっている。**大意は、「花が春の長雨に打たれて散っていくように、物思いにふけっているうちに、私の美しさも消えうせてしまったことだ」となる。ア・ウは『万葉集《まんようしゅう》』、イは『古今和歌集《こきんわかしゅう》』、エは『新古今和歌集《しんこきんわかしゅう》』に収められている。

2 設問文に「節分から立春」とあるので、冬から春に変わる頃の歌を選ぶ。アは「紅葉《もみぢ》とともに雪の降りぬる」とあるので、秋から冬にかけての歌。イは「梅の花」「柳なびきて春雨ぞふる」とあるので春の歌。ウは「氷うちとけ春は来にけり」とあるので、春の到来の歌。

完成問題 P115

1 (1) A 三　B ウ　(2) 例 鴫の飛び立つ音によって、かえって沢の静けさが強調される（27字）

1 (1) A 歌の横に記された解釈文に着目しよう。「（情趣は）感じられることだ。」の箇所に**句点**がある。短歌では「（あはれは）知られけり」の箇所にあたる。B 結句が「秋の夕暮れ」という体言になっている。

(2) 鴫《しぎ》が飛び立つ情景なのだから、聴覚でいえば、その飛び立つ音である。——線部のあとに「秋の寂しさが凝縮されている」とあることから、鴫の飛び立つ音がかえって辺りの静かさを強調することをとらえるとよい。

44 俳句の形式と決まり

発展問題 P117

1 ①（季語）桜　（季節）春　②（季語）春を待つ　（季節）冬

③（季語）端午　（季節）夏　④（季語）秋刀魚　（季節）秋

2 ①や　②かな　③けり

1 ②は、「春を待つ」のだから、季節は冬である。③の「端午」は、五月五日の節句のこと。**「五月」は旧暦で考えるので夏である。**④は、「秋刀魚《さんま》」という漢字に着目。

2 **「や・かな・けり・ぞ・よ」などの主な切れ字は覚えておこう。**

完成問題 P117

1 B　2 や　3 ア

1 「颱風《たいふう》」は秋の季語。Aは、「雪とけて（雪解け）」で春。Bは、「露」で秋。Cは、「雷《かみなり》」で夏。Dは、「霰《あられ》」「霜」で冬。

2 **切れ字の「や」を読んだあとで間を置く。**

3 ア 季語は「小春日和」。「小春日和」は、春のように暖かな、冬の晴れた日のこと。よって、季節は冬。イ 初句の「玉の如《ごと》き」が六音で、字余り。ウ 「如き」はたとえを表す。小春日和を「玉」（宝石）にたとえている。

45 俳句の鑑賞

発展問題 P119

1 (1) 夏草　(2) エ

1 (1) 季語は「夏草」で、季節は当然「夏」である。

(2) 夏草は、昔も今も変わらず勢いよく茂っている。昔は、そこで兵たちが「栄華や功名」を夢みて戦ったが、今は「ただ草むらとなっている」だけである。このことから、芭蕉《ばしょう》は、人の世ははかないと感じているのである。

完成問題 P119

1 イ　2 ア

1 作者が柔らかな日差しが降り注ぐ中で大木を見上げているという**情景をイメージ**して、適切な選択肢を選ぶ。アは「青々とした若葉に覆われた」が、春の季語である「芽ぶく」に合わない。ウの「生気が感じられない」、エの「寂しさ」は、鑑賞文の「うららかに晴れた」「生新さ」に合わない。

2 鶯《うぐいす》が鳴く「前ぶれ」を感じさせる俳句を選ぶ。アに「鶯のけはひ興《おこ》り」とある。「けはひ」は「気配」、「興り」は「起こって」という意味なので、この句が適切。

46 話し方・聞き方

発展問題 P120

1 (1) イ　(2) 例 自分の名前

1 (1) ここは相手の動作を敬って表現するところなので、**尊敬語**を用いるのが適切である。「おります」では謙譲語になってしまう。

(2) **電話をかけるときのエチケットとして、相手が電話に出たら、まず自分の名前を名乗ることが大事**である。

完成問題 P121

1 (1) 例 集合時間がわからないので教えてください。　(2) イ　2 イ

1 (1) 田中さんの話には、テニス大会の行われる場所、集合場所、持ち物など、部員がテニス大会に参加するうえで知っておかなければならない情報が含まれているが、**当日の集合時間という重要な情報が抜けてしまっている**。

(2) 田中さんの話の目的は事実を正確に伝えるということである。事実を正確に伝えるためには、伝えたい要点が整理されていること、構成がわかりやすいことなどが大切。これは、口頭で話をする場合に限らず、手紙などで用件を伝える場合も同様のことがいえる。

2 生徒が先生に話す場合、どのような言葉遣いをすればよいのかを考える。生徒は目上の先生に敬意を表すような表現をすべきである。また、それと同時に身内である「母」のことはへりくだって表現すべきである。つまり、先生の動作は尊敬語、「母」の動作は謙譲語で表現する。手紙を書く場合も、敬語を正しく使うべきであるのはもちろんである。

47 紹介文を書く

発展問題 P123

1 例 私の好きなことわざに「縁の下の力持ち」があります。
私は中学校で野球部のマネージャーをしていました。マネージャーの仕事は決して日の当たるものではありませんが、私は選手たちが全力で試合や練習に打ち込めるように一生懸命努めてきました。そんな私にとって、「縁の下の力持ち」という言葉は、まさに自分の理想の姿を言い表した、特別な言葉なのです。

1 **作文の問題では、問われていることと条件をきっちりとおさえておくことが大切**である。この問題では、自分の好きなことわざを紹介する文章を書くことが求められており、書き出し方や、自分の「体験や見聞を含めて書く」こと、文字数が条件として提示されている。
まずは紹介したいと考えることわざをいくつかメモに書き出してみよう。その中から、最も書きやすそうなものを選んで題材とする。自分の「体験や見聞を含めて書く」ことが条件とされているので、「体験や見聞」に結びつけやすいようなことわざを選ぶとよい。文章の構成は、先に選んだことわざを示し、そのあとで、関連する「体験や見聞」を紹介して、最後に、選んだ

ことわざに対する自分の感想・考えを書くという形にすると、書き手の意思が明確に伝わる文章となる。

完成問題 P123

1 （紹介するもの）例屋久島の自然

（本文）

例 屋久島は九州の南に位置する島です。とても豊かな自然が残されており、現在では世界遺産に登録されています。特に縄文杉とよばれる古木はとても貴重なものとされています。

屋久島の最大の魅力は、昔の自然の姿が、そのままの形で残されているというところにあります。このすばらしい自然は、鹿児島県の宝であり、また全人類の宝であると思います。

1 条件に注意して、第一段落では、紹介するものについての客観的な事実を記し、第二段落では、そのもののどういうところが魅力的なのかを説明する。

何を紹介するかについては、地元の「自然や風土、特産品、伝統行事、先人・偉人」などの中から、**自分がよく知っているものを選ぶ**ようにしよう。あまり知らないことを選んでしまうと、第一段落でつまずくことになる。

第二段落には、自分の主観的な立場から、紹介するものの「魅力」を書くことが求められているので、**単なる事実を記した内容とならないように注意**する。

48 意見文を書く

発展問題 P125

1 例 私は練習は量より質を重視すべきだと思う。量を重視した練習では、むだなことをだらだらと続けることになりがちだからだ。

アメリカのメジャー・リーグでは、中身の濃い練習を、短時間だけ集中して行うのが主流だという。実際、そのほうが効率のよい練習になると思う。こうした理由で、私は、練習は量より質を重視すべきだと考える。

1 すでに出ている意見文は「練習は質よりも量を重視したほうがよい」という立場から書かれている。設問では、この意見文とは「異なる立場に立って」意見を書くことが求められているので、「練習は量よりも質を重視したほうがよい」という意見を書けばよいということになる。

意見文は読んだ人を納得させることを目的とした文章であるから、単に意見を述べるだけではなく、**主張したい意見の根拠を明確に示すことが不可欠**である。根拠を示す場合は、**自分の体験や見聞といった具体的な事例を交える**ことが望ましい。それによって、より説得力を増すことができるのである。

完成問題 P125

1 例 私は、野鳥であるハクチョウに人間が餌を与えるのは間違っていると思う。

野生の生き物は、厳しい生存競争の中で生きている。人間が力を貸すことで、その生き物の野生の力をそいでしまうことになるかもしれない。また、人間が特定の生き物を助けることで、生物界全体のバランスを狂わせることになってしまうかもしれない。このようなことがないように、野生の動物に餌を与えることはやめるべきだと思う。

1 野生動物であるハクチョウに餌を与えることの是非を問う問題である。もちろん、どちらの立場に立った意見を書いてもよい。ただし、書いた意見の根拠をきちんと示すことが必要である。**全体の組み立てについては、先に意見を書き、あとで根拠を示してもよいし、その逆でもよい。**もちろん、右の解答例のように、最初と最後に意見を二度繰り返しても構わない。

49 感想文を書く

発展問題 P127

1 例 写真には、詩に書かれている「なんでもお見通しだ」という言葉にぴったりのまなざしで、何かを見つめている子どもの顔が写っている。見たもの聞いたもののすべてをありのままに受けとめようとする子どもの「真っ白」な心が伝わってくるような写真だと思った。そんな「真っ白」な心は、「どんな色」にも染まる純粋さを持っている。その純粋さを私も忘れずに持ち続けたいと思う。

1 感想文を書く問題では、例えば写真なら、そこに何が写っているのか、それはどういう状況なのか、またその写真からどういう印象を受けるかなど、**さまざまな視点に立って、想像力を働かせる**ことが大事である。

この問題では詩が添えられているので、まず詩の内容を解釈することから始めるとよい。詩の最後に「子どもの心は／真っ白だ／どんな色にも／染まってしまうぞ」とあることから、ここではどんなものも柔軟に受け入れようとする子どもの心の純粋さがテーマになっていることがわかる。したがって、こうしたテーマに沿った形で写真の被写体をとらえてみるとよい。

なお、立場をはっきりさせて書く意見文のような文章とは異なるので、なぜそう感じたのかについての根拠は必ずしも明確に示す必要はない。

完成問題 P127

1 例 私は生まれてから十五年間、ずっと同じ土地で過ごしてきた。もちろん、家族と離れて暮らしたこともない。そのせいか、自分の家族やふるさとについて、あまり深く考えたことがなかった。この短歌は、そんな私に、ふるさとでの平凡な暮らしのよさを、ふと気づかせてくれたように思う。この短歌を読むと、家族とのちょっとした会話も、何かとても心地よく感じられてきて、今までより少し幸せになれたような気がした。

1 設問文に「自分の体験（見聞）を含めて」という条件が示されている点を見逃さないようにしよう。短歌の内容に関連するような自分の体験や見聞を感想とともに書くというのが、本問のねらいである。

課題となっている短歌は、「なんでもない会話」や「なんでもない笑顔」が交わされる「ふるさと」の暮らしのよさを歌ったものである。**このような歌の内容に直接結びつくような体験や見聞をメモに書き出してみよう。**「なんでもない会話」などといった言葉に着目し、そこから連想できる自分の体験や見聞を洗い出してもよい。

最後に、メモに書いた体験と、その体験や歌そのものに対する自分の感想とを関連づけながら文章にまとめよう。

模擬テスト 1 P128・129

1
(1) ウ
(2) 山のしづく
(3) エ
(4) ウ
(5) 例感情を理解

1 (1) 第二段落の冒頭に「コミュニケーションとは何か」とあり、それに対して「意味や感情をやりとりする行為である」「やりとりする相互性があるからこそコミュニケーションといえる」と述べられている。「やりとり」「相互性」に着目すると、ウの「仕事の内容を何度も確認し合う」が「情報のやりとり」の具体例として適切であると判断できる。アの「受け取る」、イの「日記」、エの「ラブレターを恋人に送る」はいずれも相互性がない。

(2) ――線②の直前に「相手の歌の中の言葉を、自分の歌にアレンジして組み込む」とあるが、その言葉、つまり、**A・B両方の歌に用いられている言葉が「キーワード」である**。Aでは、二回用いられている。

(3) 【歌意】に着目して考える。Aは「君を一人待ち続けて…冷たくなってしまった」から、作者の孤独と、**会えなくて寂しい**という気持ちが読み取れる。Bでは、あなたが濡《ぬ》れたという山の水のしたたりになりたい、つまり、**側《そば》にいたかった**という気持ちが読み取れる。

(4) 第五段落の「コミュニケーションの日本的な形態として、和歌のやりとりがある」に着目する。**コミュニケーションが相互性のあるやりとりであることを**、和歌のやりとりを具体例にして説明しているのだ。

(5) 筆者は、コミュニケーションにおいてやりとりするのは「意味と感情だ」「情報を伝達するだけではなく、感情を伝え合い分かち合うこともまたコミュニケーションの重要な役割」と述べ、「したがって**感情をお互いに理解することを抜きにすると、トラブルのもとになる**」と述べている。よって、この二語をつないで「感情を理解」と答えるとよい。「感情」は「思い」、「理解」は「伝達」などでもよい。

模擬テスト 1 P130

2
(1) エ
(2) ア
(3) ゆえに
(4) 出家人
(5) エ

2 (1) ――線①は、「余《よ》の侍が調べ出して（中納言《ちゅうなごん》入道に）お持ちしたところ」という文脈なので、主語は「余の侍」。

(2) 「決定《けつじやう》、その太刀なれども、侍の恥辱を思うて返されたり」（＝まさしく、盗まれた太刀であったが、侍が恥をかくことを思いやってお返しになったのだ）とあるので、アが正解である。

(3) 歴史的仮名遣いの「**ゐ・ゑ・を**」は、現代仮名遣いでは「**い・え・お**」と表記する。したがって、「ゆゑに」は「ゆえに」となる。

(4) 「俗」とは「俗世間の人」という意味。対比されているのは、出家した人、「出家人」である。「出家」とは、俗世間を捨てて仏門に入り僧になること。

(5) この話は、中納言入道が秘蔵の太刀を盗まれたとき、従者が犯人を調べ出してその太刀を中納言に持っていったところ、間違いなく盗まれた太刀だったが、盗んだ侍の恥になることを考えて「これは自分の太刀ではない」とうそをついた。その結果、何事もなく過ぎ、子孫も繁栄したという話である。つまり、この文章は、**うそをつくことも、人間らしい思いやりの心として使われてよいという趣旨**なので、「うそも方便」が適切である。

【現代語訳】　事実かどうかは知らないが、故持明院《こじみょういん》の中納言入道が、ある時、秘蔵の太刀を盗まれてしまったところ、侍の中に犯人がいることを、他の侍が調べ出して（その太刀を中納言入道に）お持ちしたところ、入道が言うには、「これは、私の太刀ではない。間違いだ」と言って返した。まさしくその（盗まれた）太刀であったが、（盗んだ）侍の恥を思って（太刀を）返されたと、皆は、このことを知っていたけれども、その時は何事もなく済んだ。それゆえ、子孫も栄えているのである。
　俗世間の人でも、心ある人は、このようである。ましてや、出家した人は、必ず、このような心遣いがあるべきである。

模擬テスト 1　P130・131

3　(1) ① けいしゃ　② おごそ　③ はあく　④ わやく　⑤ 飼育　⑥ 警備
(2) ウ　(3) イ(と)エ　(4) 仮定(形)　(5) ウ

3　(1) ①「傾斜」は、かたむきのこと。②「厳」の音読みは「ゲン・ゴン」。「荘厳」などの熟語がある。③「把握」は、内容などをしっかり理解すること。④「和訳」は、日本語に訳すこと。英語に訳すことは、「英訳」。

(2) 「未来」は、上の「未」が下の漢字「来」を打ち消している。ウの「非常」も同じく、「非」が下の「常」を打ち消しているという組み立てである。ア「起伏」は意味が対になる漢字、イ「佳作」は上の漢字が下の漢字を修飾している組み立て、エ「打撃」は似た意味の漢字の組み立てである。

(3) ア「大いなる」は連体詞、イ「面白く」は形容詞「面白い」の連用形、ウ「なる」は動詞、エ「書きやすい」は、形容詞「書きやすい」の連体形、オ「わざわざ」は副詞である。したがって、イとエが同じ品詞である。

(4) 「たのめ」の終止形は「たのむ」。「ば」に続く形は仮定形である。

(5) 「伝えられた」は一文節。単語に分けると「伝え｜られ｜た」となる。「伝え」は動詞、「られ」は受け身や尊敬などを表す助動詞、「た」は過去を表す助動詞である。

模擬テスト 1　P131

4　例

書き出しや段落を変えるときは、1マス空ける。

○私は、仕事をするうえで最も大切なことは、責任感だと考えます。
○なぜなら、仕事への責任を持つことで、周りからの信頼を得られるからです。私の家は、飲食店をしています。作る料理に責任を持たなければ、お客様は安心して料理を口にできません。責任を持って仕事をするから、また食べに来ようという、お客様からの信頼を得られるのだと思います。
○私は親の働く姿から、仕事をするときの責任感の大切さを感じました。

行末の句読点は文字と同じマスに入れる。

4
・まず、三つの中から選んだものを挙げ、その理由を書く。
・理由を書くときは、文頭に「なぜなら」「というのは」「そのわけは」など、理由を示す言葉を入れるとわかりやすい。
・具体的な例や体験を入れると説得力のある文章になる。
・原稿用紙の書き方にしたがう。

〔採点基準〕指定の字数に合わない→マイナス3点
原稿用紙の書き方の間違い→一か所マイナス2点

漢字や仮名遣いの間違い→一つマイナス1点

高校入試基礎問題　模擬テスト 2

模擬テスト 2　P132・133

1
(1) ウ
(2) D
(3) 例 一生懸命にお百度参りをしていたこと。
(4) イ
(5) イ

1 (1) 三行あとに「母親のおどろきがあまりにも強くて」とあるのに着目する。明け方、そこにいるはずのないひさしの姿を見て、**母親は、おどろきのあまり気が動転している**のである。アの「悲しみ嘆いている」、イの「困惑している」、エの「悔しがっている」は、いずれも文章中からは読み取れない。

(2) 「短いような、長いような時間」とは、ひさしが母親のあとをつけて行き、母親がお百度参りをしている姿を見ている場面で、それは D の前までである。これに対して、D のあとは、その時間が過ぎて帰り道の場面のことなので、D で、大きく場面が転換しているといえる。

(3) 「こうして」が指す母親の行動は、――線②の前の二段落に書かれている。具体的には、母親が、父親の病気が治るために**一生懸命お百度参りをしていたこと**をひさしは知ったのである。

(4) 明け方の、ひとり見放されたような心細さは、「帰り道ではほとんどなくなって」いた。それは、「自分には分《わか》らないところで生きて」いる母親の「他家《たけ》の人のようになってお百度参りをする」姿を見たからである。「それを知らないうちのひさしに戻るわけにはいかなかった」という変化は、**母親を自分とは別の存在として見たことにより自我が目覚め、ひさしが成長したこと**を表している。

(5) この文章は**第三者の視点から描かれたもの**なので、アの「母親とひさしそれぞれの視点から」は誤り。ウは、「過去の場面にのみ会話文を使用」とあるが、「どうしたの！」「達磨《だるま》さんになって、待っておいで。」などは、現在の場面での会話文であるので、誤り。エ「達磨さんになって」の「達磨さん」は隠喩ではあるが、「父親の心情を象徴的に表現」したものではないので、エも誤り。

模擬テスト 2　P134

2
(1) ア
(2) エ
(3) A 宝石　B 欲張らない

2 (1) 「玉を得たる者」（＝宝石を手に入れた者）とは、「宋人《そうひと》」のことである。宋人は、宝石を手に入れて子罕《しかん》に献じたが、子罕は受け取らなかった。そこで宋人は「これを宝石を磨く職人に見せたところ宝石と認めたので思い切って献じたのですよ。（なぜ受け取らないのですか）」と言った。つまり、宋人は、**子罕がその宝石を偽物だと疑っていると思った**のである。

(2) ――線②「以示玉人」は、書き下し文では「**以つて玉人に示すに**」と読むので、「以→玉人→示」の順に読むように返り点を付けるとよい。「玉人」の二字を読んで「示」に返るには、一・二点を使い、「玉人」の左下に一を、「示」の左下に二を入れるとよい。**送り仮名**は、それぞれ、**右下にカタカナで入れる**。

(3) 設問に「現代語で」書くという指示があるので、現代語訳を参考にするとよい。**子罕は、何を宝として大切にせず、どんな生き方を大切にしているのか**。「あなたは宝石を宝としている」から、「宝」とは「宝石」のことであり、「私は欲張らないことを宝としている」から、子罕が大切にしているのは「欲張らない」生き方であることがわかる。

【現代語訳】 宋人（宋の国の人）で宝石を手に入れた者がいる。これを司城《しじょう》の子罕に献上した。子罕はこれを受け取らなかった。宝石を献上した者が言うには、「これを宝石を磨く職人に見せたところ、職人は宝石と認めました。だから思い切ってこれを献上するのです。」と。子罕が言うには、「私は欲張らないことを宝としている。あなたは宝石を宝としている。もしそれ（宝石）を私にくれたら、どちらも宝を失うことになる。人それぞれがその宝を持っているのに越したことはない。」と。

そこで宋国の老人が言うには、「子罕は宝を無視しているわけではない。宝とするものが他の人と異なっているのだ。」と。

模擬テスト 2 P134・135

3

(1) ア
(2) ア
(3) イ
(4) エ

3

(1)「説」はごんべん。ア「沖縄諸島」→ごんべん、イ「精密な機械」→こめへん、ウ「経済指標」→きへん、エ「人権の保障」→こざとへん。

(2)「先生」の動作なので、尊敬語を使う。ア「ご(お)〜する」は、謙譲語なので、誤りである。「ご(お)〜になる」が尊敬語。

(3)「あきれたように」の「た」「ように」はどちらも付属語（助動詞）なので、「あきれたように」で一文節。「の」と「を」は付属語なので、「わたしの」「ことを」は、それぞれ一文節。「みて」「いた」もそれぞれ一文節である。なお、「みていた」の「みて」と「いた」は補助の関係。

(4)「避けます」の「避け」は、動詞「避ける」の活用した形。**動詞の活用形の見分け方は、「ナイ」をつけて、その前の音で判断する。**「避けエ―ナイ」となって、「ナイ」の前の音がエ段なので、下一段活用。また、活用形は、接続する語によって判断する。「ない・う・よう」に続**く動詞は、未然形。「ます・た・て」に続く動詞は連用形**なので、「避けます」の「避け」は連用形である。

模擬テスト 2 P135

4 例

書き出しや段落を変えるときは、1マス空ける。

○資料から、友達と話し合うとき、話をきちんと聞いて自分の考えを持つことができると思っている人は約43%いるのに対して、それを発表するのが得意だと思う人は、20%足らずであるとわかる。

○私は、自分の意見を持ったら、それをわかりやすく発表することがとても大切だと思う。特に相手と異なる意見や考えを発表することは、お互いに相手を理解し合ううえで重要なことであり、そうしてこそ意義のある話し合いになるからだ。

行末の句読点は文字と同じマスに入れる。

4

- まず、資料を見て**気づいたこと**を書く。例えば、「Ⅰは、『当てはまる』『どちらかといえば当てはまる』が90%以上。一方、Ⅲは約50%である。」など。
- 次に、**段落を変えて**、気づいたことについての自分の考えや意見を書く。
- **原稿用紙の書き方**にしたがう。

〔採点基準〕 字数や段落の指定に合わない→マイナス3点
原稿用紙の書き方の間違い→一か所マイナス2点
漢字や仮名遣いの間違い→一つマイナス1点